Sabine Ve

Introduction à la thermodynamique

Cours et problèmes résolus

Introduction à la thermodynamique

Cours et problèmes résolus

Claire Lhuillier **Jean Rous**

Professeur et Maître de conférences
à l'Université Pierre et Marie Curie (Paris VI)

3e édition
revue et augmentée

DUNOD

ISBN 2 10 003071 X

Table des matières

Introduction **1**

CHAPITRE 1 : Pression dans un fluide **5**

I Mise en évidence expérimentale des forces pressantes au sein des fluides 5

II Définition de la pression en un point d'un fluide 10

III Propriétés de la pression au sein d'un fluide en équilibre dans le champ de pesanteur 11
- 1 Rappel 11
- 2 Équation d'équilibre mécanique d'un fluide dans le champ de pesanteur : loi fondamentale de la statique des fluides 11
- 3 Retour sur les expériences précédentes 13
- 4 Cas particulier des fluides incompressibles (liquides) 14
- 5 Application : le manomètre à liquide 14
- 6 Remarque importante 16

IV Origine microscopique de la pression : interprétation moléculaire 16
- 1 Idée générale 16
- 2 Modèle choisi 16

V Ordres de grandeur de pressions 21
- 1 La pression atmosphérique 21
- 2 Les techniques du vide 22
- 3 Les hautes pressions 23

Exercices 24

CHAPITRE 2 : La température **27**

I Introduction 29

II La température absolue : du microscopique au macroscopique 29
- 1 Introduction de la température absolue 29
- 2 Manifestation macroscopique de la température absolue : l'équation d'état du gaz parfait 30
- 3 Thermomètre à gaz. Des gaz réels au gaz parfait 31
- 4 Gaz parfait polyatomique. Mélange de gaz parfaits 33

4.a. Gaz parfait polyatomique 33
4.b. Mélange de gaz parfaits 34
4.c. Grandeurs microscopiques - grandeurs molaires 34

III Équilibre thermique, échanges de chaleur 35
1 Déséquilibre de température et flux d'énergie calorifique 35
2 Comment se font les échanges de chaleur ? conduction, convection, rayonnement 35
3 Thermomètres et thermostats 36
4 Paroi adiabatique et paroi diatherme 36
5 Repères de température 37

C.2 Complément : équilibre thermique de l'atmosphère isotherme dans le champ de pesanteur 39

CHAPITRE 3 : Équation d'état d'un corps pur **41**

I Équation d'état 43
1 Propriété fondamentale 43
2 Exemple du gaz parfait 43
3 Gaz réel. Équation de Van der Waals 44

II Représentation des propriétés d'un corps pur 44
1 Généralités sur la surface des états 44
2 Représentation plane : le réseau d'isothermes de Clapeyron 45
3 Équilibre de phases de divers corps purs et leurs températures caractéristiques 47

III Mesures sur un système thermodynamique. Coefficients thermoélastiques 48
1 Coefficient de dilatation isobare 48
2 Coefficient de variation de pression isochore 48
3 Coefficient de compressibilité isotherme 49
4 Un théorème sur les fonctions implicites : ses conséquences sur les coefficients thermoélastiques 49

IV Reconstruction de l'équation d'état à partir de la donnée de coefficients thermoélastiques 50

Exercices 52

CHAPITRE 4 : Énergie interne d'un système : premier principe de la thermodynamique **59**

I Introduction de la grandeur "énergie interne d'un système" 61
1 Hypothèse fondamentale : l'énergie totale d'un système isolé se conserve 61
2 Quelques processus où il n'y a pas conservation de l'énergie mécanique totale : introduction de l'énergie interne 62
3 Énergie interne d'un gaz parfait : signification microscopique 64
4 Énergie interne d'un corps solide : signification microscopique 66

5 De quelles variables macroscopiques dépend l'énergie interne d'un corps ?
En général deux pour un corps pur, une variable thermique,
une variable mécanique (V ou P) 67

II Le 1er principe de la thermodynamique 67
1 Présentation du problème 68
2 Énoncé du 1er principe. Équation de bilan énergétique
Convention de signes et commentaires 68

III Résumé et conclusion du chapitre 69
1 Rappel du problème 69
2 Le point sur le 1er principe 70
3 Le programme futur 71

CHAPITRE 5 : Différentes formes de travail apportées par le milieu extérieur à un système thermodynamique 73

I Travail de traction sur une barre métallique 75

II Compression et dilatation des fluides :
le travail des forces de pression extérieures 76
1 Expression du travail élémentaire des forces pressantes 76
2 Expression du travail des forces pressantes
dans une transformation finie quelconque 76
3 Travail des forces pressantes
dans une transformation où la pression extérieure reste constante 77
4 Travail des forces extérieures
lors d'une détente dans le vide (dite "détente de Joule") 77
5 Travail des forces pressantes
dans les transformations quasi-statiques, isothermes 78
6 Cas où l'on ne peut pas calculer directement le travail
des forces extérieures 80

III Travail des forces électrostatiques 80

Exercices 82

CHAPITRE 6 : Conséquences du premier principe : détermination des quantités de chaleur reçues par un système 87

I Description qualitative des transferts de chaleur 90

II Transformations à volume constant (isochores) 91
1 Calorimétrie à volume constant 92
2 Définition de la capacité calorifique d'un système
et de la chaleur spécifique d'un corps 93
3 Résultats concernant le gaz parfait 93

III Expérience de détente dans le vide (Joule). Effets thermiques
Interprétation microscopique 94

IV Transformations sous pression constante (isobares) 94
1 Introduction et définition de l'enthalpie d'un système 94
2 Capacité calorifique et chaleurs spécifiques sous pression constante 95
3 Chaleur latente de changement de phase 96
4 Résultats concernant le gaz parfait 96

V Transformations quasi-statiques isothermes. Cas particulier du gaz parfait 97

VI Transformations quasi-statiques et adiabatiques 98
1 Position du problème 98
2 Cas particulier du gaz parfait 99
3 Interprétation microscopique des effets thermiques
dans une transformation adiabatique et quasi-statique 101

C.6 Complément aux chapitres 4, 5, 6. Les systèmes ouverts :
bilan d'énergie, régimes stationnaires. Équations de bilan 103

1 Apport d'énergie par apport de matière dans les systèmes ouverts 104
2 Travail exercé par le milieu extérieur 104
3 Chaleur reçue du milieu extérieur 106
4 Bilan total d'énergie 106
5 Régimes stationnaires, équations de bilan 107

Exercices 110

CHAPITRE 7 : Une mesure de l'information manquante : l'entropie 113

I Synthèse des idées acquises dans les chapitres précédents
et formulation du problème posé 115

II L'entropie : une nouvelle variable d'état S
définie par l'identité fondamentale $dS = \frac{1}{T}dU + \frac{P}{T}dV$ 117

III Conséquences de l'identité fondamentale 119
1 Coefficients calorimétriques (l, h) 119
2 Égalités thermodynamiques 120

IV Entropie du gaz parfait en variables (V, T), (P, T), (P, V) 120

V Utilisation de l'entropie pour l'étude des transformations réversibles 122
1 Quantité de chaleur reçue par un système
dans une transformation réversible 122
2 Transformations isothermes réversibles du gaz parfait 123
3 Transformations adiabatiques et réversibles du gaz parfait 123

VI Bilans entropiques dans les transformations irréversibles du gaz parfait 124
1 Expérience de détente dans le vide (Joule) 124
2 Diffusion isotherme et isobare de deux gaz l'un dans l'autre 125

CHAPITRE 8 : Le deuxième principe de la thermodynamique : un principe d'évolution **127**

I Position du problème 129

II Le deuxième principe de la thermodynamique
Énoncé du deuxième principe : un système isolé, hors d'équilibre, évolue spontanément dans le sens qui maximise son entropie (compte tenu des contraintes) 129

III Conséquences du deuxième principe 130
1 Spontanément les gaz occupent tout le volume qui leur est offert 130
2 Spontanément deux gaz chimiquement différents mis en contact se mélangent 130
3 Spontanément la chaleur s'écoule des corps chauds vers les corps froids 131

IV Conséquences du deuxième principe pour l'évolution d'un système couplé au milieu extérieur 132
1 Variation d'entropie d'un système couplé à un thermostat de température T_0 132
2 Système couplé à plusieurs thermostats 134

V Nouvelle formulation du deuxième principe pour un système couplé à un thermostat T_0 134
1 Évolution spontanée 134
2 Potentiel thermodynamique du système couplé à un thermostat 135
3 Travail maximal récupérable 135
4 Aspect mathématique des propriétés de minimum du potentiel thermodynamique F^* 137
5 Remarque importante 137

VI Formulation du dexième principe pour un système couplé à un réservoir de volume (P_0 fixe) et d'énergie (T_0 fixe) 138
1 Évolution spontanée 138
2 Potentiel thermodynamique du système couplé à un réservoir de volume (de pression P_0) et d'énergie (de température T_0) 138
3 Travail récupérable dans une transformation à T_0 et P_0 fixés 139
4 Conséquences de la propriété de minimum du potentiel thermodynamique G^* à l'équilibre 139
5 Remarque importante 140

VII Systèmes hors d'équilibre thermodynamique 140
1 L'équilibre thermodynamique 140
2 Retour à l'équilibre 141

VIII Système au voisinage de l'équilibre thermodynamique 143
1 Flux d'énergie dans un système hors d'équilibre thermique : loi de Fourier 144
2 Flux de concentration dans un système hors d'équilibre chimique : loi de Fick 144

C.8 Complément : croissance de l'entropie et évolution de l'univers 147

Exercices 148

CHAPITRE 9 : Cycles thermodynamiques et machines thermiques **155**

I Transformations cycliques d'un système 157
1 Définition et propriétés fondamentales 157
2 Représentation graphique du travail reçu par un système au cours d'un cycle réversible 158
3 Représentation graphique de la quantité de chaleur reçue par un système au cours d'un cycle réversible 159

II Les moteurs thermiques 159
1 Définition et propriété fondamentale 159
2 Cycles monothermes. Énoncé de Kelvin du second principe 160
3 Cycles dithermes - Rendement - Théorème de Carnot 160
4 Exemple : cycle de Carnot 162

III Autres machines thermiques : réfrigérateurs et pompes à chaleur 164
1 Définition de l'efficacité (ou coefficient de performance) du réfrigérateur 164
2 La pompe à chaleur 165

C.9 Complément : machines thermiques sans changement d'état 166

Exercices 173

CHAPITRE 10 : Description des propriétés thermoélastiques d'un système quelconque ; utilisation des diverses fonctions d'état **179**

I Les coefficients calorimétriques : leur intérêt et leur usage 181
1 Rappels concernant les transferts de chaleur dans différents types de transformations 181
2 Détermination des fonctions d'état à partir de mesures calorimétriques 182

II Les différentielles des fonctions d'état. Variables naturelles et "relations magiques" 185

CHAPITRE 11 : Changements d'état d'un corps pur **191**

I Diagramme des phases d'un corps pur 183

II Chaleur latente de changement d'état et condition d'équilibre des phases 196

III Courbes de coexistence de phases et relation de Clapeyron 198
1 Courbes de coexistence de phases 188
2 Relation de Clapeyron 199

IV Application aux machines thermiques 203
1 Réfrigérateur à fluide condensable 204
2 Centrale thermique 206

Compléments du chapitre 11 : **208**

C.1 Évaporation de l'eau à volume fixé et température fixée 209

C.2 Équilibre d'un corps pur liquide avec un mélange de gaz à température fixée et évaporation 210

C.3 Ébullition 211

C.4 États métastables 212

Exercices 216

Problèmes d'examen corrigés **227**

Index **261**

Tableau des constantes **267**

Introduction

La thermodynamique est définie dans le Petit Larousse comme la partie de la physique qui traite des relations entre les phénomènes mécaniques et thermiques. Cette définition de la thermodynamique est, à la fin du XXème siècle, un peu trop restrictive : la thermodynamique permet en effet d'embrasser un domaine beaucoup plus vaste, depuis les phénomènes thermoélectriques jusqu'à l'immense domaine de la thermochimie. Cependant, tout en exposant dans ce cours les principes de la thermodynamique sous leur forme la plus générale, nous puiserons essentiellement leur illustration dans le domaine de la thermo-mécanique : ce domaine est en effet très riche, les applications industrielles y sont innombrables et les concepts de mécanique indispensables à la bonne compréhension du sujet et de ses développements (lois de conservation, conditions d'équilibre mécanique d'un système) ont déjà été progressivement introduits depuis la classe de première.

Un approfondissement de la définition du Petit Larousse nous conduit à souligner que la thermodynamique traite de systèmes **macroscopiques** (du grec makros qui veut dire grand) c'est-à-dire de systèmes contenant un nombre extrêmement élevé de particules[1] : un mm^3 d'air ou de fluide constitue déjà, dans les circonstances usuelles, un système macroscopique entrant dans le cadre de la thermodynamique. Il en est a fortiori de même sur toutes les échelles supérieures, probablement jusqu'à la limite extrême représentée par la taille de l'univers (la validité des lois thermodynamiques à cette échelle extrême ne semblant pas infirmée par nos connaissances cosmologiques actuelles).

Voici deux exemples type de systèmes et de problèmes thermodynamiques :

a) On enferme N molécules d'eau dans une bouteille d'un litre. L'eau y est-elle à l'état solide, liquide ou vapeur ? Comment des variations de pression ou de température peuvent-elles modifier l'état du système ? Si nous remplissons ensuite une bouteille identique à la précédente avec N molécules d'oxygène, quels seront les points communs et les différences entre ces deux expériences ?

b) Une barre de métal est encastrée à une extrémité dans un mur. L'extrémité libre est soumise à une forte traction. La barre s'échauffe-t-elle ou se refroidit-elle ? Comment varie la température de la barre, s'il ne s'agit plus de métal mais de caoutchouc ?

---

[1] Ce critère reste ici très flou, nous verrons dans ce cours que le paramètre pertinent n'est pas réellement N, mais plutôt $\ln N$; si $\ln N$ est grand devant 1, alors le système peut raisonnablement être traité par la thermodynamique.

Les observations expérimentales et les réflexions qui les ont suivies (ou précédées) ont montré que l'on pouvait répondre à des questions complexes de ce genre, à condition de connaître un petit nombre de variables (appelées variables thermodynamiques) décrivant les aspects macroscopiques du système étudié, et certaines caractéristiques des interactions du système avec le milieu extérieur.

Ce cours commence donc par l'étude des variables thermodynamiques. Certaines sont des grandeurs déjà étudiées dans d'autres domaines de la physique et de la chimie : c'est le cas de la masse et du volume des constituants du système, de sa composition chimique. Deux "nouvelles" variables thermodynamiques, la pression et la température sont introduites dans les premiers chapitres.

Les chapitres suivants sont consacrés à la formulation des principes fondamentaux de la thermodynamique, c'est-à-dire des règles générales auxquelles obéissent tous les systèmes quelle que soit leur nature. Nous montrerons comment l'utilisation judicieuse de ces principes permet de prédire le comportement des systèmes, si nous avons su caractériser la nature de leurs interactions avec le milieu extérieur.

Ce cours ne suit pas le déroulement chronologique de la découverte des idées, mais s'appuie sur les synthèses modernes qui résultent des recherches en mécanique statistique initiées à l'aube de ce siècle par Ludwig Boltzmann (1844-1906) et Josiah Willard Gibbs (1839-1903). Dans cette optique, la thermodynamique apparaît ainsi comme une science du macroscopique, dont les fondements reposent sur l'existence d'une échelle microscopique et sur les propriétés générales de la dynamique des particules à cette échelle microscopique.

Il faut toutefois souligner qu'une fois les principes fondamentaux acquis, le raisonnement thermodynamique est autonome et permet de faire des prédictions sur le comportement macroscopique des phénomènes dont on ne comprend pas l'origine microscopique. Un des exemples les plus fameux concerne les supraconducteurs, matériaux qui en dessous d'une certaine température ont une résistivité quasi-nulle et expulsent le champ magnétique. Découverts en 1911 par H. Kammerlingh Onnes, il faudra attendre 1957 (et la théorie de J. Bardeen, L.N. Cooper et J.R. Schrieffer) pour comprendre l'origine microscopique de leurs propriétés magnétiques et électriques exceptionnelles. Mais bien avant cette date, dès 1933 et les travaux de W. Meissner, la description thermodynamique permettait de relier entre elles toutes les propriétés thermiques, électriques et magnétiques de ces matériaux.

A l'aube du XXIème siècle, la réflexion en thermodynamique concerne aussi bien les systèmes aux très basses températures (de l'ordre du microkelvin et plus bas) que les très grandes échelles des systèmes astrophysiques et les temps très reculés auxquels s'intéresse la cosmologie[2]. Ceci ne saurait nous faire oublier que les recherches sur les rendements des moteurs automobiles sont toujours d'actualité (d'autant plus que le coût du carburant augmente, et que les menaces sur l'environnement liées à la pollution et au rejet de dioxyde de carbone par des moteurs trop gourmands se font de jour en jour plus précises) et que la naissance et le développement de la thermodynamique sont intimement liés au développement industriel du XIXème siècle.

---

[2] Ce sujet est abordé, parmi bien d'autres, dans un excellent livre de vulgarisation scientifique de H. Reeves, *L'heure de s'enivrer. L'univers a-t-il un sens?*, éditions du Seuil.

Voici donc pour conclure ce panorama un choix (très subjectif) de quelques points de repères historiques. Denis Papin (1647-1714) expérimenta en 1707 un bateau à vapeur à quatre roues à aubes. Pendant tout le dix-huitième siècle la nature du "calorique" est l'objet de studieuses controverses.

Dans un mémoire exceptionnel de 1783, Laplace et Lavoisier (deux hommes que l'on "catalogue" aujourd'hui respectivement comme mathématicien et chimiste) exposent les points de vue contradictoires des physiciens de leur époque sur la nature de la chaleur : est-elle un "fluide dont les corps sont plus ou moins pénétrés", qui peut être soit combiné avec eux et alors inactif, ou libre de se manifester comme de la chaleur, ou bien n'est-elle que "le résultat des mouvements insensibles des molécules de matière"[3]? Ils concluent "Nous ne déciderons point entre les deux hypothèses précédentes ; plusieurs phénomènes paraissent favorables à la dernière, tel est par exemple, celui de la chaleur que produit le frottement de deux corps solides, mais il en est d'autres qui s'expliquent plus simplement dans la première ; peut-être ont-elles lieu toutes deux à la fois".

Il nous semble que cette conclusion n'est pas le résultat d'un "gentlemen agreement", mais l'expression d'une réflexion approfondie et singulièrement en avance sur son temps : au-delà d'un terme inadéquat (le mot fluide) ce texte présente à notre connaissance la **première** description des diverses manifestations de **l'énergie interne** d'un système. Il faudra cependant encore attendre soixante ans pour qu'émerge[4] entre 1840 et 1850 le principe de l'équivalence de la chaleur et du travail ; principe plus connu maintenant sous le nom de premier principe de la thermodynamique et auquel sont associés les noms du médecin bavarois Robert Mayer (1814-1878) et du physicien britannique James P. Joule (1818-1889).

La première découverte du second principe est le fait de l'officier du génie Sadi Carnot (1796-1832) qui publie en 1824 un mémoire intitulé *Réflexions sur la puissance motrice du feu et sur les machines propres à développer cette puissance.* C'est dans ce mémoire qu'il formule le premier énoncé du second principe, selon lequel il n'existe pas de mouvement perpétuel de deuxième espèce[5]. Écrit antérieurement à la découverte du premier principe, ce manuscrit reste très obscur et il faudra attendre les commentaires de l'ingénieur des mines E. Clapeyron en 1834, puis les développements de W. Thomson (Lord Kelvin 1824-1907) et surtout ceux de R. Clausius (1822-1888) vers les années 1850 pour que soit reconnue l'importance de ce deuxième principe.

Le principe du moteur à explosion date de 1862 ; le premier prototype est réalisé par Otto en 1876 (future firme Otto-Benz). Gramme (1826-1901) construit la première dynamo industrielle en 1871.

---

[3] Le lecteur intéressé trouvera de plus amples extraits de ce mémoire dans l'article "Histoire de la thermodynamique"de A. Birembaut dans *Encyclopædia Universalis.*

[4] et ceci sous une forme moins riche que celle de Laplace et Lavoisier, mais moins spéculative et avec un plus fort pouvoir de conviction car associée à des expériences de validation.

[5] ou selon l'énoncé moderne : "on ne peut fournir de travail à partir d'une seule source de chaleur". Ce texte est reproduit dans le petit ouvrage très instructif de Jean-Pierre Maury : *Carnot et la machine à vapeur* paru dans la collection "Philosophies" aux P.U.F.

Si nous observons ces avancées avec nos yeux de physiciens du XXème siècle, nous ne pouvons qu'être étonnés de cette simultanéité entre le développement des idées les plus abstraites et celui de la technologie la plus avancée. Transposé en termes de recherche et développement de cette fin du XXème siècle, c'est un peu comme si les théories de "grande unification"[6] étaient aujourd'hui en intime relation avec les développements technologiques de pointe.

Ce raccourci historique illustre ce qui nous semble une des caractéristiques les plus originales de la thermodynamique : partie de la physique où les concepts les plus sophistiqués côtoient les technologies les plus variées. Nous avons, dans ce cours, essayé de ne pas trahir cette dualité et d'entraîner les étudiants à utiliser analyse et raisonnement déductif aussi bien qu'à enrichir leur "sens commun". Nous avons été aidés dans cette tâche par nos collègues Mesdames L. Picon et N. Rakotomalala que nous souhaitons remercier ici. Nous remercions également Madame B. Brami et Monsieur J. Larour pour leurs judicieux conseils ainsi que Madame C. Le Guen pour ses dessins soignés. Nos ultimes remerciements vont aux étudiants ; en particulier à tous ceux qui ont activement participé à l'élaboration de ce cours en prenant des notes qu'ils ont discutées avec nous, avant de les distribuer à leurs camarades : ils nous ont convaincus et nous espérons qu'ils se sont convaincus qu'ils étaient capables de jouer un rôle actif dans l'analyse des situations physiques et des idées. Ils y ont, semble-t-il, pris plaisir.

Ce livre n'aurait finalement pas vu le jour, sans l'excellent travail de composition de Marie-France Martin et sans la préparation attentive et efficace de notre manuscrit par Gisèle Maïus des éditions Dunod.

Nous remercions tous nos collègues qui nous ont fait part de leurs remarques et nous ont conduits à proposer cette nouvelle édition.

[6] Nous mettons sous ce vocable, pris dans son sens le plus large, le champ de recherches qui vise à donner une description unifiée de l'ensemble des interactions connues : gravitationnelle, électrodynamique et faible, et interaction forte. En fait, aujourd'hui, la technologie de pointe fonctionne grâce à la révolution conceptuelle de la mécanique quantique, qui date des années 1930, et elle repose sur la formidable avancée dans la compréhension de la physique des matériaux qui a suivi cette révolution.

Chapitre 1

Pression dans un fluide

CHAPITRE 1

I. Mise en évidence expérimentale des forces pressantes au sein des fluides

II. Définition de la pression en un point d'un fluide

III. Propriétés de la pression au sein d'un fluide en équilibre dans le champ de pesanteur, loi fondamentale de la statique des fluides ; cas particulier des liquides incompressibles

1. *Rappel*

2. *Équation d'équilibre mécanique d'un fluide dans le champ de pesanteur : loi fondamentale de la statique des fluides*

3. *Retour sur les expériences précédentes*

4. *Cas particulier des fluides incompressibles (liquides)*

5. *Application : justifions l'utilisation du dispositif précédent comme manomètre*

6. *Remarque importante*

IV. Origine microscopique de la pression : interprétation moléculaire

1. *Idée générale*

2. *Modèle choisi*

V. Ordres de grandeur de pressions

1. *La pression atmosphérique*

2. *Les techniques du vide*

3. *Les hautes pressions*

PRESSION DANS UN FLUIDE

Le mot pression a envahi notre vie quotidienne : pression atmosphérique, pression d'un pneu (pneumatique) de véhicule, pression sanguine ou artérielle ("tension"), etc.

Notre but, dans ce chapitre, est de préciser ce que le physicien appelle **pression** d'un fluide. Cette notion est directement liée à l'existence de **forces pressantes** que tout fluide (liquide ou gaz) exerce sur toute surface en contact avec lui. Différentes observations expérimentales de ces forces nous permettent d'en déduire l'expression mathématique, conduisant à la définition de la pression et des unités pour sa mesure. Cette définition de la pression et les lois de la mécanique ont pour conséquence la **loi fondamentale de la statique des fluides**. Nous expliquons ensuite **l'origine microscopique de la pression** à partir des collisions moléculaires, et donnons quelques ordres de grandeur de pressions existant dans des systèmes rencontrés dans la vie courante ou obtenues en laboratoire.

I. Mise en évidence expérimentale des forces pressantes au sein des fluides

Tous les fluides (liquides ou gaz) exercent sur toutes les surfaces, avec lesquelles ils sont en contact, des forces pressantes normales en tout point à ces surfaces.

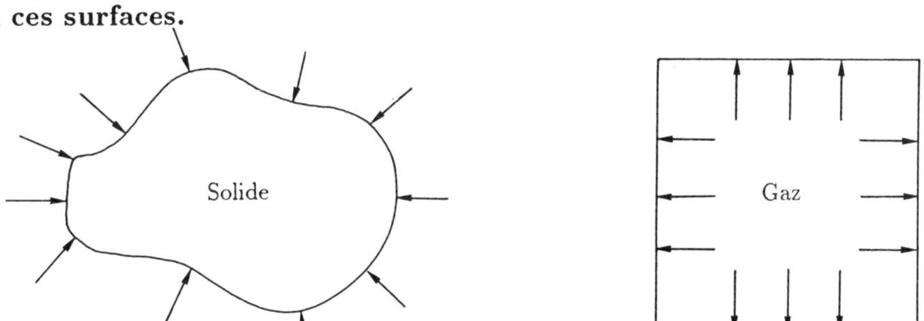

Forces pressantes sur un solide immergé dans un fluide

Forces pressantes exercées par un gaz sur les parois de la boîte qui le contient

Figure 1

Ces forces ne sont pas de "petits" phénomènes : elles peuvent avoir des intensités très élevées. Par exemple, l'air atmosphérique exerce sur chaque centimètre carré de notre peau une force de 10 newtons : c'est la valeur de la force exercée par une masse de 1 kg reposant sur une surface de 1 cm^2, donc la force pressante exercée sur la face avant de notre cage thoracique est de l'ordre de 1,5 tonnes. En général, nous ne nous en apercevons pas, parce que ces forces sont équilibrées par les forces pressantes dues à l'air contenu dans nos poumons (comme dans l'exemple ci-dessous, figure 2).

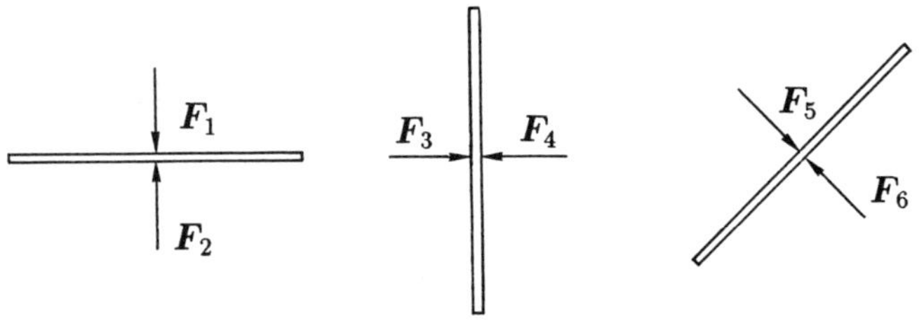

Équilibre dans l'air d'une feuille de papier

Figure 2

Nous pouvons mettre en évidence, par son effet, la différence entre deux forces pressantes : exemple du ballon (ou des pneus) gonflé à l'air comprimé (figure 3)*

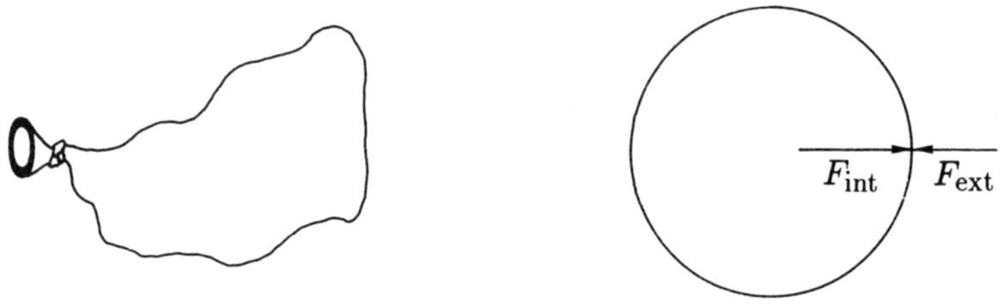

Ballon dégonflé *Ballon gonflé* : $||\boldsymbol{F}_{\text{int}}|| > ||\boldsymbol{F}_{\text{ext}}||$

Figure 3

Lorsque le ballon est gonflé, son enveloppe élastique est tendue grâce à la différence entre les forces pressantes intérieure et extérieure.

Autre exemple montrant l'effet inverse : l'emballage sous vide. Les forces pressantes atmosphériques appliquent strictement l'emballage sur le produit; dès qu'on perce cet emballage l'air pénètre à l'intérieur et exerce sur cet emballage des forces pressantes intérieures qui équilibrent celles de l'air extérieur : l'emballage reprend sa forme initiale.

Les expériences suivantes vont nous permettre de comprendre comment varient les forces pressantes.

Ces expériences utilisent un tube en U, rigide, qui contient un liquide coloré. Ce tube est relié à une capsule manométrique** (boîte rigide dont une des faces, plane, est remplacée

* Dans cet ouvrage les vecteurs sont notés en caractères gras.

** manomètre= instrument de mesure de la pression d'un fluide.

par une membrane souple, sensible aux forces pressantes, l'ensemble étant étanche ; dans les dessins qui suivent, pour des raisons de lisibilité, la taille des capsules manométriques est disproportionnée par rapport à celle des tubes en U).

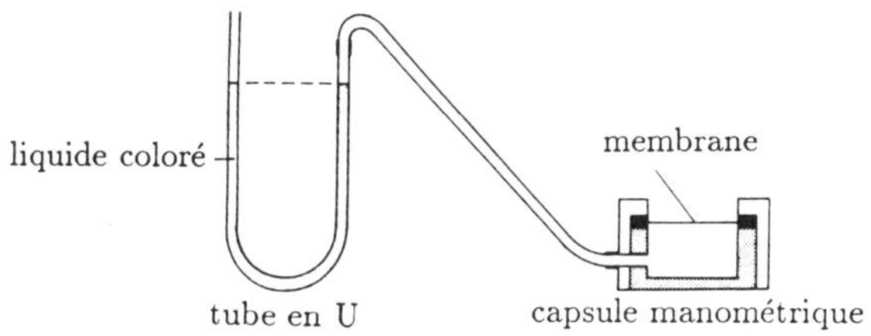

Figure 4

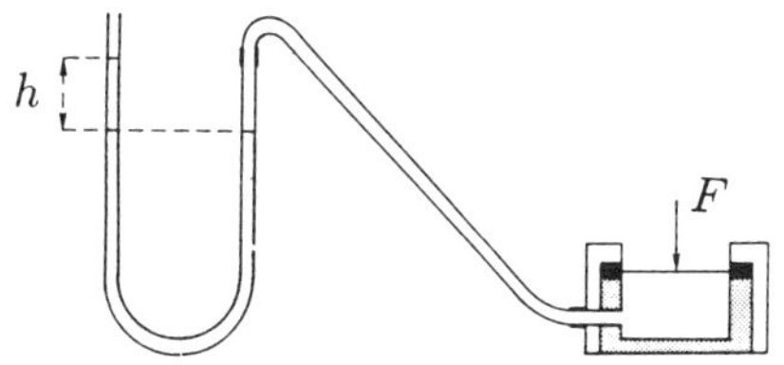

Figure 5

Au départ, les deux surfaces libres du liquide sont dans un même plan horizontal (figure 4) : la pression atmosphérique agit sur toutes les surfaces : tube, liquide, capsule, membrane.

Appliquons une force $\boldsymbol{F}$, normale à la membrane (figure 5) : l'équilibre est modifié, il en résulte une dénivellation h entre les deux surfaces libres du liquide ; h est proportionnelle à la force exercée sur la capsule.

Autre expérience : on plonge la capsule, toujours reliée au tube en U, dans un liquide qui est en équilibre dans le champ de pesanteur. On constate :

a) que la force exercée par le liquide sur la membrane de la capsule croît avec la profondeur d'immersion,

b) que l'intensité de cette force est la même en tous les points d'un même plan horizontal,

c) qu'elle ne dépend pas de l'orientation de la capsule (figure 6),

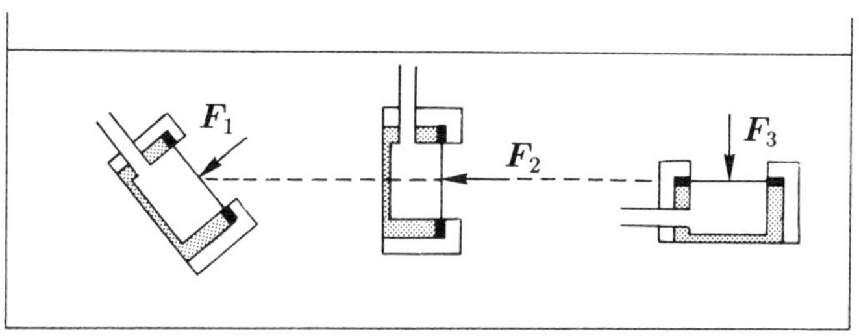

Figure 6

$$\|\boldsymbol{F}_1\| = \|\boldsymbol{F}_2\| = \|\boldsymbol{F}_3\|$$

d) si l'on répète l'expérience avec un dispositif différent dans lequel la déformation de la membrane est équilibrée par un ressort, on constate que la force pressante exercée par le fluide sur la membrane est proportionnelle à la surface de cette membrane.

II. Définition de la pression en un point d'un fluide

Choisissons, sur la membrane de la capsule manométrique précédente, un point M et un élément de surface dS centré en M (figure 7). Le vecteur unitaire $\boldsymbol{n}$, normal à la surface dS en M, est orienté de l'intérieur du fluide vers l'extérieur (ici, l'extérieur du fluide est l'intérieur de la capsule, qui ne contient pas le fluide étudié).

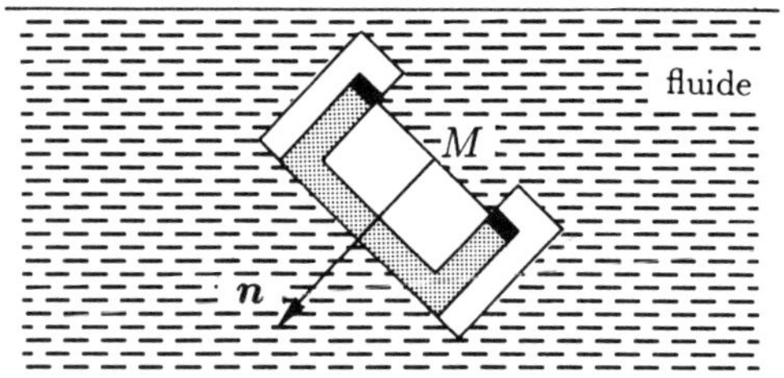

Figure 7

Les propriétés énoncées ci-dessus justifient d'écrire l'expression de la force pressante exercée par le fluide sur la surface dS :

$$d\boldsymbol{f} = PdS\boldsymbol{n} \tag{1,1}$$

Cette relation définit une grandeur scalaire positive P appelée pression du fluide au point M.

Les propriétés c) et d) montrent que la pression P ainsi définie est une propriété intrinsèque du fluide au point M : elle ne dépend ni du manomètre utilisé, ni de sa surface sensible, ni de son orientation.

Dans le cas de la pression atmosphérique : les forces pressantes atmosphériques, dirigées de l'intérieur du fluide, l'air, vers l'extérieur (conformément à la définition 1,1) sont schématisées sur la figure 8.

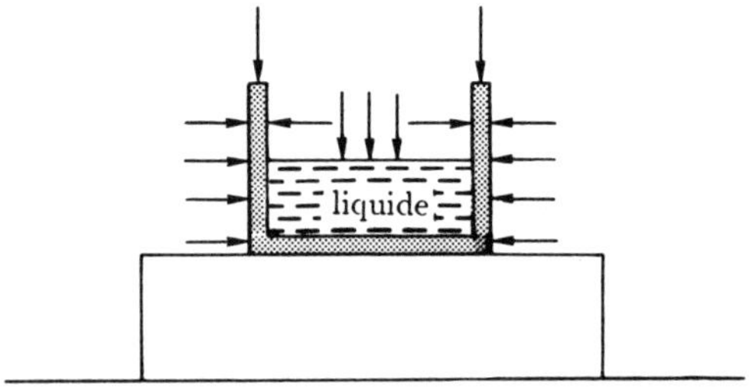

Figure 8

Remarques essentielles :

a) la pression est une grandeur scalaire positive,

b) la pression, (définie par 1,1) est une grandeur d'origine mécanique. Les équilibres thermodynamiques que nous étudierons impliquent toujours a priori l'équilibre mécanique du système :

$$\textbf{forces pressantes} + \boldsymbol{\Sigma}\ \textbf{autres forces} = \mathbf{o}$$

c) la pression (= force/surface) s'exprime en newton/m^2. L'unité de pression du S.I. appelé pascal (Pa) vaut 1 Nm^{-2}.

III. Propriétés de la pression au sein d'un fluide en équilibre dans le champ de pesanteur, loi fondamentale de la statique des fluides ; cas particulier des liquides incompressibles

1. *Rappel* :

Les expériences réalisées avec la capsule manométrique dans la cuve à eau ont montré que la pression dans l'eau ne varie pas dans un plan horizontal et ne dépend que de la profondeur.

Choisissons un trièdre $Oxyz$ dont l'axe Oz coïncide avec la verticale. En chaque point $M(x, y, z)$ on peut mesurer la pression $P(x, y, z)$. Les résultats expérimentaux ci-dessus se traduisent ici par les équations mathématiques :

$$\frac{\partial P}{\partial x} = \frac{\partial P}{\partial y} = 0 \qquad \text{et} \qquad \frac{\partial P}{\partial z} \neq 0$$

Dans ce système d'axes, la pression est donc fonction de la seule variable z : nous l'écrirons $P(z)$, et sa dérivée $\dfrac{dP}{dz}$. Nous allons voir que cette propriété traduit l'équilibre mécanique du fluide dans le champ de pesanteur.

2. *Équation d'équilibre mécanique d'un fluide dans le champ de pesanteur : loi fondamentale de la statique des fluides*

Étudions l'échantillon de fluide contenu dans le parallélépipède droit $ABCDEFGH$, dont les quatre arêtes verticales ont pour longueur dz et dont la base a pour surface S (figure 9). Pour écrire l'équilibre mécanique de ce système, nous allons faire le bilan de toutes les forces qui s'exercent sur cette masse de fluide et écrire que la résultante de l'ensemble de ces forces est nulle :

1ère force : le poids $\boldsymbol{dp}$

$$\boldsymbol{dp} = \rho(z) S dz \boldsymbol{g} \tag{1,2}$$

où $\rho(z)$ est la masse volumique du fluide à l'altitude z, Sdz est le volume de l'échantillon de fluide, $\boldsymbol{g}$ est l'accélération de la pesanteur à l'altitude z.

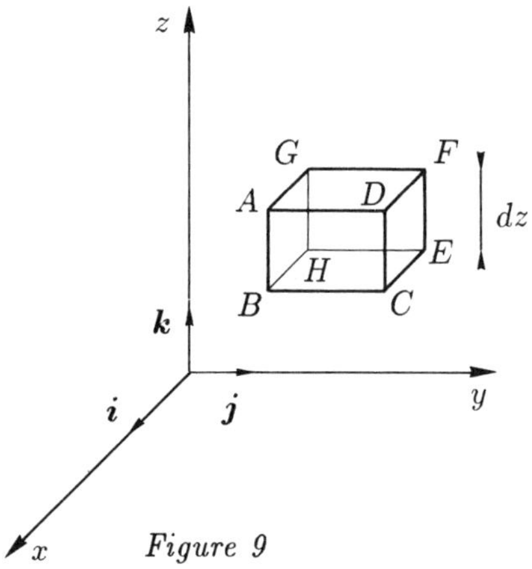

Figure 9

N.B. : La considération d'une "petite tranche" d'épaisseur dz est imposée par le fait que la masse volumique ρ et en toute rigueur l'accélération de la pesanteur $\boldsymbol{g}$ dépendent de l'altitude z*

2ème force : la résultante $d\boldsymbol{F}_{\text{ext}}$ de l'ensemble des forces pressantes dues au fluide qui est à l'extérieur du parallèlépipède $ABCDEFGH$:

$$d\boldsymbol{F}_{\text{ext}} = \underbrace{\boldsymbol{F}_{AGHB} + \boldsymbol{F}_{DFEC}}_{\parallel \text{ à } \boldsymbol{j}} + \underbrace{\boldsymbol{F}_{GFEH} + \boldsymbol{F}_{ADCB}}_{\parallel \text{ à } \boldsymbol{i}} + \underbrace{\boldsymbol{F}_{BCEH} + \boldsymbol{F}_{ADFG}}_{\parallel \text{ à } \boldsymbol{k}} \quad (1,3)$$

Comme la pression ne varie pas dans le plan horizontal d'altitude z, les forces s'exerçant sur les faces verticales opposées (forces parallèles aux axes $\boldsymbol{i}$ et $\boldsymbol{j}$) s'annulent mutuellement. Il reste :

$$\boldsymbol{F}_{BCEH} = P(z)S\boldsymbol{k}$$

et

$$\boldsymbol{F}_{ADFG} = P(z + dz)S(-\boldsymbol{k}) \quad (1,4)$$

et la résultante des forces pressantes extérieures s'écrit :

$$d\boldsymbol{F}_{\text{ext}} = -[P(z + dz) - P(z)]S\boldsymbol{k} \quad (1,5)$$

qui conduit à l'expression différentielle :

$$d\boldsymbol{F}_{\text{ext}} = -(\frac{dP}{dz})dzS\boldsymbol{k} \quad (1,6)$$

* dans les faits, l'effet sur la pression de la variation de g avec l'altitude est toujours négligeable à l'échelle terrestre.

Équilibre mécanique :

Pour l'échantillon de fluide contenu dans le volume considéré, l'équilibre mécanique s'écrit :

$$d\boldsymbol{p} + d\boldsymbol{F}_{\text{ext}} = \mathbf{o} \qquad (1,7)$$

d'où, en utilisant les résultats (1,2) et (1,6)

$$\frac{dP}{dz} = \rho(z)\boldsymbol{g} \cdot \boldsymbol{k} \qquad (1,8)$$

Vérifiez l'équivalence entre la formulation précédente (1,8) et les formulations suivantes :

$$dP = -\rho\|\boldsymbol{g}\|dz \qquad (1,9)$$
$$dP = \rho\boldsymbol{g} \cdot d\boldsymbol{l} \qquad (1,10)$$

où dP représente la variation différentielle de pression existant entre les points M et M' tels que $\boldsymbol{MM'} = d\boldsymbol{l}$.

L'hypothèse **d'équilibre mécanique du fluide** a conduit à la loi (1,8) qui décrit la variation de la pression au sein d'un fluide en équilibre dans le champ de pesanteur : cette loi est la loi fondamentale de la statique des fluides. De même que la définition de la pression P, donnée au paragraphe II, cette loi est valable pour tous les fluides : gaz ou liquides (pour les solides, la situation est plus complexe).

3. *Retour sur les expériences précédentes*

Les observations expérimentales (paragraphe I) sont en accord total avec la loi fondamentale de la statique des fluides :

a) la pression est uniforme dans un plan horizontal : si l'élément $d\boldsymbol{l}$ dans (1,10) est situé dans un plan horizontal, $d\boldsymbol{l}$ est perpendiculaire à $\boldsymbol{g}$, ce qui entraîne $dP = 0$, soit P=cte,

b) la pression décroît quand l'altitude augmente : on déduit cette propriété, constamment vérifiée par les plongeurs sous-marins et les alpinistes, de l'expression (1,9),

c) mais il y a une différence entre les plongeurs sous-marins et les alpinistes : les variations de la pression avec l'altitude sont bien plus sensibles pour les uns (dans l'eau) que pour les autres (dans l'air) ; c'est parce que la masse volumique de l'eau est environ mille fois plus élevée que celle de l'air. Considérons (figure 10) une même dénivellation

$$h = z_C - z_D = z_A - z_B$$

$$P_B - P_A \gg P_D - P_C \qquad \text{car} \quad \rho_{\text{eau}} \gg \rho_{\text{air}}$$

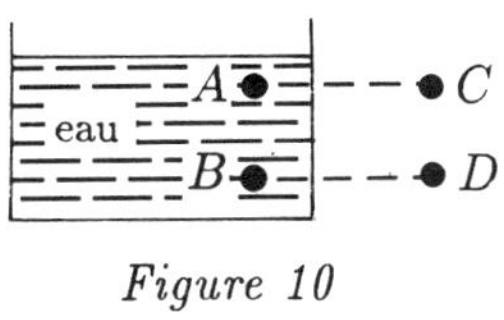

Figure 10

Ordres de grandeur **(à retenir)** :

Pour l'eau $\rho = \dfrac{1 \text{ kg}}{1 \text{ litre}} = \dfrac{1 \text{ kg}}{10^{-3} \text{ m}^3} = 10^3 \text{ kg/m}^3$ soit 1 kg/litre

Dans les "conditions normales de température et de pression" (c'est-à-dire à 0°C, sous une pression de 1 atmosphère), une mole d'air (dont la masse est approximativement égale à 29 g) occupe un volume de 22,4 litres c'est-à-dire 22,4 dm^3.

Plus précisément, dans ces mêmes conditions (T.P.N.) la masse volumique de l'air est

$$\rho_{\text{air}} = 1,293 \text{ kg/m}^3$$

Conséquences importantes : dans les conditions normales de température et de pression, la pression dans l'air varie de $\delta P \approx 10$ Pa par mètre de dénivellation. C'est une variation relative très faible $\dfrac{\delta P}{P} = \dfrac{10}{10^5} = 10^{-4}/\text{m}$ qu'on négligera à l'échelle du mètre. Ce qui nous conduira à parler de **la** pression d'un gaz dans un volume fini V, sans préciser le point où on fait la mesure.

Dans l'exemple précédent (figure 10), la différence de pression dans l'air entre D et C est environ un millième de celle qui existe dans l'eau entre B et A : la capsule manométrique n'est pas assez sensible pour mettre en évidence la différence de pression dans l'air.

4. *Cas particulier des fluides incompressibles (liquides)*

Pour obtenir l'expression de la variation de la pression entre deux points à distance finie, il faut intégrer la loi (1,10). Ceci n'est faisable que si l'on connaît la loi de variation de la masse volumique en fonction de la position.

Un cas particulier important est celui des liquides, pour lesquels, dans les conditions usuelles*, la masse volumique ρ peut être considérée comme constante : on dit qu'ils sont incompressibles.

L'intégration de l'expression (1,8) conduit alors à :

$$P_A - P_B = \int_{z_B}^{z_A} (-\rho \|\boldsymbol{g}\|) dz = \rho g (z_B - z_A) \qquad (1,11)$$

La propriété ρ=cte, et l'équation (1,11) ne sont valables que pour les liquides. Nous verrons plus loin les formes possibles de l'expression $\rho(z)$ pour l'air et les gaz en général.

5. *Application : justifions l'utilisation du dispositif précédent comme manomètre*

5.1. La capsule est dans l'air (figure 11), et nous venons de voir que la masse volumique ρ_{air} a une valeur très faible : l'application de la loi (1,8) dans l'air entraîne qu'en tout point d'un volume d'air à l'équilibre la pression aura pratiquement la même valeur. On écrit :

* En fait, les liquides ne sont pas totalement incompressibles : leur masse volumique varie (très faiblement) avec la pression. Par exemple, à une profondeur de 5 000 m (dans les fosses marines), la pression est égale à 500 fois la pression atmosphérique normale, et la masse volumique de l'eau a une valeur de 2% plus élevée qu'en surface.

$P_{\text{air}}(A) = P_{\text{air}}(C)$ pour la salle d'expérience.
$P_{\text{air}}(B) = P_{\text{air}}(D)$ pour l'air contenu dans le tuyau souple.

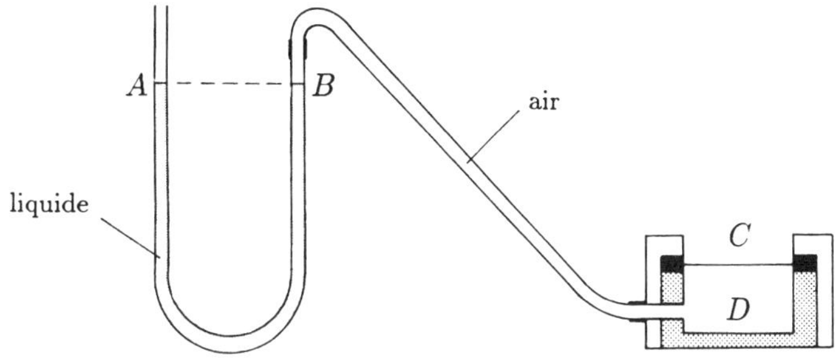

Figure 11

La même loi, ou l'équation (1,11) appliquée au liquide du manomètre, donne

$$P_{\text{liquide}}(A) = P_{\text{liquide}}(B) \qquad \text{puisque} \quad z_A = z_B$$

L'équilibre de l'interface liquide - air en A s'écrit $P_{\text{liquide}}(A) = P_{\text{air}}(A)$; de même en B : $P_{\text{air}}(B) = P_{\text{liquide}}(B)$.

On en déduit l'équilibre des pressions de part et d'autre de la membrane de la capsule manométrique, puisque $P_{\text{air}}(C) = P_{\text{air}}(D)$.

5.2. La même capsule est dans l'eau à une profondeur l en dessous de la surface libre : $l = EC$ (figure 12). Nous avons pour les pressions cinq conditions d'équilibre mécanique :

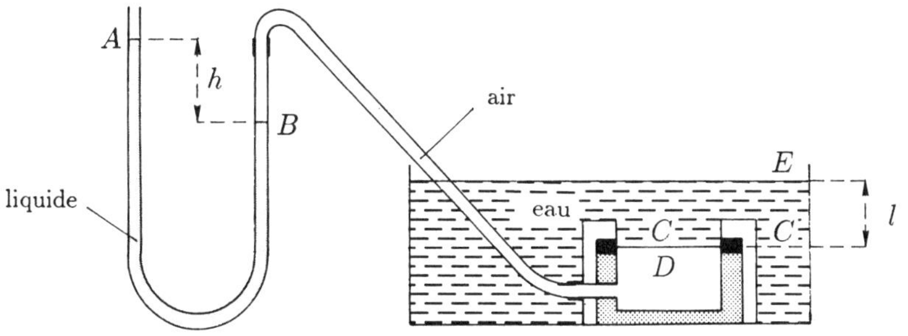

Figure 12

- de part et d'autre de la membrane : $P_C = P_D$;
- dans l'eau : $P_C = P_E + \rho_{\text{eau}} g l$;
- dans l'air du tuyau souple : $P_D = P_B$;
- dans le liquide du tube en U : $P_B = P_A + \rho_{\text{liquide}} g h$;
- à l'extérieur (air libre) : $P_E = P_A$=pression atmosphérique.

On en déduit $P_B - P_A = \rho_{\text{liquide}} g h = P_C - P_E$, c'est-à-dire que la mesure de h permet d'évaluer les différences de pressions $P_B - P_A$ et $P_C - P_E$. L'ensemble du dispositif constitue un manomètre différentiel.

6. *Remarque importante :* les forces de pression ne sont pas dues au poids des corps

Considérons les particules du fluide contenu dans le parallélépipède droit de la figure 9 page 12 : les forces pressantes sur la surface limitant le volume équilibrent le poids des particules dans ce volume (comme la tension d'un ressort vertical équilibre le poids de la masse qui lui est accrochée).

Mais ce sont des forces de natures et d'origines différentes. Le poids des particules est lié à l'existence de l'attraction gravitationnelle (et à la rotation de la Terre), ce qui n'est pas du tout le cas de la force pressante. En effet, même en impesanteur ($g = 0$), un fluide exerce une pression sur la surface du récipient qui le contient.

Nous allons, dans ce qui suit, essayer de répondre à la question "quelle est l'origine de la pression ?"

IV. Origine microscopique de la pression : interprétation moléculaire

1. *Idée générale*

La pression exercée par un fluide sur une surface donnée est liée au mouvement microscopique des molécules qui composent ce fluide, et plus précisément aux chocs de ces molécules sur cette surface.

2. *Modèle choisi*

Pour simplifier, nous allons étudier un cas modèle appelé le "gaz parfait". Au sein de ce gaz, les molécules sont en perpétuelle agitation : la plupart du temps, chacune est en mouvement uniforme, sur une trajectoire rectiligne (il n'y a pas d'interactions entre les particules : elles sont pseudo-isolées). Chacune de ces trajectoires est interrompue quand la molécule subit un choc, soit avec une autre molécule, soit avec la paroi du récipient. Par exemple, la figure 13 montre le déplacement d'une particule (1) qui heurte en A une particule (2) puis va rebondir en B sur la paroi, comme une balle sur un mur.

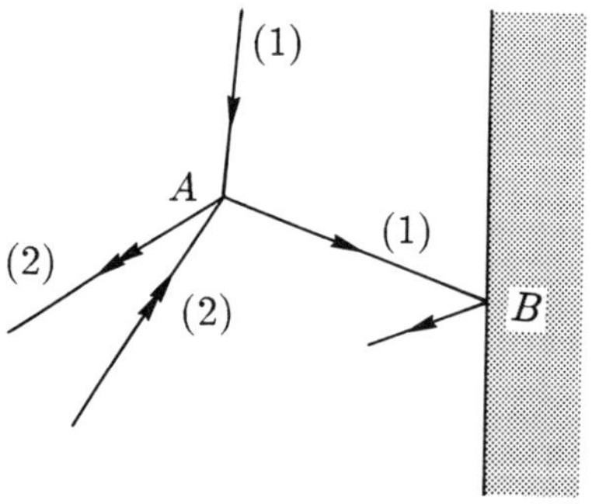

Figure 13

1ère étape du raisonnement :

Examinons, du point de vue mécanique, le choc d'une molécule sur la paroi (point B, figures 13 et 14). Avant le choc, la molécule, de masse m, a pour vitesse $\boldsymbol{v}$, de composantes v_x et v_y. L'hypothèse la plus simple consiste à supposer que le choc sur la paroi est élastique : la particule est réfléchie comme un rayon lumineux par un miroir (1ère loi de Snell-Descartes) ; cette supposition est raisonnable si la paroi est très lisse, à l'échelle moléculaire.

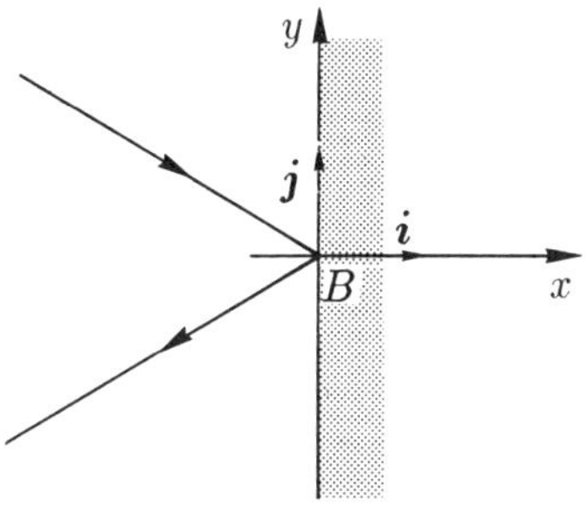

Figure 14

Après le choc contre la paroi, la vitesse de cette molécule est devenue $\boldsymbol{v}'$ de composantes $v'_x = -v_x$ et $v'_y = v_y$. L'énergie cinétique $E_{\text{cin}} = \frac{1}{2}(mv_x^2 + mv_y^2)$ n'a pas changé (collision élastique). Mais la quantité de mouvement $m\boldsymbol{v}$ de la molécule a varié d'une quantité :

$$\Delta(m\boldsymbol{v}) = m\boldsymbol{v}' - m\boldsymbol{v} = -2mv_x\boldsymbol{i} \qquad (1,12)$$

Du point de vue mécanique, cette variation de la quantité de mouvement est due à l'action de la paroi sur la molécule : pendant la durée Δt du choc la paroi a exercé sur la molécule une force $\boldsymbol{f}$ qui, d'après le principe fondamental de la dynamique, a pour valeur

$$\boldsymbol{f}_{\text{paroi sur } m} = \frac{\Delta(m\boldsymbol{v})}{\Delta t} \qquad (1,13)$$

et, d'après le principe de l'action et de la réaction, la molécule a exercé sur la paroi la force

$$\boldsymbol{f}_{m \text{ sur paroi}} = -\frac{\Delta(m\boldsymbol{v})}{\Delta t} \qquad (1,14)$$

2ème étape du raisonnement :

Pour obtenir l'action de l'ensemble des molécules du gaz sur la paroi (ou réciproquement), il faut tenir compte de tous les chocs de toutes les molécules pendant l'intervalle de temps considéré.

S'il y a, en moyenne, ν_c chocs par unité de temps (ν_c est appelée fréquence moyenne de collisions, et est homogène à l'inverse d'un temps) sur un élément de surface dS (figures 13 et 14), la variation par unité de temps de la quantité de mouvement de l'ensemble des molécules qui frappent cet élément dS est égale au produit $\nu_c \Delta(\boldsymbol{mv})$, où $\Delta(\boldsymbol{mv})$ est la variation de la quantité de mouvement d'une molécule calculée en (1,12).

En remarquant que le produit $\nu_c \Delta(m\boldsymbol{v})$ est homogène à une force, (cf (1,13) ou (1,14)), on peut écrire que la résultante $\boldsymbol{dR}$ des forces exercées sur la surface dS par l'ensemble des molécules par unité de temps vaut

$$\boldsymbol{dR} = -\nu_c \Delta(m\boldsymbol{v}) \tag{1,15}$$

Il nous faut maintenant évaluer plus précisément ν_c. Nous montrerons, dans la 3ème étape du raisonnement, que ν_c dépend de la vitesse initiale des particules qui frappent la paroi. Dans la 4ème étape nous tiendrons compte de la dernière difficulté du problème, qui réside dans le fait que toutes les molécules n'ont pas la même vitesse initiale.

3ème étape du raisonnement :

Dans un premier temps, on considère uniquement les molécules dont la vitesse est égale à $\boldsymbol{v}_0$; soit $n(\boldsymbol{v}_0)$ la densité moléculaire (nombre de ces molécules par unité de volume du gaz) correspondante. Les molécules qui, pendant l'intervalle de temps τ, à partir de l'instant t, frappent l'élément de surface dS (figure 15), se trouvaient précédemment (c'est-à-dire entre les instants $t - \tau$ et t) dans le cylindre oblique de génératrice parallèle à $\boldsymbol{v}_0$, de base dS, et de longueur $\boldsymbol{v}_0\tau$ (produit qui est bien homogène à une longueur) ; le nombre de ces molécules est égal au produit de la densité moléculaire par le volume du cylindre.

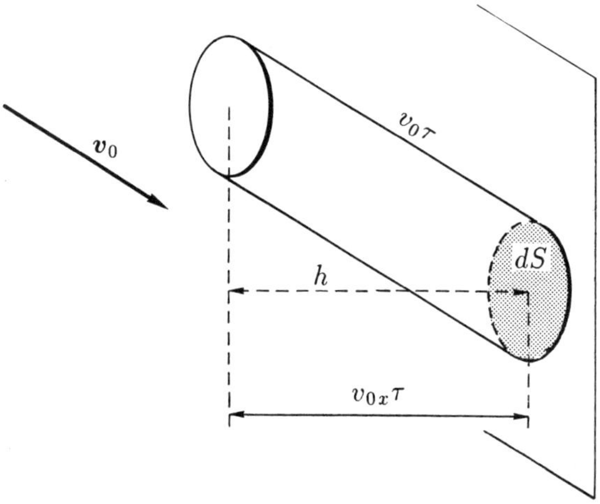

Figure 15

La figure 15 permet de constater que la hauteur du cylindre vaut $h = v_{0x}\tau$, ce qui donne pour son volume $v_{0x}\tau dS$. Donc, par unité de temps ($\tau = 1$ s), le nombre de chocs est :

$$\nu_c(\boldsymbol{v}_0) = n(\boldsymbol{v}_0) v_{0x} dS \tag{1,16}$$

La résultante des forces exercées par les molécules de vitesse $\boldsymbol{v}_0$ sur la surface dS s'obtient en regroupant les résultats (1,12), (1,15) et (1,16) sous la forme

$$\boldsymbol{dR}_{v_0} = 2n(\boldsymbol{v}_0) m v_{0x}^2 dS \boldsymbol{i} \tag{1,17}$$

La définition (1,1) de la pression nous donne la pression partielle des molécules de vitesse $\boldsymbol{v}_0$:

$$P_{v_0} = 2n(\boldsymbol{v}_0)mv_{0x}^2 \tag{1,18}$$

Pour obtenir la pression totale sur la paroi perpendiculaire à Ox, nous additionnons les effets de toutes les molécules qui frappent cette paroi, quelle que soit leur vitesse : il faut toutefois remarquer que dans un volume quelconque au voisinage d'une paroi la moitié seulement des molécules se dirigent vers la paroi, l'autre moitié en moyenne (voir ci-dessous) s'en éloigne. Il faudra donc, lorsque l'on fera la somme de (1,18) sur toutes les classes de vitesse supprimer le facteur 2.

$$P = \sum_v (n(\boldsymbol{v})mv_x^2) \tag{1,19}$$

Cette expression met clairement en évidence le fait que la pression sur la paroi perpendiculaire à Ox est proportionnelle au carré de la composante suivant Ox de la vitesse des molécules. On trouverait une relation similaire pour la valeur de la pression exercée sur une paroi perpendiculaire à Oy etc.

4ème et dernière étape du raisonnement :

Dans un gaz à l'équilibre, le nombre de molécules de vitesse v ne dépend pas de l'orientation du vecteur vitesse, mais seulement de son module ; pour des vitesses de même module (figure 16) on a

$$n(\boldsymbol{v}_1) = n(\boldsymbol{v}_2) = n(\boldsymbol{v}_0) = n(-\boldsymbol{v}_0) \tag{1,20}$$

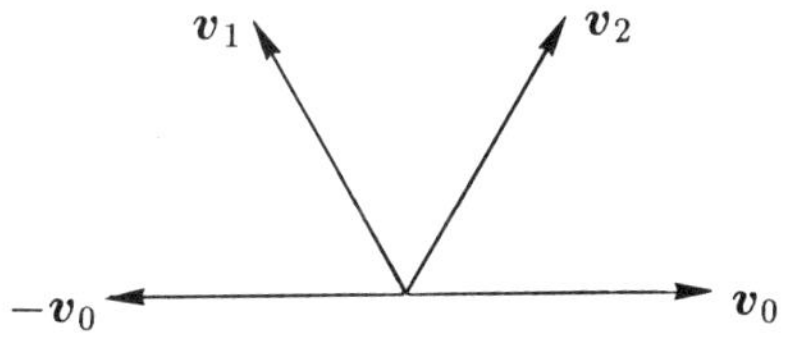

Figure 16

On en conclut que, si on mesure la pression sur une membrane manométrique, la pression sera la même quelle que soit l'orientation de cette membrane (ce que nous avons déjà constaté expérimentalement : figure 6), en particulier :

$$\sum_v (n(\boldsymbol{v})mv_x^2) = \sum_v (n(\boldsymbol{v})mv_y^2) = \sum_v (n(\boldsymbol{v})mv_z^2) \tag{1,21}$$

L'expression (1,119) de la pression peut donc s'écrire, grâce aux égalités (1,21), sous la forme :

$$P = \frac{1}{3}\sum_v n(\boldsymbol{v})m(v_x^2 + v_y^2 + v_z^2) \tag{1,22}$$

$$= \frac{1}{3}\sum_v n(\boldsymbol{v})mv^2 \tag{1,23}$$

Cette expression de la pression est généralement écrite sous la forme :

$$\boxed{P = \frac{1}{3}\overline{n}m\overline{v^2}} \quad (1,24)$$

où $\overline{n} = \dfrac{N}{V}$ (1,25) est la densité particulaire totale, ou nombre de particules par unité de volume toutes vitesses confondues ; et $\sqrt{\overline{v^2}}$ est la vitesse quadratique moyenne définie par :

$$\overline{v^2} = \frac{1}{\overline{n}}\sum_{\boldsymbol{v}}(n(\boldsymbol{v})\, v^2) \quad (1,26)$$

Résumé

1) la pression dans un fluide est la manifestation des chocs des particules sur une surface immergée dans ce fluide, la force pressante qui agit sur cette surface étant directement due aux variations de la quantité de mouvement des particules qui frappent cette surface.

2) l'effet macroscopique mesuré (par exemple par un manomètre) est lié à l'effet cumulé de tous les chocs. Si le récipient contient plusieurs espèces différentes de molécules, la pression totale mesurée correspond (d'après le raisonnement précédent) à la somme des chocs des molécules de chaque espèce : si on repère les espèces par l'indice i, la pression totale s'écrit :

$$P_{\text{tot}} = \sum_i \left(\frac{1}{3}\overline{n}_i m_i \overline{v_i^2}\right) \quad (1,27)$$

Ceci constitue une forme particulière de la loi de Dalton, loi que nous retrouverons plus loin dans le cours.

3) la distribution des vitesses microscopiques des molécules d'un gaz ne dépend pas de l'orientation de ces vitesses : en moyenne, il y en a autant "vers le haut" que "vers le bas" , autant "vers la droite" que "vers la gauche" . C'est ce qui explique (formules (1,20) et (1,21)) que la pression de l'air sur le plafond, le plancher, ou les murs latéraux de l'amphithéâtre soit la même*.

4) Ordres de grandeur

Pendant un intervalle de temps macroscopique même très court (par exemple 1 microseconde=10^{-6} seconde), le nombre de chocs sur une surface d'aire très faible (par exemple 1 $\text{mm}^2 = 10^{-6}\ \text{m}^2$) est très élevé ; dans l'air, et dans les conditions normales de température et de pression, il y a 10^9 chocs par microseconde sur une surface de 1 mm^2.

* dans la limite où on néglige la pesanteur ; cette approximation sera rediscutée au chapitre suivant.

V. Ordres de grandeur de pressions

1. *La pression atmosphérique*

La première mesure de la pression atmosphérique a été réalisée en 1644 par Torricelli (1608-1647), secrétaire et assistant de Galilée.

Après avoir totalement rempli de mercure un tube de 1 m de longueur, Torricelli le renverse sur une cuve à mercure (ceci sans admettre d'air dans le tube). Il constate (figure 17)

1) qu'il apparaît un "vide" dans le haut du tube

2) que, quelle que soit la forme du tube ou son inclinaison, la hauteur de mercure (mesurée selon la verticale) est indépendante de la forme du tube, et de la façon dont l'expérience est faite. Cette hauteur semblait varier légèrement avec le temps. Torricelli avait réalisé le premier baromètre.

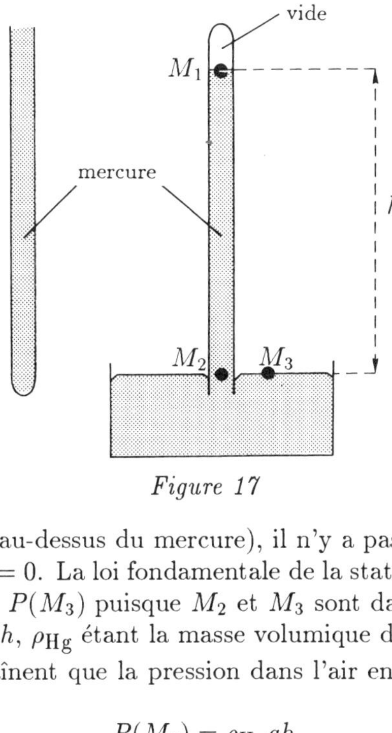

Figure 17

En effet, dans le vide (au-dessus du mercure), il n'y a pas de molécules d'air, donc la pression est nulle : $P(M_1) = 0$. La loi fondamentale de la statique des fluides appliquée au mercure entraîne $P(M_2) = P(M_3)$ puisque M_2 et M_3 sont dans le même plan horizontal, et $P(M_2) - P(M_1) = \rho_{\mathrm{Hg}} g h$, ρ_{Hg} étant la masse volumique du mercure.

Ces trois égalités entraînent que la pression dans l'air en M_3, c'est-à-dire la pression atmosphérique, vaut

$$P(M_3) = \rho_{\mathrm{Hg}} g h \tag{1,28}$$

Dans les **conditions dites "normales"** (0°C, niveau de la mer et 45° de latitude) la pression "normale" a pour valeur

$$1 \text{ atm} = 1,013\ 10^5 \text{ Pa} \tag{1,29}$$

et la hauteur de mercure correspondante, obtenue à partir de (1,28) avec $\rho_{\mathrm{Hg}} \simeq 13,6\ 10^3$ kg/m^3, est :

$$h = 760 \text{ mm}^*$$

Du fait de la simplicité et de la fiabilité des baromètres à mercure, on repère souvent dans la vie courante une pression par la hauteur de mercure correspondante. Par exemple, si la mesure de votre tension (ou pression) artérielle donne les valeurs 12-8, cela signifie que la pression du sang dans vos artères varie entre les valeurs P_{max} et P_{min} telles que :

$$P_{\text{max}} = P_{\text{atm}} + \rho_{\text{Hg}} g h_{\text{max}}, \quad \text{avec} \quad h_{\text{max}} = 12 \text{ cm}$$
$$P_{\text{min}} = P_{\text{atm}} + \rho_{\text{Hg}} g h_{\text{min}}, \quad \text{avec} \quad h_{\text{min}} = 8 \text{ cm}$$

Il ne faut pas oublier que tout le corps est plongé dans l'air à la pression atmosphérique. Le terme de surpression $\rho_{\text{Hg}} g h$ mesure donc l'effort exercé par le cœur pour assurer la circulation du sang dans les vaisseaux sanguins ; ce qui explique son importance pour un diagnostic médical.

2. *Les techniques du vide*

La première expérience portant sur le vide est celle de Torricelli (1644). Pascal la vérifie en 1648. La première "pompe à vide" date de 1654 ...

Pour faire le vide, il faut aspirer les molécules d'air contenues dans le récipient qu'on veut vider, et les refouler dans l'atmosphère.

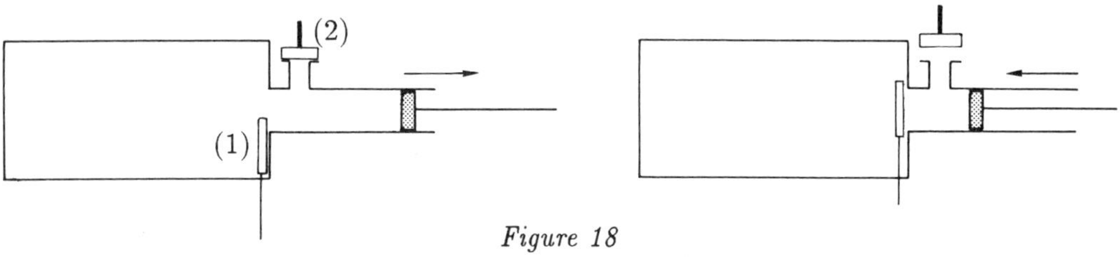

Figure 18

Les premières machines pneumatiques du XVIIIème siècle fonctionnent sur le principe "aspiration-refoulement" (figure 18) : quand le piston est tiré vers la droite, le volume disponible dans le corps de pompe augmente, ce qui diminue la densité particulaire, et donc la pression interne (relation (1,24)). Quand le piston est repoussé vers la gauche, au contraire, la soupape 1 est plaquée sur son siège (maintien de la nouvelle pression, inférieure à la précédente) et la soupape 2 est dégagée (orifice ouvert, refoulement). Les mouvements des soupapes sont assistés par des ressorts ou des dispositifs mécaniques liés au piston. Ce système est très lent (comparez les volumes du corps de pompe et du récipient) et peu efficace.

Un siècle plus tard, les pistons mécaniques sont remplacés par des pistons "liquides" (gouttes de mercure dans un capillaire) et la machine devient assez performante pour que

* citons 2 unités, fréquemment utilisées en laboratoire, le torr (de Torricelli) et le bar :

$$1 \text{ torr} = 1 \text{ mm Hg} \qquad 1 \text{ bar} = 10^5 \text{ Pa}$$

la pression résiduelle obtenue corresponde à une hauteur de mercure de 1 mm seulement. C'est le début des premières expériences avec des tubes à vide (vers 1860 Crookes, Faraday, Roentgen) : ces tubes sont les ancêtres des tubes d'oscilloscope, de télévision, etc.

La mise au point des pompes à palettes date de 1910. Les pompes à palettes actuelles permettent d'atteindre un vide "primaire" correspondant à une hauteur de mercure de l'ordre du millième de millimètre. Des pompes "secondaires" , utilisant d'autres technologies, permettent d'obtenir un "ultravide" dont la pression "résiduelle" correspond à une hauteur de mercure de 10^{-9} mm (environ 10^{-7} Pa).

3. *Les hautes pressions*

Les forces appliquées par l'intermédiaire d'un solide à un autre solide ou à un liquide (effet de piston) peuvent créer de fortes pressions.

Les pressions maximales atteintes aujourd'hui en laboratoire sont de l'ordre de 1 mégabar ($\approx 10^{11}$ Pa). Dans une "enclume-diamant" , la pression est appliquée entre deux faces polies de diamant, de surface S=1 mm^2 ; une force de 1 Newton crée sur ce dispositif une pression de 10^6 N/m^2, c'est-à-dire 10^6 Pa ; une force de 10^5 Newton (correspondant au poids d'une masse d'environ 10 tonnes) permet en laboratoire d'obtenir le mégabar.

Sur terre, les pressions maximales atteintes sont de l'ordre de $1,1\ 10^8$ Pa à 11 000 mètres de profondeur sous l'eau (dans la fosse des Mariannes), et on estime la pression au centre de la Terre (noyau interne) à $4\ 10^{11}$ Pa.

Remarque générale sur le chapitre 1

Nous n'avons considéré jusqu'ici que des situations de fluides en équilibre (ou quasi-équilibre) mécanique, la résultante des forces pressantes étant quasi-nulle en tous points.

A l'échelle de l'amphithéâtre, la pression est sensiblement constante, mais elle ne l'est plus à l'échelle du département ou du pays. A grande échelle, le déséquilibre de pression de l'atmosphère est un des facteurs à l'origine des vents circulant entre les régions de haute pression (anticyclones) et les régions de basse pression (dépression).

EXERCICES

(1) Mise en évidence **expérimentale** de la pression atmosphérique : eau, verre, feuille de papier.

Méthode : prenez un verre, remplissez le d'eau à ras bord. Puis posez sur ce verre une feuille de papier débordant largement.

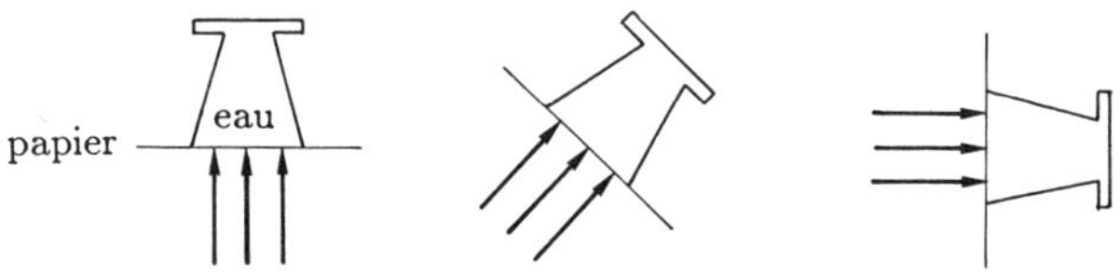

Appliquez provisoirement votre main sur l'ensemble et retournez le tout, puis enlevez cette main sans secouer l'ensemble. La pression atmosphérique sur la feuille de papier suffit à maintenir l'eau dans le verre, quelle que soit la position de ce dernier : la pression atmosphérique s'exerce donc dans toutes les directions.

Exemple : un verre de diamètre intérieur 7,2 cm et de volume utile $\frac{1}{4}$ de litre contient une masse d'eau dont le poids est 2,5 newtons ; les forces pressantes atmosphériques (représentées par les flèches sur les dessins précédents) exercent sur la surface de la feuille de papier en contact avec l'eau, une force totale de 400 newtons, dans les conditions normales.

(2) A quel niveau le mercure s'élève-t-il dans ces tubes scellés en A et ouverts en B à la pression atmosphérique :

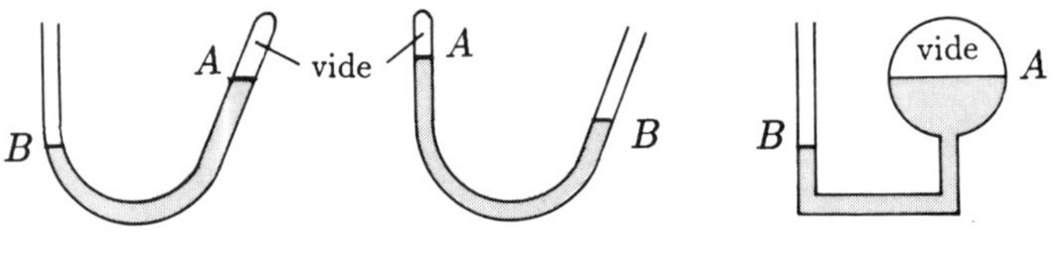

Réponse : le mercure s'élève du côté A pour que la pression hydrostatique due à la différence de niveau vertical $h_A - h_B$ soit égale (quelle que soit la forme du tube) à la valeur de la pression atmosphérique au lieu considéré. Par exemple $h_A - h_B$=760 mm dans les conditions normales de température et de pression (soit 0°C et 1 atm).

(3)a) Prenez en main une ampoule contenant un liquide (médicament, essence, etc.). Coupez une seule extrêmité de cette ampoule, que se passe-t-il ?

b) Un tonneau, plein de 50 l de vin, est posé horizontalement. On ouvre le robinet R, qu'observe-t-on ?

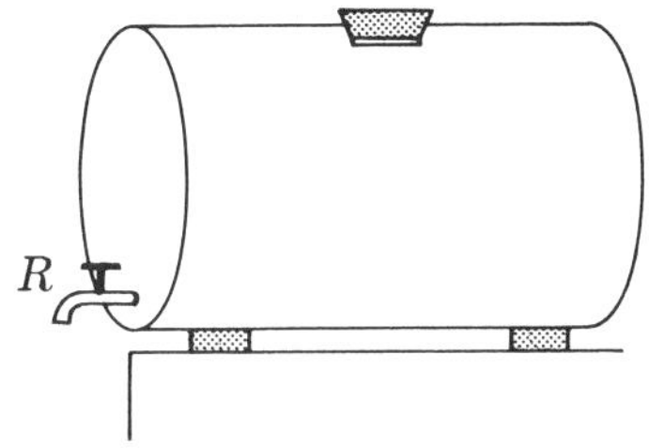

Réponses :

a) le liquide ne coule pas, la force pressante atmosphérique s'exerçant sur l'interface air-liquide est très supérieure au poids du liquide et empêche tout écoulement du liquide. Si l'on coupe la deuxième extrémité, on rétablit la pression atmosphérique en haut de l'ampoule et le liquide peut alors s'écouler sous l'action de la pesanteur.

b) il en est de même si le tonneau est bien scellé, l'écoulement s'arrête très vite. Il faut enlever la bonde (bouchon à la partie supérieure du tonneau) pour permettre l'écoulement en égalant les pressions des 2 côtés du liquide.

(4) Manomètre différentiel

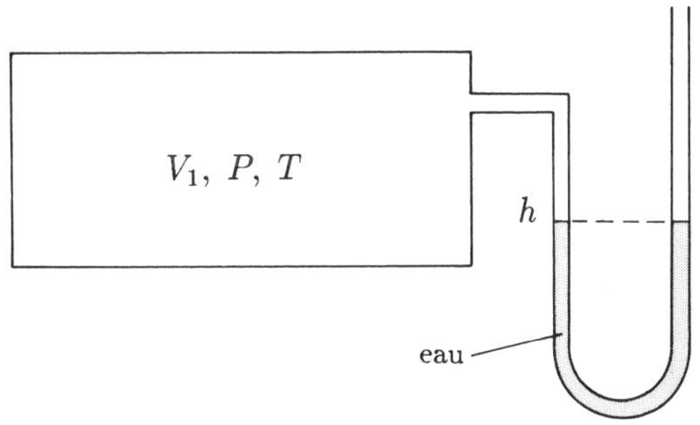

Un gaz parfait est contenu dans un récipient de volume V_1=5 litres, où règne la pression P à la température 27°C. A ce récipient est adapté un tube en U de section $s = 0,5$ cm^2 servant de manomètre à eau. L'extrêmité du tube communique avec l'atmosphère.

a) Dessinez la position des niveaux d'eau dans le cas où P est inférieure à la pression atmosphérique.

b) Calculez la différence h' entre les niveaux d'eau pour P=1 bar.

On donne : 1 atm=760 mm Hg=1,013 bar=$1,013\ 10^5$ Pa.

c) Comment augmenter la sensibilité de ce manomètre ?

Réponses :

a) lorsque la pression du gaz est inférieure à la pression atmosphérique, l'eau monte dans la branche de gauche et baisse à droite

b) $h' = 0,13$ m

c) la sensibilité de ce manomètre augmentera lorsque l'on remplacera l'eau par un liquide de masse volumique plus faible.

Chapitre 2

La température

CHAPITRE 2

I. Introduction

II. La température absolue : du microscopique au macroscopique

1. *Introduction de la température absolue*

2. *Manifestation macroscopique de la température absolue : l'équation d'état du gaz parfait*

3. *Thermomètre à gaz. Des gaz réels au gaz parfait*

4. *Gaz parfait polyatomique. Mélanges de gaz parfaits*

4.a. Gaz parfait polyatomique
4.b. Mélange de gaz parfaits
4.c. Grandeurs microscopiques - grandeurs molaires

III. Équilibre thermique, échanges de chaleur

1. *Déséquilibre de température et flux d'énergie calorifique*

2. *Comment se font les échanges de chaleur ? conduction, convection, rayonnement*

3. *Thermomètres et thermostats*

4. *Paroi adiabatique et paroi diatherme*

5. *Repères de température*

C.2. Complément : équilibre thermique de l'atmosphère isotherme dans le champ de pesanteur

LA TEMPÉRATURE

I. Introduction

De prime abord, la notion de température "paraît" plus simple, plus évidente, dans la vie de tous les jours que la notion de pression. Elle semble reliée à la notion de chaud ou de froid, mais c'est un lien tout à fait subjectif qui ne permet pas de définir une température (voir III.2 et III.3).

D'une manière plus élaborée, depuis le XVIIème siècle, la notion de température a été associée à la dilatation d'une colonne de liquide. A l'usage, cette association a soulevé des problèmes d'autant plus ardus que l'on voulait obtenir des déterminations de plus en plus précises de la température : c'est ainsi que différents thermomètres à liquide (par exemple à alcool ou à mercure), construits pour indiquer 0°C dans un mélange eau-glace et 100°C dans le mélange eau-vapeur d'eau sous la même pression de 1 atmosphère donnent dans tout le domaine intermédiaire de températures (0 à 100°C) des indications différentes ; ces indications peuvent différer de quelques millièmes ou même quelques centièmes de degrés Celsius.

L'origine de ces difficultés est complexe et fait intervenir la physique des matériaux qui servent de thermomètres. Nous n'avons donné jusqu'ici que des corrélations et non des définitions. Nous essayons dans ce chapitre d'approfondir un peu la notion de température : ce qui va nous contraindre encore une fois à nous intéresser à la dynamique microscopique des particules qui constituent les matériaux que nous voulons étudier.

II. La température absolue : du microscopique au macroscopique

1. *Introduction de la température absolue*

Au chapitre précédent pour expliquer la pression des fluides nous avons fait appel à leur dynamique microscopique ; au niveau microscopique, dans un fluide au repos dans un référentiel galiléen*, les molécules sont animées de mouvements incessants : c'est l'agitation

* La vitesse barycentrique est nulle ; mais la vitesse quadratique moyenne définie en (1,26) ne l'est pas.

thermique. **La température absolue est une mesure de cette agitation thermique.** Plus précisément, avec les notations du chapitre précédent (chap. 1,§ IV) l'énergie cinétique moyenne de translation des molécules s'écrit :

$$u_{\text{transl.}} = (1/2)m\overline{v^2} \qquad (2,1)$$

et nous pouvons alors définir la température absolue T par la formule :

$$u_{\text{transl.}} = \frac{3}{2}kT \qquad (2,2)$$

où k est une constante universelle appelée constante de Boltzmann qui vaut $1,38\ 10^{-23}$ dans le système international d'unités (S.I.). La température ainsi introduite a pour unité dans le système S.I. le kelvin noté K ; k est une grandeur universelle et dimensionnée que l'on écrira

$$k = 1,38\ 10^{-23}\ \text{J} \cdot \text{K}^{-1} \qquad (2,3)$$

La relation (2,2) constitue le fondement microscopique de la notion de température : elle donne un contenu précis à la notion "d'agitation thermique" des molécules, que l'on peut mettre en évidence en observant au microscope le mouvement Brownien de particules lourdes soumises aux chocs incessants des particules légères du fluide dans lequel elles sont immergées.

Remarque importante : Au chapitre précédent nous avons décrit l'agitation thermique microscopique dans le cadre d'un modèle : celui du gaz parfait. En réalité l'agitation thermique moléculaire existe dans tous les matériaux solides et fluides quels qu'ils soient et la relation (2,2) est une relation dont la validité dépasse très largement le modèle du gaz parfait que nous vous avons présenté jusqu'ici. Considérons par exemple plusieurs fluides de compositions chimiques différentes, de pressions différentes et maintenons les en contact de telle sorte qu'ils soient en équilibre thermique : ceci peut être vérifié grâce à l'utilisation de l'un quelconque des thermomètres à dilatation décrits dans l'introduction de ce chapitre ; le même thermomètre donne alors la même indication dans tous les fluides. Dans ces conditions, toutes les mesures, tous les raisonnements élaborés par les physiciens depuis Boltzmann (1844-1906) conduisent à la conclusion que l'énergie cinétique moyenne de translation des molécules est la même dans tous les fluides, quelles que soient leur pression et leur composition chimique* : elle peut donc être prise comme une mesure intrinsèque de la température grâce à (2,2) une fois qu'un choix arbitraire a été fait pour la constante k.

2. *Manifestation macroscopique de la température absolue : l'équation d'état du gaz parfait*

L'introduction du paragraphe précédent éclaire l'aspect microscopique du concept de température, mais reste très abstraite et ne répond pas à deux questions fondamentales

* Cette propriété cesse d'être vraie aux très basses températures où on atteint les limites de validité de la mécanique statistique classique et où on doit utiliser la mécanique statistique quantique : ceci se produit pour l'hélium superfluide en dessous de 2 K.

pour le physicien : comment construire un thermomètre à température absolue et comment l'étalonner ? Pour répondre à ces questions il nous faut passer de l'échelle microscopique à l'échelle macroscopique et nous le ferons dans un premier temps dans le cadre du modèle de gaz parfait.

Nous avons démontré au chapitre précédent que la pression de N molécules de gaz parfait contenues dans un volume V s'écrivait (formule (1,24)) :

$$P = (1/3)\overline{n}m\overline{v^2} \qquad \text{avec} \quad \overline{n} = N/V$$

Cette expression peut se récrire en fonction de l'énergie cinétique moyenne de translation du gaz (2,1) sous la forme :

$$P = \frac{2}{3}\frac{N}{V}u_{\text{transl.}} \tag{2,4}$$

Ce qui, compte tenu de la définition (2,2-2,3) de la température absolue, donne :

$$PV = NkT \tag{2,5}$$

qui est l'équation d'état des gaz parfaits.

La température absolue apparaît dans cette expression en fonction de grandeurs que l'on peut mesurer par des moyens macroscopiques : P, V, N, d'où l'espoir de pouvoir réaliser, en utilisant (2,5), un thermomètre dont le principe serait basé sur la mesure de la dilatation d'une certaine quantité de "gaz parfait" en équilibre à la pression P. Dans son principe un tel thermomètre rejoint les thermomètres empiriques construits aux siècles derniers, dont le principe reposait sur la mesure de la dilatation d'une certaine quantité de liquide ; mais la difficulté réside dans le fait que (2,5), contrairement à (2,2), n'est pas valable pour n'importe quel fluide mais simplement pour un fluide idéal où les molécules n'exerceraient aucune force les unes sur les autres (cf. chap. 1, § IV) et qu'on appelle "gaz parfait". Néanmoins l'intérêt d'un tel modèle est grand, car comme nous allons le voir en examinant des résultats expérimentaux obtenus à l'aide d'un thermomètre à gaz "réel", l'équation d'état du gaz parfait (2,5) apparaît comme la limite des lois observées sur les gaz réels, lorsque la masse volumique de ceux-ci tend vers 0.

3. *Thermomètre à gaz. Des gaz réels au gaz parfait*

Le schéma d'un dispositif pouvant servir de thermomètre à gaz est donné sur la figure 19. Le thermomètre est constitué de N molécules de gaz contenues dans un ballon fermé par un piston liquide mobile dans un tube en U. La pression P du gaz peut être ajustée grâce à la régulation de pression à l'extérieur du piston liquide P_I. On peut alors connaissant P_I déterminer les variations de P et V par la mesure du déplacement du niveau du liquide dans le tube en U.

On constate dans les conditions usuelles que le produit PV est une fonction affine de la température Celsius t qu'on peut repérer par un thermomètre à liquide standard :

$$\left(PV\right)_{\text{exp}} = a + bt\,(^\circ\text{C}) \tag{2,6}$$

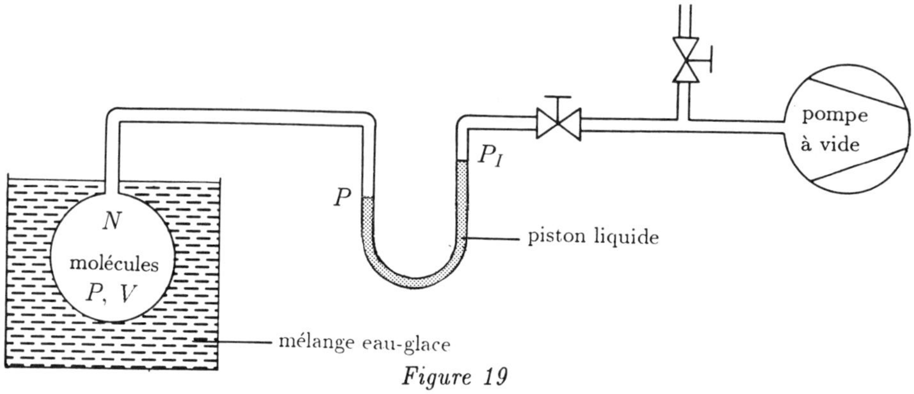

Figure 19

Toutefois il apparaît que ce thermomètre à gaz donne, en général, une indication qui dépend de la pression P et de la nature chimique du gaz avec lequel on travaille. Ainsi les résultats de la figure 20 ont été obtenus avec un thermomètre à gaz immergé dans un bain eau-glace sous la pression atmosphérique normale : ce bain est à la température de 0°Celsius. On constate sur la figure 20 que pour obtenir une détermination universelle de la température qui ne dépende pas de la nature chimique du gaz utilisé dans le thermomètre, il faut extrapoler les résultats expérimentaux obtenus à pression nulle : dans ces conditions, quel que soit le gaz utilisé, le produit $\dfrac{PV}{Nk}$ détermine de façon unique la température du bain dans lequel le système est plongé. Cette propriété est vraie quelle que soit la température mesurée et dans un domaine considérable de températures. **La procédure expérimentale ainsi décrite permet donc de mesurer la température absolue d'un système.**

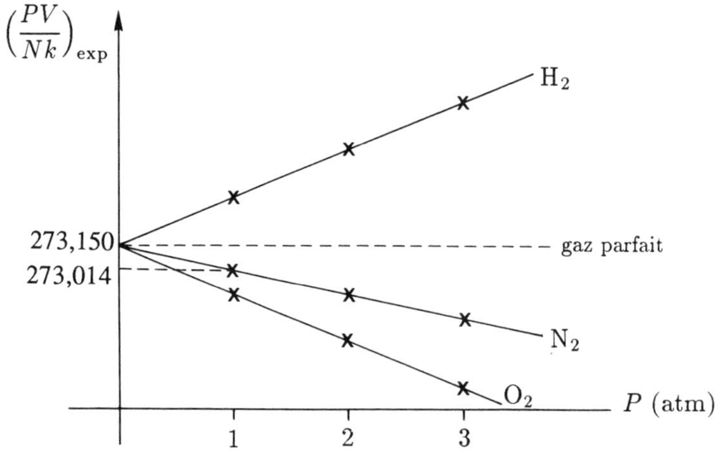

Valeurs expérimentales de l'expression (PV)/(Nk) en Kelvin,
en fonction de la pression P en atm, pour 3 gaz
en équilibre termique avec un bain d'eau et de glace
Figure 20

Remarques :

1) La figure 20 montre que les gaz réels dilués sont presque des gaz parfaits, puisque $(PV/NkT) - 1 \simeq 10^{-3}$ sous la pression atmosphérique normale pour tous les gaz usuels.

2) Le kelvin (K) est l'unité légale de température. Du point de vue légal, on ne fixe pas k pour déterminer T comme nous l'avons fait, mais on procède en sens inverse en attribuant à un point fixe de température, le point triple de l'eau (voir chap. XI), la température absolue de 273,16 K.

3) La correspondance entre l'échelle absolue de température et l'échelle Celsius est :

$$T(K) = 273,15 + t(°\mathrm{C}) \qquad (2,7)$$

4) Les résultats expérimentaux permettent de donner plus de sens au concept de gaz parfait. Nous l'avons défini au chapitre 1, § IV, puis dans le paragraphe II.2 de ce chapitre comme un modèle dans lequel les molécules n'exercent aucune force les unes sur les autres. Quand la pression du gaz du thermomètre tend vers 0 sa masse volumique tend vers 0, et par suite la distance moyenne entre les particules tend vers l'infini : en conséquence l'intensité des forces intermoléculaires (électrostatiques ou gravitationnelles) tend vers 0 et les gaz réels tendent vers le “gaz parfait” : système modèle où toute l'énergie est sous forme d'énergie cinétique, l'énergie potentielle d'interaction étant nulle.

5) Inversement pour un gaz réel non dilué l'expression (2,2) reste valable, alors que les expressions (1,24) et (2,5) ne le sont plus. Ces dernières équations doivent être corrigées pour tenir compte des interactions entre molécules : la correction, qui croît avec la masse volumique du gaz, peut devenir tout à fait prépondérante.

4. *Gaz parfait polyatomiques. Mélange de gaz parfaits*

4.a. Gaz parfait polyatomique

L'énergie cinétique moyenne, qui intervient dans les formules (2,1) et suivantes, est l'énergie cinétique de translation d'une molécule mesurée dans le référentiel par rapport auquel le gaz (considéré dans son ensemble) est au repos ($\boldsymbol{v}_G = \mathbf{0}$) : pour une molécule monoatomique cette énergie cinétique de translation constitue toute l'énergie cinétique du système.

Si le gaz est diatomique ses molécules possèdent, outre l'énergie cinétique moyenne de translation, une énergie cinétique de rotation dont la valeur moyenne est kT. D'une manière générale, l'énergie cinétique moyenne par particule s'écrit, pour un gaz parfait :

$$u = \tilde{l}kT \qquad \text{avec} \quad \begin{cases} \tilde{l} = 3/2 & \text{pour un gaz monoatomique} \\ \tilde{l} = 5/2 & \text{pour un gaz diatomique} \end{cases} \qquad (2,8)$$

4.b. Mélange de gaz parfaits

La définition (2,2) de la température absolue implique que si deux gaz (a, b) sont **en équilibre thermique** ils ont, quelles que soient leurs masses moléculaires respectives, la **même énergie cinétique moyenne de translation par particule** :

$$(1/2)m_a\overline{v^2}_a = (1/2)m_b\overline{v^2}_b = 3/2kT \qquad (2,9)$$

On dit qu'il y a **équipartition de l'énergie** dans un mélange de gaz à l'équilibre thermique (équation (2,9)).

Conséquence : loi des mélanges de gaz parfaits (loi de Dalton).

Dans un mélange de gaz parfaits, les molécules frappent les parois indépendamment les unes des autres, et la pression est liée à la somme des transferts de quantité de mouvement de toutes les espèces. On en déduit d'après (1,24) que

$$P = (1/3)\overline{n}_a m_a\overline{v^2}_a + (1/3)\overline{n}_b m_b\overline{v^2}_b \qquad (2,10)$$

On appelle parfois la quantité $(1/3)\overline{n}_a m_a\overline{v^2}_a$ "pression partielle" de l'espèce a, mais il faut prendre conscience du fait que ceci n'est qu'un intermédiaire mathématique de raisonnement, et **pas une grandeur directement mesurable.**

D'après le principe de l'équipartition de l'énergie (2,9), l'équation (2,10) peut être récrite

$$P = \overline{n}_a kT + \overline{n}_b kT = (N_a/V)kT + (N_b/V)kT$$

ou encore

$$PV = (N_a + N_b)kT \qquad (2,11)$$

On appelle cette équation loi de Dalton pour un mélange de gaz parfaits. Elle s'énonce : "La pression exercée par un mélange de gaz parfaits est la somme des pressions que chaque gaz exercerait s'il occupait **seul** le volume total".

4.c. Grandeurs microscopiques. Grandeurs molaires

Dans ce chapitre et dans tout ce qui suit les quantités microscopiques relatives à une molécule sont notées en minuscules : m, u, k sont respectivement la masse, l'énergie cinétique et la constante de Boltzmann toutes quantités relatives à une molécule. Les diverses relations de ce chapitre ont été écrites en fonction des grandeurs microscopiques pour bien souligner que c'est à l'échelle microscopique que l'on trouve leur signification profonde. Comme dans les expériences usuelles on manipule des quantités macroscopiques, il est souvent pratique de transcrire les équations en fonction des quantités macroscopiques qui sont en général écrites en lettre majuscules ; parmi celles-ci on utilise :
le nombre d'Avogadro $\mathcal{N}_0 = 6,02\ 10^{23}$ qui détermine le nombre de molécules dans une mole, M la masse molaire, R la constante des gaz parfaits relative à une mole et qui vaut

$$R = \mathcal{N}_0 k = 8,31\ \mathrm{J \cdot mol^{-1} \cdot K^{-1}} \qquad (2,12)$$

Le nombre de moles d'un système est noté selon l'usage $n = \dfrac{N}{\mathcal{N}_0}$ (à ne pas confondre avec la densité moléculaire $\overline{n} = \dfrac{N}{V}$). Avec ce système d'unités l'équation d'état des gaz parfaits, s'écrit sous la forme

$$PV = nRT$$

III. Équilibre thermique, échanges de chaleur

1. *Déséquilibre de température et flux d'énergie calorifique*

Dans ce qui précède, nous avons supposé que le système considéré était à l'équilibre thermique ; dans de telles conditions, la température de toute partie du système est la même que celle du système global.

Si ceci n'est pas le cas, il est facile de constater expérimentalement que le système n'est pas à l'équilibre et qu'il évolue vers une situation où la température est la même sur tout le volume. D'après le lien qui existe (équation(2,9)) entre température et agitation moléculaire, on comprend aisément que cette homogénéisation de la température se fait via un transfert d'énergie des régions chaudes vers les régions froides : c'est ce que l'on traduit en disant que dans un système hors d'équilibre thermique il existe des flux de chaleur des hautes vers les basses températures ; de la même façon que, dans une atmosphère en déséquilibre de pression, il existe des courants d'air (flux de masse) allant des régions de hautes pressions vers les régions de basses pressions.

2. *Comment se font les échanges de chaleur ? conduction, convection, rayonnement*

Les mécanismes microscopiques réalisant ces transferts d'énergie peuvent être classés en trois catégories : convection, conduction et rayonnement.

- La convection suppose un transfert d'énergie accompagné d'une circulation de matière : c'est le mécanisme le plus important dans le chauffage des habitations (l'air chauffé dans le convecteur domestique circule dans la pièce à réchauffer).
- La conduction est un transfert microscopique d'énergie cinétique sans mouvement d'ensemble (conduction des solides).
- Le rayonnement est le transfert d'énergie par les ondes électromagnétiques. C'est ainsi que nous parvient l'énergie du soleil. C'est également grâce au rayonnement du corps humain que l'on peut réaliser des thermographies, qui sont une aide précieuse et non agressive pour la détection de certaines tumeurs (la tumeur étant en général plus chaude que l'environnement sain).

L'existence de ces flux de chaleur est essentielle pour comprendre la différence entre température et notion subjective de chaud et de froid. Que constatons-nous expérimentalement ? Si nous touchons de la laine et du métal en équilibre thermique à 20°C : le métal paraît plus froid que la laine. Recommençons avec les mêmes objets en équilibre thermique à 50°C : le métal semble plus chaud que la laine.

Les objets à 20°C nous paraissent froids parce que, par contact, nous leur cédons de l'énergie et ils paraissent d'autant plus froids qu'ils conduisent bien la chaleur. Le flux de chaleur va de l'être humain à 37°C vers l'objet à 20°C : plus l'objet conduit bien la chaleur, plus ce flux est intense, ce qui entraîne pour l'expérimentateur une plus grande perte d'énergie d'où une plus grande sensation de froid.

Par opposition, les objets à 50°C nous paraissent chauds parce qu'ils nous fournissent de l'énergie, et le métal nous paraît plus chaud que la laine alors que sa température est la même, parce qu'il conduit mieux la chaleur que la laine et qu'il nous fournit plus d'énergie par unité de temps.

Conclusion : l'être humain ne peut servir de thermomètre. Pourquoi ? La température de l'être humain est constamment voisine de 37°C, et il n'est jamais en équilibre de température avec l'extérieur.

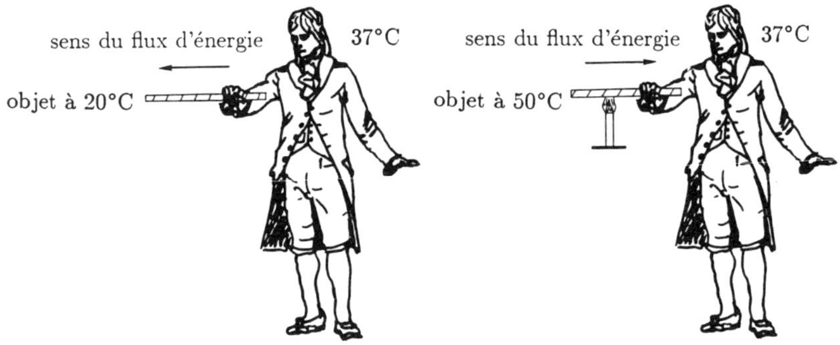

Le flux d'énergie $\boldsymbol{J}_Q$ est opposé au gradient de température et est proportionnel à la conductivité thermique K de l'objet :

$$\boldsymbol{J}_Q = -K\boldsymbol{\nabla T} \tag{2,13}$$

La loi (2,13) est appelée loi de Fourier

Figure 21

3. *Thermomètres et thermostats*

Un **thermomètre** est un dispositif permettant de mesurer la température d'un objet. Le thermomètre **doit être en équilibre thermique avec l'objet** dont on veut mesurer la température.

L'être humain qui est toujours à 37°C ne peut pas être un bon thermomètre. Cette constance de sa température en fait plutôt un **thermostat**, c'est-à-dire un système dont **la température reste fixe** quelle que soit la quantité de chaleur qu'il reçoit de (ou cède à) l'extérieur ...

4. *Paroi adiabatique et paroi diatherme*

Cette réflexion sur les flux de chaleur nous permet d'introduire une dernière notion qui nous sera utile plus tard : celle de paroi adiabatique, et par antithèse celle de paroi diatherme.

Une **paroi adiabatique** est une paroi qui ne laisse pas passer de flux d'énergie calorifique.

D'après ce qui vient d'être dit sur les mécanismes de transfert d'énergie, la paroi adiabatique doit posséder les propriétés suivantes :

1) elle ne doit pas laisser passer de matière (convection impossible) ; il faut donc qu'elle constitue une boîte la plus étanche possible,

2) elle ne doit pas permettre d'échange de chaleur via l'énergie cinétique des particules qui la composent, ce qui nécessite l'existence d'une zone où règne le vide (vide d'isolement),

3) elle ne doit pas permettre le passage de rayonnement qui y entrerait ou s'en échapperait : ses parois intérieures et extérieures doivent être réfléchissantes pour le rayonnement électromagnétique (métallisation).

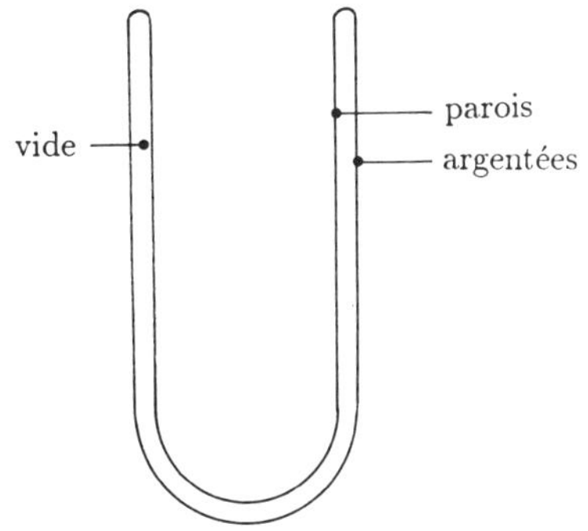

Vase Dewar

Figure 22

Ces trois exigences décrivent ce qui est réalisé dans les bouteilles "Thermos" également appelées vases Dewar (voir figure 22).

Une paroi diatherme, par contre, conduit les flux d'énergie calorifique, sans toutefois laisser passer de flux de matière.

5. *Repères de température*

Les thermomètres sont construits en utilisant des points fixes de température, donnés par des propriétés physiques simples des corps purs : c'est le cas, en particulier des points de fusion et d'ébullition sous la pression atmosphérique normale, qui sont répertoriés dans le tableau I.

Deux remarques :

1) deux températures d'ébullition ont une importance industrielle et scientifique majeure : ce sont celles de l'azote (≈ 77 K) et de l'hélium liquides (≈ 4 K), car ces deux corps sont employés couramment comme réfrigérants,

2) aux basses températures ($T \leq 4$ K) les fluides réels ne suivent plus la loi classique décrite par l'équation (2,2) ; il faut alors faire appel à la mécanique quantique pour étudier leur comportement.

Élément	Point de fusion (K)	Point d'ébullition (K)
He		4,2
H_2	13,96	20,39
Ne	24,55	27,07
O_2	54,36	90,19
N_2	63,18	77,35
Hg	234,29	630
Cs	301,8	959
Al	832	2621
Au	1337	3120
Fe	1812	3160
W	3680 ± 20	5930

Tableau I : points de fusion et d'ébullition de corps purs sous la pression atmosphérique normale

Parmi les ordres de grandeur de températures extrèmes nous pouvons citer la température de l'intérieur du soleil qui est de l'ordre de 20 10^6 K (le foyer en étant la combustion nucléaire de l'hydrogène) ; la surface du soleil est beaucoup plus froide avec une température qui est de l'ordre de 4500 K au minimum au niveau des taches solaires. Au laboratoire, on atteint à l'heure actuelle des températures basses extrêmes de l'ordre du microkelvin (avec des molécules presque au repos dont la vitesse quadratique moyenne est de l'ordre d'une dizaine de centimètres par seconde). L'appareil de laboratoire permettant de maintenir des basses températures s'appelle un cryostat, les réfrigérateurs industriels permettent d'abaisser la température au millikelvin.

Complément : équilibre thermique de l'atmosphère isotherme dans le champ de pesanteur

Dans l'étude des gaz que nous venons de faire, nous avons négligé l'existence de la pesanteur. Dans la mesure où les expériences sont en général faites sur terre, cette modélisation mérite d'être remise en question.

En présence d'un champ de pesanteur, nous avons montré au chapitre précédent que l'équilibre mécanique du gaz impliquait une variation de la pression avec l'altitude obéissant à la relation différentielle (1,10) :

$$dP = \rho(z)\boldsymbol{g} \cdot \boldsymbol{k} dz \tag{2,14}$$

où $\boldsymbol{k}$ est le vecteur unitaire de l'axe vertical Oz. Si l'axe est orienté vers le haut, (2,14) devient :

$$dP = -\rho(z) g dz \tag{2,15}$$

où $g = \|\boldsymbol{g}\| = 9,81\ \text{ms}^{-2}$ et $\rho(z)$ représente la masse volumique du fluide autour du point de cote z. A priori ρ ne doit pas dépendre de x ou y (tous les points d'un plan horizontal sont équivalents) mais elle dépend de z, car l'énergie potentielle des molécules dépend de z. Il est donc nécessaire de relier ρ à d'autres grandeurs connues pour pouvoir intégrer effectivement l'équation (2,15).

La deuxième hypothèse importante est que l'atmosphère que nous souhaitons décrire est en **équilibre thermique** (isotherme) ; nous supposerons de plus que l'air est un gaz parfait.

Par suite, l'utilisation de la relation (2,1) nous permet d'écrire l'expression de la pression $P(z)$ à l'altitude z, en fonction du nombre $dN(z)$ de molécules dans un volume élémentaire dV et de la température, sous la forme :

$$P(z) = (dN(z)/dV)kT \tag{2,16}$$

Or la masse volumique du fluide à l'altitude z vaut :

$$\rho(z) = (dN(z)/dV)m \tag{2,17}$$

où m est la masse d'une "molécule d'air" (cf chapitre 1, § III).

L'élimination de $dN(z)/dV$ entre les équations (2,16) et (2,17) conduit à :

$$P(z) = (1/m)\rho(z)kT \tag{2,18}$$

L'élimination de $\rho(z)$ entre (2,18) et (2,15) nous donne :

$$dP/P = -(mg/kT)dz \tag{2,19}$$

Dans cette dernière équation P est la seule fonction de z (m, g, k, T ne dépendent pas de z). (2,19) s'intègre donc immédiatement en

$$\ln P = -(mgz/kT) + \text{cte} \tag{2,20}$$

ce qui peut se mettre sous la forme :

$$P(z) = P_0 \exp[-mgz/kT)] \tag{2,21}$$

L'équation (2,21) traduit l'équilibre thermique et mécanique d'une atmosphère isotherme dans le champ de pesanteur.

On remarque que la quantité $\dfrac{mgz}{kT}$ est un nombre sans dimensions : c'est le rapport de 2 énergies, l'énergie potentielle d'une molécule à l'altitude z et son énergie cinétique.

Pour les calculs numériques, on peut repasser en variables molaires

avec : M ="masse molaire" de l'air= $\mathcal{N}_0 m = 29\ 10^{-3}$ kg

$$P = P_0 \exp[-(Mgz/RT)]$$

On en déduit :

1) que la variation relative de pression sur un mètre à 300 K est

$$\Delta P/P_0 = \exp(-Mg/RT) - 1 = 10^{-4}$$

2) qu'il faut atteindre une altitude de 8,8 km (RT/Mg) pour que la pression soit égale à la pression au sol, divisée par le facteur $e = 2,718$.

On remarque enfin que $P(z)$ et $\rho(z)$ obéissent à la même loi de variation exponentielle avec l'altitude conformément à (2,18).

Chapitre 3

Équation d'état d'un corps pur

CHAPITRE 3

I. Équation d'état

1. *Propriété fondamentale*
2. *Exemple du gaz parfait*
3. *Gaz réel. Équation de Van der Waals*

II. Représentation des propriétés d'un corps pur

1. *Généralités sur la surface des états*
2. *Représentation plane : le réseau d'isothermes de Clapeyron*
3. *Équilibre de phases de divers corps purs et leurs températures caractéristiques*

III. Mesures sur un système thermodynamique. Coefficients thermoélastiques

1. *Coefficient de dilatation isobare*
2. *Coefficient de variation de pression isochore*
3. *Coefficient de compressibilité isotherme*
4. *Un théorème sur les fonctions implicites.*
   Ses conséquences sur les coefficients thermoélastiques

IV. Reconstruction de l'équation d'état à partir de la donnée de coefficients thermoélastiques

ÉQUATION D'ÉTAT D'UN CORPS PUR

Un corps pur est un système thermodynamique constitué d'une seule espèce chimique (atomes ou molécules). Exemples : He, O_2, CH_4, Fe sont considérés comme des corps purs au point de vue "thermodynamique" .

I. Équation d'état

A la température ambiante et sous la pression normale, l'eau à l'équilibre thermodynamique est en phase liquide ; un abaissement de température la transforme en différentes phases solides : neige, glace, givre, et une élévation de température génère de la vapeur d'eau, phase gazeuse. Ceci est une propriété générale, tous les corps purs peuvent apparaître sous différentes phases : une phase gazeuse, en général une phase liquide, et une ou plusieurs phases solides différant les unes des autres par l'arrangement géométrique des molécules les unes par rapport aux autres.

1. *Propriété fondamentale*

A l'équilibre thermique et mécanique la pression d'un corps pur constitué d'un nombre N de molécules, sous une seule phase, ne dépend que de deux variables : le volume V occupé par les N molécules et la température T.

La fonction qui relie les grandeurs thermodynamiques (pression P, volume V et température T du système) s'appelle **l'équation d'état du système** : elle est caractéristique de l'espèce chimique considérée et peut se mettre sous la forme

$$\varphi(P, V, T) = 0 \qquad (3,1)$$

2. *Exemple du gaz parfait*

L'équation d'état du gaz parfait, étudiée au chapitre 2, est

$$PV = NkT = n\mathcal{N}_0kT = nRT \qquad (3,2)$$

N étant le nombre total de molécules, n le nombre de moles et $\mathcal{N}_0$ le nombre d'Avogadro.

3. *Gaz réel. Équation de Van der Waals*

Un gaz réel est généralement bien décrit par une équation de la forme :

$$(P + \frac{n^2}{V^2}a)(V - nb) = nRT \qquad (3,3)$$

où a et b sont caractéristiques du fluide considéré.

Cette équation s'appelle équation de Van der Waals du nom d'un physicien hollandais (1837-1923, prix Nobel de physique 1910). C'est une équation que l'on classe parmi les équations "phénoménologiques", c'est-à-dire qui décrivent des phénomènes avec une précision plus ou moins grande, dans un domaine éventuellement limité des variables.

Exemple : le dioxyde de carbone est bien décrit dans un assez large domaine de températures par la relation ci-dessus avec : $a = 0,36$ $\mathrm{Nm^4mol^{-2}}$ et $b = 4,28\ 10^{-5}$ $\mathrm{m^3mol^{-1}}$.

D'autres équations phénoménologiques ont été également proposées, pour les gaz réels, par Berthelot puis Dieterici.

II. Représentation des propriétés d'un corps pur

1. *Généralités sur la surface des états*

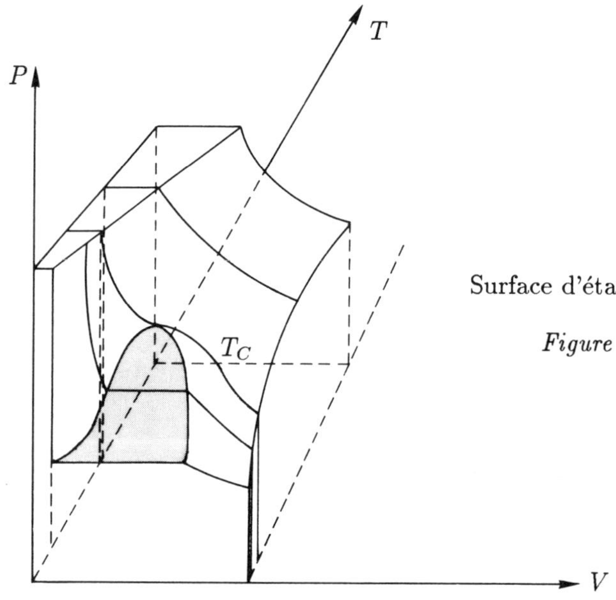

Surface d'état *P*, *V*, *T*

Figure 23

Dans l'étude de la thermodynamique d'un corps, nous sommes toujours confrontés à des problèmes à plusieurs variables. Leur représentation naturelle serait une représentation dans l'espace à 3 dimensions P, V, T : l'ensemble des points dont les 3 coordonnées P, V, T représentent un **état d'équilibre du système** est une surface Σ caractéristique de ce système (figure 23).

Remarques essentielles :

1) Soient deux points de cette surface $M_1(P_1, V_1, T_1)$ et $M_2(P_2, V_2, T_2)$ représentant deux états d'équilibre distincts du système de N molécules. Il existe **une infinité de trajets d'équilibre** permettant de passer de l'état représenté par M_1 à l'état représenté par M_2 : ce sont tous les chemins de la surface Σ passant par les points M_1 et M_2.

2) Une transformation (ex : compression, détente ou chauffage) réelle d'un système ne peut pas, en général, être décrite par un chemin de la surface Σ, car cette transformation n'est pas en général une suite d'états d'équilibre.

Nous avons vu, dans le premier chapitre, que l'équilibre mécanique de pression impliquait que la variation de la pression sur le système obéisse à la loi de l'hydrostatique (1,8) ; dans le deuxième chapitre, l'équilibre thermique entraînait que la température en chaque point du volume était la même. Généralement, dans une transformation réelle, ces propriétés ne sont pas vérifiées. Par exemple : chauffons un système sans précautions particulières, la température sur l'ensemble du volume n'est pas uniforme ; les états successifs par lesquels passe le fluide ne sont pas des états d'équilibre, ce sont des **états dynamiques** : on ne peut pas les décrire par la relation (3,1), qui est une relation décrivant strictement les états d'équilibre.

3) Nous utiliserons souvent par la suite une classe spéciale de transformations, appelées **transformations quasi-statiques**, que l'on peut définir comme une succession d'états d'équilibre, et qui sont donc représentables par des courbes tracées sur la surface Σ.

2. *Représentation plane : le réseau d'isothermes de Clapeyron*

La surface des états n'est pas d'une représentation graphique commode. On lui préfère, en général, une représentation plane de ses diverses coupes.

Par exemple, la représentation de Clapeyron est la représentation dans un plan P, V de diverses coupes de Σ pour des températures variées. Chaque coupe détermine une courbe sur laquelle la température est constante. On appelle ces courbes d'égale température des isothermes.

Voici, sur la figure 24 ci-dessous le réseau des isothermes d'un gaz réel. Examinons le réseau d'isothermes en commençant par les températures les plus élevées ($T_1 > T_2 > T_3$).

Aux températures les plus élevées (par exemple T_1), les isothermes d'un gaz réel ressemblent à celles d'un gaz parfait, mais il n'en est plus de même à des températures plus basses (T_2 ou T_3).

A la température T_2 si l'on comprime le gaz, le point représentatif du système évolue de N vers A, au point A il apparaît une goutte de liquide. Si l'on continue à diminuer le volume offert au système, la quantité de liquide augmente : le point représentatif du système se déplace horizontalement de A vers B, la pression restant constante (indépendante

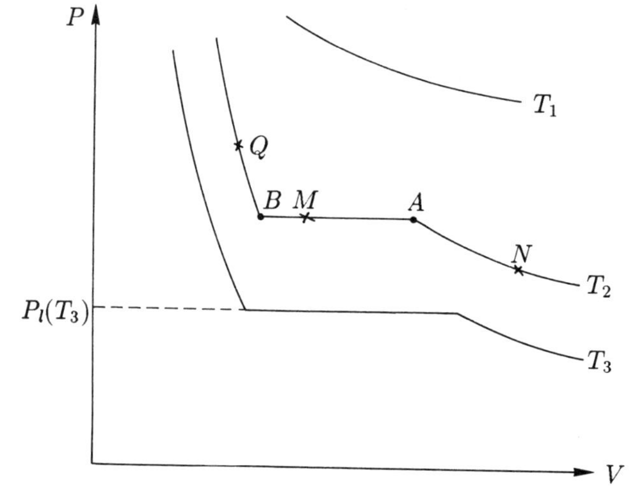

Figure 24 : Réseau d'isothermes d'un gaz réel dans la représentation de Clapeyron

du volume). Lorsque tout le gaz s'est transformé en liquide (point B), une diminution supplémentaire du volume conduira à une brusque augmentation de pression (branche BQ).

Propriété essentielle : la liquéfaction d'un gaz comme tous les changements de phase d'un corps pur apparaît à une pression $P_l(T)$ qui ne dépend que de la température de ce gaz.

Ceci n'est pas en contradiction avec l'énoncé fondamental (§ I), car en tous les points du chemin AB il y a coexistence de 2 phases : la phase gazeuse et la phase liquide. Au fur et à mesure que l'on diminue le volume offert au système, la proportion de liquide par rapport au gaz augmente. Au point B tout le système est à l'état liquide et la pression de la phase liquide est à nouveau fonction des deux variables T et V.

Remarque : soit n_g et n_l le nombre de moles respectivement de gaz et de liquide, le système représenté (figure 24) par le point M contient un pourcentage x de gaz et $1-x$ de liquide avec :

$$x = \frac{n_g}{n_g + n_l} \qquad \text{et} \qquad 1 - x = \frac{n_l}{n_g + n_l} \tag{3,4}$$

D'après l'énoncé fondamental, lorsque P et T sont fixés les volumes molaires du gaz et du liquide le sont également, d'où

$$V_M = xV_A + (1-x)V_B \tag{3,5}$$

et

$$x = \frac{V_M - V_B}{V_A - V_B} = \frac{BM}{BA} \tag{3,6}$$

3. *Équilibre de phases de divers corps purs et leurs températures caractéristiques*

L'ensemble des points de l'espace (P, V, T) où il y a coexistence de deux phases sont des courbes, que l'on peut représenter dans un diagramme (P, T) (figure 25) que l'on appelle généralement diagramme de phases.

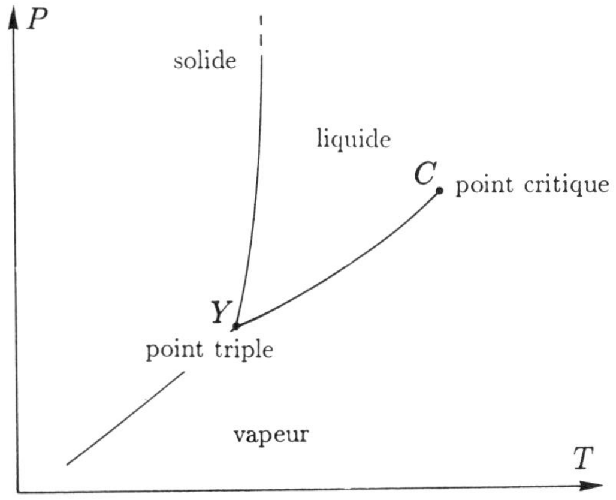

Figure 25 : diagramme de phases

Il existe un point du diagramme de phases où coexistent le gaz, le liquide et le solide. Les coordonnées de ce point, appelé "point triple" sont des caractéristiques du corps pur, qui peuvent servir de repère absolu de température ou de pression. Le point triple de l'eau (coexistence de la vapeur d'eau, du liquide et de la glace) a pour coordonnées :

$$T_t = 273,16 \text{ K} \qquad \text{et} \qquad P_t = 612 \text{ Pa}$$

Pour se fixer des ordres de grandeur réalistes, nous citons (dans le tableau II ci-dessous) des températures caractéristiques dont certaines figurent déjà dans le tableau I du chapitre précédent.

Corps	Température de fusion (K) (équilibre liquide-solide)	Corps	Température d'ébullition (K) (équilibre liquide-gaz)
Au	1337		
Sn*	505		
H_2O	273,15	H_2O	373,15
		O_2	90,19
		N_2	77,35
		He	4,2

Tableau II : Températures de fusion et d'ébullition sous pression atmosphérique normale (101 325 Pa).

* La "soudure" utilisée en électronique est un alliage étain-plomb, l'alliage 60% Sn-40% Pb fond vers 185°C.

La température de liquéfaction de l'hélium (4,2 K) est la plus basse des températures de liquéfaction des corps purs. L'hélium a été liquéfié pour la première fois en 1908 par Kammerlingh Onnes, physicien néerlandais de Leyde. Ce "record de froid" lui permit de faire diverses observations dans ce domaine de températures jusqu'alors inexploré. En 1911, étudiant la conductivité électrique d'un barreau de mercure, il constata qu'elle devenait quasiment infinie en dessous de 4,15 K (la résitance du barreau devient quasi-nulle, et on peut y créer des courants permanents sans effet Joule). C'était la découverte de la supraconductivité. Il fallut de longues années et les apports successifs de nombreux physiciens et en particulier ceux de F. London (en 1933) puis ceux de A. Abrikosov, Bardeen, Cooper et Schrieffer en 1957, pour que ce phénomène trouve une explication complète et cohérente. Jusqu'en 1987, la supraconductivité ne concernait que des corps à très basse température ($T_c < 15$ K) ; l'utilisation de l'hélium liquide, réfrigérant assez onéreux, était incontournable. En 1987, la découverte de nouveaux supraconducteurs qui conduisent l'électricité sans résistance jusqu'à des températures de 90 K, voire 130 K, produisait un grand émoi chez les scientifiques et les industriels, car c'était la promesse d'avoir des supraconducteurs que l'on pourrait employer en utilisant l'azote liquide (77 K) comme réfrigérant (ce qui est beaucoup plus simple et beaucoup moins onéreux que l'utilisation de l'hélium liquide).

III. Mesures sur un système thermodynamique. Coefficients thermoélastiques

La connaissance d'un système thermodynamique repose tout d'abord sur un **ensemble de mesures** pour déterminer son équation d'état $\varphi(P, V, T) = 0$. On pourrait envisager de déterminer point par point la surface représentant l'équation d'état, mais ce serait très long et assez imprécis. Vous verrez, dans les années ultérieures, que l'utilisation de mesures faisant intervenir une petite variation sinusoïdale d'une grandeur sont, en règle générale, beaucoup plus précises. Ceci conduit à la connaissance, non pas des grandeurs elles-mêmes, mais de leurs dérivées ; trois de ces dérivées ont une importance particulière en mesures thermoélastiques : ce sont les trois coefficients thermoélastiques définis ci-dessous.

1. *Coefficient de dilatation isobare*

Il s'agit, comme son nom l'indique, d'une mesure de l'augmentation de volume liée à une augmentation de température à pression constante :

$$\alpha = \frac{1}{V}\left(\frac{\partial V}{\partial T}\right)_P \tag{3,7}$$

α est homogène à T^{-1}, il se mesure en K^{-1} ; αV est la dérivée partielle par rapport à la température de la fonction g définie à partir de (3,1) par $V = g(T, P)$.

2. *Coefficient de variation de pression isochore*

Il s'agit d'une mesure de la variation de pression avec la température, à volume constant (isochore) :

$$\beta = \frac{1}{P}\Big(\frac{\partial P}{\partial T}\Big)_V \tag{3,8}$$

β se mesure en K^{-1}.

βP est la dérivée partielle par rapport à la température de la fonction f définie par $P = f(T, V)$, fonction que l'on peut tirer de la connaissance de la fonction φ (éq 3,1).

3. *Coefficient de compressibilité isotherme*

Il s'agit d'une mesure de la variation de volume en fonction de la pression à température constante :

$$\chi_T = -\frac{1}{V}\Big(\frac{\partial V}{\partial P}\Big)_T \tag{3,9}$$

χ_T est homogène à l'inverse d'une pression. Il se mesure en Pa^{-1}.

Lorsque la pression augmente le volume diminue ; le rapport $\frac{\partial V}{\partial P}$ (à température constante) est donc négatif, ce qui justifie le signe moins (dans l'expression précédente) pour que χ_T soit un coefficient positif.

$\chi_T V$ est l'opposé de la dérivée partielle par rapport à P de la fonction g telle que $V = g(T, P)$.

Conséquence : si, comme nous l'avons affirmé dans l'énoncé fondamental, V est fonction seulement des deux variables T et P, le théorème des dérivées secondes implique que

$$\frac{\partial}{\partial T}\Big(\chi_T V\Big)_P = -\frac{\partial}{\partial P}\Big(\alpha V\Big)_T \tag{3,10}$$

Ce type de relation (qui ne doit pas être apprise "par cœur") se retrouve dans tous les problèmes de thermodynamique et c'est, pour l'expérimentateur qui a mesuré χ_T et α, un premier test qu'il doit faire sur ses mesures pour s'assurer de leur cohérence.

4. *Un théorème sur les fonctions implicites : ses conséquences sur les coefficients thermoélastiques*

Énoncé du théorème : si trois variables x_1, x_2, x_3 sont reliées par une relation $\varphi(x_1, x_2, x_3) = 0$, il existe entre les dérivées partielles des fonctions implicites f, g, h définies par

$$x_1 = f(x_2, x_3)$$
$$x_2 = g(x_3, x_1)$$
$$x_3 = h(x_1, x_2)$$

les relations suivantes

$$\Big(\frac{\partial f}{\partial x_2}\Big) = \frac{1}{\Big(\frac{\partial g}{\partial x_1}\Big)} \quad \text{et deux autres relations équivalentes} \tag{3,11}$$

et $$\left(\frac{\partial f}{\partial x_2}\right)\left(\frac{\partial g}{\partial x_3}\right)\left(\frac{\partial h}{\partial x_1}\right) = -1 \qquad (3,12)$$

Application du théorème au cas des coefficients thermoélastiques :

$$x_1 = V \qquad x_2 = T \qquad x_3 = P$$

avec les notations des physiciens :

$$\frac{\partial f}{\partial x_2} = \left(\frac{\partial V}{\partial T}\right)_P = \alpha V \qquad (3,13)$$

$$\frac{\partial g}{\partial x_3} = \left(\frac{\partial T}{\partial P}\right)_V = \frac{1}{\left(\frac{\partial P}{\partial T}\right)_V} = \frac{1}{\beta P} \qquad (3,14)$$

$$\frac{\partial h}{\partial x_1} = \left(\frac{\partial P}{\partial V}\right)_T = \frac{1}{\left(\frac{\partial V}{\partial P}\right)_T} = -\frac{1}{\chi_T V} \qquad (3,15)$$

La relation circulaire (3,12) s'écrit :

$$\alpha V \times \frac{1}{\beta P} \times \left(\frac{-1}{\chi_T V}\right) = -1 \qquad (3,16)$$

soit $$\boxed{\alpha = P\beta\chi_T} \qquad (3,17)$$

IV. Reconstruction de l'équation d'état à partir de la donnée de coefficients thermoélastiques

Exemple : le coefficient de dilatation isobare a été mesuré sur un système et trouvé de la forme

$$\alpha = \frac{A}{AT + BP} \qquad (3,18)$$

Le coefficient de compressibilité isotherme χ_T du même système est

$$\chi_T = \frac{1}{P} - \frac{B}{AT + BP} \qquad (3,19)$$

Quelle est l'équation d'état de ce système ?

i) la 1ère donnée implique d'après la définition (3,7) de α que :

$$\left(\frac{\partial V}{\partial T}\right)_P = \frac{AV}{AT + BP} \qquad (3,20)$$

d'où $$\left(\frac{\partial}{\partial T}\ln V\right)_P = \left(\frac{\partial}{\partial T}\ln(AT + BP)\right)_P \tag{3,21}$$

ce qui implique que les primitives des membres de gauche et de droite sont égales à une fonction de P (indépendante de T) près :

$$\ln V = \ln(AT + BP) + f(P) \tag{3,22}$$

ii) On calcule avec ce résultat partiel la compressibilité isotherme χ_T (3,9)

$$\chi_T = -\frac{1}{V}\left(\frac{\partial V}{\partial P}\right)_T = -\left[\frac{B}{AT + BP} + \frac{df}{dP}\right] \tag{3,23}$$

en reportant ce résultat dans la 2ème hypothèse (3,19) :

$$\frac{df}{dP} = -\frac{1}{P} \tag{3,24}$$

d'où $$f(P) = \ln(\frac{C}{P}) \qquad C\text{=constante} \tag{3,25}$$

iii) **l'équation d'état** (3,22) peut donc s'expliciter sous la forme

$$\ln V = \ln\left(\frac{AT + BP}{P}\right)C \tag{3,26}$$

ou encore

$$PV = C[AT + BP] \tag{3,27}$$

Ceci est un exemple d'équation d'état phénoménologique.

iiii) **Si** les lois (3,18) et (3,19) sont valables à très haute température et très faible pression, où le système est très proche d'un gaz parfait, alors $CA = nR$ et l'équation ci-dessus peut s'écrire :

$$PV = nRT[1 + \frac{B}{A}\frac{P}{T}] \tag{3,28}$$

EXERCICES

(5) Un étui cylindrique de **petit suisse**, de section 5 cm^2 a été mal rempli. Il contient 50 g de petit suisse situé à h_1=15 mm du fond. On supposera que le petit suisse se comporte comme un fluide incompressible.

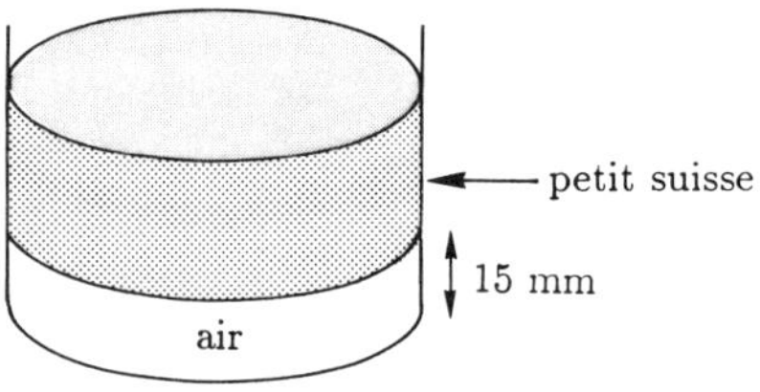

1) Écrire l'équilibre mécanique puis calculez la pression P_1 régnant dans l'air emprisonné sous le petit suisse. On a $P_{\text{ext}} = 10^5$ Pa et $t = 0$°C et on prendra g=10 ms^{-2}.

2) On retourne le petit suisse. Que devient la pression P_2 entre le fond et le petit suisse ? En déduire la nouvelle hauteur h_2 (on assimilera l'air à un gaz parfait).

Corrigé :

1) Le petit suisse est assimilé à un fluide incompressible ; son équilibre mécanique implique (loi fondamentale de l'hydrostatique) que la différence de pression entre sa base et sa surface supérieure soit égale à $\rho g h = \dfrac{mg}{S}$ (ρ, m et h sont respectivement la masse volumique, la masse et la hauteur du petit suisse).

D'où $$P_1 = P_{\text{ext}} + \frac{mg}{S} = 10,1\ 10^4 \text{ Pa}$$

2) le même raisonnement conduit à

$$P_2 = P_{\text{ext}} - \frac{mg}{S} = 9,9\ 10^4 \text{ Pa}$$

L'air étant supposé gaz parfait

$$PV = \text{cte} \Longrightarrow P_1 h_1 = P_2 h_2 \qquad \Longrightarrow \quad h_2 = 15,3 \text{ mm}$$

(6) Un **ballon** a une masse de 300 kg à vide. On le remplit d'hélium (supposé gaz parfait) à la pression atmosphérique et à 20°C. Quelle valeur doit atteindre le volume du ballon pour que le ballon commence à s'élever ? Quelle est alors la masse d'hélium utilisée ? On donne la masse d'un litre d'air =1,21 g à 20°C et la masse volumique de l'hélium 0,18 kg/m^3.

1) $V = 291 \text{ m}^3$ à 20°C

2) $m \simeq 52$ kg

(7)1) Calculer la variation relative de pression atmosphérique pour une dénivellation de 1 000 m ; on prendra $P_{\text{atm}} = 10^5$ Pa et on supposera constante la masse volumique de l'air $\rho = 1,293$ kg/m^3.

2) En déduire la raison pour laquelle la pose des doubles vitrages en zone montagneuse est limitée à 900 mètres au-dessus de l'altitude du lieu de fabrication.

Corrigé :

1) $\Delta h = 1000$ m $\Longrightarrow \begin{cases} \Delta P & = \rho g \Delta h \\ & = 1,293 \times 9,81\ 10^3 \\ & = 1,27\ 10^4 \text{ Pa} \end{cases}$

d'où $\dfrac{\Delta P}{P} \simeq 13\%$

2) pour $\Delta h = 900$ m $\Longrightarrow \dfrac{\Delta P}{P} \simeq 10\%$

Sur le lieu de fabrication, la pression à l'intérieur du double vitrage est égale à la pression atmosphérique locale : le double vitrage est scellé dans ces conditions. Si on le transporte en un lieu dont l'altitude est 900 m au-dessus du lieu de fabrication, la pression intérieure est de 10% plus élevée que la pression extérieure : le risque d'explosion devient alors non négligeable.

En pratique, le fabricant prévoit une valve qui permet d'équilibrer la pression intérieure par rapport à la pression atmosphérique de la zone géographique de pose.

(8)

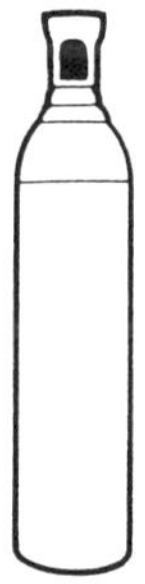

Sur une bouteille en acier de hauteur 1,60 m le fabricant porte, à 20°C, les indications argon, 10 m^3, 200 bars. Elle est équipée d'un détendeur pour délivrer l'argon à la pression atmosphérique (1 bar), à la même température.

a) Quel est le volume interne de la bouteille ?

b) Quel est le volume utile de l'argon ?

c) A combien de moles de gaz correspond ce volume utile d'argon ?

Corrigé :

a) V_1=10 m^3 correspond au volume d'un cube de plus de 2 m d'arête ; la bouteille représentée a, visiblement, un volume V_2 bien plus faible, ce qui a été réalisé en comprimant l'argon sous la pression P_2=200 bars.

Le détendeur permet d'utiliser ces 10 m^3 sous la pression atmosphérique P_1=1 bar.

A température constante 20°C, si nous assimilons l'argon à un gaz parfait :

$$P_1 V_1 = P_2 V_2 \Longrightarrow V_2 = \frac{P_1 V_1}{P_2} = \frac{1 \times 10}{200} = 0,05 \text{ m}^3 \qquad \text{ou} \quad V_2 = 50 \text{ litres.}$$

La bouteille contient donc 50 litres d'argon sous la pression P_2=200 bars.

b) l'argon sort de la bouteille tant que la pression intérieure est supérieure à la pression atmosphérique. Lorsque l'argon restant dans la bouteille exerce une pression intérieure de 1 bar égale à la pression extérieure : il y a équipression et l'écoulement s'arrête. Le volume utile d'argon à la pression P_1 est donc :

$$V = V_1 - V_2 = 10 - 0,05 = 9,95 \text{ m}^3$$

c) ce volume utile correspond à n moles d'argon

$$n = \frac{P_1 V}{RT} = \frac{10^5 \times 9,95}{8,31 \times 293} = 409 \text{ moles}$$

(9) Quelle est la vitesse moyenne des molécules d'oxygène dans les conditions normales (1 atmosphère, 0°C) puis à 30°C sous la même pression ?

Réponse :

$$461,2 \text{ m/s} \qquad 485,6 \text{ m/s}$$

(10) On considère un **mélange de trois gaz parfaits** à la température T. Soient m_1, m_2, m_3, les masses d'une molécule de chacun de ces gaz, $\overline{n}_1$, $\overline{n}_2$, $\overline{n}_3$ les densités moléculaires, v_1, v_2, v_3 les vitesses quadratiques moyennes des molécules.

1) Quelle relation existe-t-il entre les énergies cinétiques moyennes de chaque type de molécules ?

2) Quelle est la pression exercée par toutes les molécules sur la paroi ? On exprimera cette pression en fonction de la température et des densités moléculaires.

3) En introduisant les pressions partielles, P_1, P_2, P_3 des trois gaz, retrouver la loi de Dalton

Corrigé :

1) à l'équilibre thermique, l'équipartition de l'énergie entraîne

$$\frac{1}{2}m_1\overline{v_1^2} = \frac{1}{2}m_2\overline{v_2^2} = \frac{1}{2}m_3\overline{v_3^2}$$

2) $P = (\overline{n_1} + \overline{n_2} + \overline{n_3})kT$ avec $\overline{n_1} = \dfrac{N_1}{V}$, V volume total.

3) $P = P_1 + P_2 + P_3$

(11)

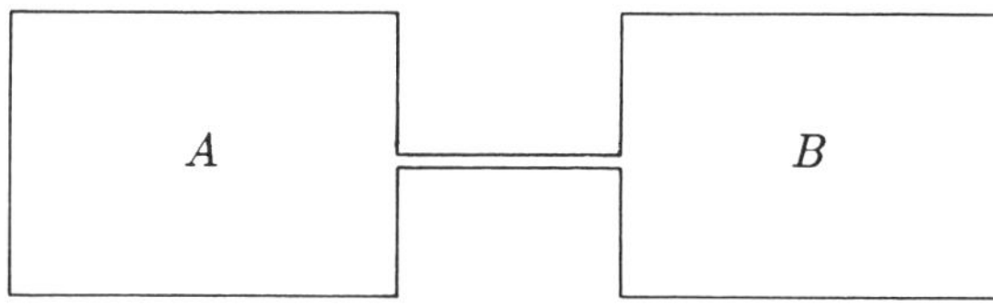

Deux récipients A et B de même volume intérieur sont reliés par un tube très étroit dont le volume propre est négligeable. Initialement tout le système est rempli avec 2 g d'hydrogène à la pression d'un bar et à la température de 300 K. La température de B est portée puis maintenue à 600 K, la température de A restant à 300 K. Quelle est la nouvelle pression à l'intérieur du système ?

Corrigé :

A l'état initial, les conditions P, V, T dans les deux compartiments A et B sont identiques :

$$n_{A_1} = n_{B_1} = \frac{1}{2} \text{ mole}$$

L'état final est obtenu en maintenant chaque récipient en contact avec son propre thermostat pour réaliser $T_{A_2} = 300$ K=cte et $T_{B_2} = 600$ K=cte.

A l'équilibre, il n'y a pas d'écoulement de matière entre les 2 récipients, ce qui implique que la pression dans A est égale à la pression dans B : soit P_2 cette pression. La loi des gaz parfaits, appliquée à chaque compartiment, s'écrit :

$P_2 = n_{A_2}\dfrac{RT_{A_2}}{V} = n_{B_2}\dfrac{RT_{B_2}}{V}$ qui permet d'écrire

$$\frac{n_{A_2}}{n_{B_2}} = \frac{T_{B_2}}{T_{A_2}} = 2$$

La conservation du nombre total de moles ($n_{A_2} + n_{B_2} = 1$) implique $n_{A_2} = \dfrac{2}{3}$ mole et $n_{B_2} = \dfrac{1}{3}$ mole ; nous avons bien $n_{A_2} > n_{B_2}$ puisque $T_{A_2} < T_{B_2}$ sous la même pression.

Cette pression finale $P_2 = n_{A_2}\dfrac{RT_{A_2}}{V}$ se calcule à partir de $P_1 = n_{A_1}\dfrac{RT_1}{V}$ avec $n_{A_2} = \dfrac{1}{2}$ et $T_1 = T_{A_2}$

$$P_2 = \frac{4}{3}P_1 = \frac{4}{3} \text{ bars}$$

Remarque : la résolution de ce problème est passée par l'étude préliminaire de l'équilibre mécanique du système, étape toujours primordiale en thermodynamique (vous pouvez également vérifier cela dans l'exercice 5, "le petit suisse"). L'utilisation de l'équation d'état (ici la loi des gaz parfaits) de la substance n'intervient que lors de la deuxième étape.

(12) La glace d'une vitrine est un rectangle de 2,4 m sur 4 m. Calculer l'accroissement de surface qui accompagne une élévation de température de 15°C à 35°C, sachant que le coefficient de dilatation linéaire du verre vaut $\lambda = 8\ 10^{-6}\ \mathrm{K}^{-1}$.

Réponse : $\Delta S \simeq 31\ \mathrm{cm}^2$

(13) Un baromètre est constitué par un tube rempli d'eau, que l'on retourne sur une cuve remplie du même liquide (montage identique à celui du baromètre à mercure, figure 17 du cours).

a) calculer la hauteur de colonne d'eau qui équilibre la pression atmosphérique normale ($\rho_{\mathrm{eau}} = 10^3\ \mathrm{kg/m^3}$ et $g = 10\ \mathrm{ms^{-2}}$).

b) quelle est l'augmentation de pression subie par un plongeur sous-marin à 20 mètres de profondeur ?

c) calculer une valeur approximative de la surpression au fond d'une fosse marine de 10 km (on supposera que l'eau douce et l'eau de mer ont même masse volumique, et que l'eau est un fluide incompressible).

Réponse :

a) $h = \dfrac{P_{\mathrm{atm}}}{\rho g} = \dfrac{1,013\ 10^5}{10^3 \times 10} = 10,13\ \mathrm{m}$ b) $\Delta P \simeq 2\ \mathrm{atm}$

c) $\Delta P \simeq 1$ atm pour $\Delta h = 10$ m, d'où $\Delta P = 1000$ atm pour $\Delta h = 10^4$ m.

(14) Entre 0°C et 40°C, le volume massique de l'eau, sous la pression normale, est donné en $\mathrm{cm^3/kg}$, par la formule empirique :

$$u = 999,87 - 6,426\ 10^{-2}t + 8,5045\ 10^{-3}t^2 - 6,79\ 10^{-5}t^3$$

a) Calculer la température à laquelle l'eau présente un maximum de masse volumique.

b) Calculer le coefficient de dilatation α à 25°C.

a) $3,95°\mathrm{C} \simeq 4°\mathrm{C}$ b) $\alpha = 2,34\ 10^{-4}/°\mathrm{C}$

(15) Soit un ressort de longueur L_0 à vide constitué d'un fil de section s. Il est soumis à une force de traction F et acquiert une longueur L. On constate expérimentalement que les coefficients : $\lambda = (1/L)(\partial L/\partial T)_F$ et $E = (L/s)(\partial F/\partial L)_T$ sont constants et prennent les valeurs λ_0 et E_0 (E est appelé module d'Young).

a) En vous inspirant de l'analyse développée pour les gaz, déterminez les variables du problème.

b) En utilisant les données expérimentales, construire l'équation d'état de ce ressort.

Corrigé :

a) les variables d'état sont :

le nombre N de molécules, la longueur L du ressort, la force de traction F, la température T du ressort. Nous supposerons qu'il y a deux variables indépendantes et deux seulement : une thermique (T) et une mécanique (F ou L) (qui sont respectivement les équivalents de T et P ou V pour un gaz) : l'équation d'état est de la forme $f(L, F, T) = 0$.

Nous négligerons les variations de section du fil (constituant le ressort) et l'effet de la pression extérieure.

b) la longueur L est fonction de la force appliquée F et de la température T (variables indépendantes). La valeur constante du module d'Young $E_0 = \dfrac{L}{s}\left(\dfrac{\partial F}{\partial L}\right)_T$ nous permet d'écrire $\left(\dfrac{\partial L}{\partial F}\right)_T = \dfrac{L}{E_0 s}$

or $dL = \left(\dfrac{\partial L}{\partial F}\right)_T dF + \left(\dfrac{\partial L}{\partial T}\right)_F dT$

Supposons provisoirement que la température soit constante, nous en déduisons :

$$\frac{dL}{dF} = \frac{L}{E_0 s} \Longrightarrow \frac{dL}{L} = \frac{dF}{E_0 s}$$

d'où $$\ln L = \frac{F}{E_0 s} + \varphi(T)$$

Que se passe-t-il lorsque la température varie ? Dérivons l'expression précédente

$$\left(\frac{\partial \ln L}{\partial T}\right)_F = \frac{1}{L}\left(\frac{\partial L}{\partial T}\right)_F = \frac{d\varphi(T)}{dT}$$

c'est-à-dire $$\frac{d\varphi(T)}{dT} = \lambda_0 \text{ (d'après l'énoncé)}$$

et $$\varphi(T) = \lambda_0 T + \text{ cte}$$

d'où $$\ln L = \frac{F}{E_0 s} + \lambda_0 T + \text{ cte}$$

Lorsque $F = 0$ et $T = T_0$, $L = L_0$ longueur à vide, d'où la valeur de la constante :

$$\ln L = \frac{F}{E_0 s} + \lambda_0 (T - T_0) + \ln L_0$$

$$L = L_0 \exp[\frac{F}{E_0 s} + \lambda_0 (T - T_0)]$$

Cette équation est l'équation d'état recherchée ($f(L, F, T) = 0$).

Remarque : en général, la valeur de E_0 est élevée* donc, pour une valeur faible de F, le rapport $\dfrac{F}{E_0 s}$ aura une valeur faible ; à la température T_0 de référence, où l'on mesure L_0

$$L = L_0 \exp \frac{F}{E_0 s} \simeq L_0 (1 + \frac{F}{E_0 s})$$

* Pour fixer les idées, donnons 3 valeurs moyennes du module d'Young E_0 : pour l'acier $2\ 10^{11}$ N/m^2, pour le verre $6,5\ 10^{10}$ N/m^2, pour le bois $1,3\ 10^{10}$ N/m^2.

d'où $\quad \Delta L = \dfrac{FL_0}{E_0 s} \quad \Longrightarrow \quad \boxed{F = k \cdot \Delta L \qquad \text{avec } k = s\dfrac{E_0}{L_0}}$

Cette valeur de F est l'expression phénoménologique utilisée dans la modélisation mécanique élémentaire du ressort.

Chapitre 4

Énergie interne d'un système : premier principe de la thermodynamique

CHAPITRE 4

I. Introduction de la grandeur "énergie interne d'un système"

1. *Hypothèse fondamentale : l'énergie totale d'un système isolé se conserve*
2. *Quelques processus où il n'y a pas conservation de l'énergie mécanique totale : introduction de l'énergie interne*
3. *Énergie interne d'un gaz parfait : sa signification microscopique*
4. *Énergie interne d'un corps solide : sa signification microscopique*
5. *De quelles variables macroscopiques dépend l'énergie interne d'un corps ? En général deux pour un corps pur, une variable thermique, une variable mécanique (V ou P)*

II. Le 1er principe de la thermodynamique

1. *Présentation du problème*
2. *Énoncé du 1er principe. Équation de bilan énergétique.*
   Convention de signes et commentaires

III. Résumé et conclusion du chapitre

1. *Rappel du problème*
2. *Le point sur le 1er principe*
3. *Le programme futur*

ÉNERGIE INTERNE D'UN SYSTÈME
PREMIER PRINCIPE DE LA THERMODYNAMIQUE

I. Introduction de la grandeur "énergie interne d'un système"

Nous avons, dans les chapitres 1 et 2, introduit les grandeurs "pression" dans un système fluide et "température". Nous allons maintenant introduire une troisième grandeur caractérisant l'état d'un système donné : son énergie interne. Cette grandeur est essentiellement une grandeur **mécanique** caractérisant **le mouvement microscopique et les interactions** des atomes et des molécules dans les matériaux*. Historiquement le concept d'énergie interne a émergé progressivement au cours du XIXème siècle, en même temps ou presque que se construisait la vision moléculaire de la matière. Il n'existe pas d'appareil pour la mesurer directement et ce n'est qu'en fonction d'une hypothèse fondamentale suivie d'un raisonnement déductif que l'on peut introduire cette notion.

1. *Hypothèse fondamentale*

"**L'énergie totale d'un système isolé se conserve**". Tous les mots de cette proposition sont importants et, comme nous le verrons au fur et à mesure, correspondent à une situation de référence à laquelle on essaie toujours de se rattacher :

le **système** : - il s'agit d'une quantité donnée d'espèces chimiques déterminées [N_a atomes de l'espèce a, N_b molécules de l'espèce b]
- il doit être précisément défini avant toute autre considération.

isolé : cela signifie que le système précédemment défini n'a pas d'interactions avec le reste de l'univers que l'on appelle le "milieu extérieur" .

L'énergie ainsi introduite est une caractéristique **numérique** du système isolé, au même titre que sa masse et sa quantité de mouvement.

---

* Revoyez à ce sujet le cas du gaz parfait, sa pression (chapitre 1, §IV) et son énergie interne (chapitre 2, §II.3)

La difficulté réside dans le fait que cette énergie peut se manifester sous différentes formes ; ainsi vous avez été amenés à considérer en mécanique l'énergie cinétique d'ensemble d'un système, éventuellement son énergie potentielle de pesanteur : ce sont des notions qui concernent des objets macroscopiques. Au niveau microscopique, on vous a appris l'existence d'interactions électrostatiques ou gravitationnelles donnant lieu à des termes d'énergie potentielle entre les atomes, et l'on vous a enseigné que le changement des arrangements microscopiques auquel donnent lieu les réactions chimiques se manifestait par des énergies de réaction chimique. Enfin, au début de ce cours, nous avons relié la température à l'énergie cinétique microscopique de translation des molécules. Toutes ces formes d'énergie sont incluses dans le terme “énergie totale” de l'énoncé ci-dessus. Nous nous proposons maintenant de voir comment l'on peut séparer et classifier ces diverses formes d'énergies, et pour ce faire nous allons partir de l'échelle macroscopique et de nos connaissances en mécanique.

La mécanique s'intéresse à des corps macroscopiques dont **l'état chimique microscopique ne change pas, pas plus que la forme ou la température.** Seuls changent éventuellement le mouvement d'ensemble du système et sa position dans un champ de forces extérieures. Dans une telle situation, l'hypothèse fondamentale s'exprime de manière plus simple sous la forme de la conservation de l'énergie mécanique totale :

$$E_{\text{méc}} = E_{\text{cin}} + E_{\text{pot}} = \text{cte} \qquad (4,1)$$

Par exemple, dans le cas d'un mouvement de translation dans le champ de pesanteur, le système de masse M a une dynamique décrite par la vitesse $V_G(z)$ de son barycentre telle que

$$\frac{1}{2}MV_G^2 + Mgz = \text{cte} \qquad (4,2)$$

Cette quantité entièrement déterminée à l'aide des paramètres macroscopiques du système : sa masse M, la position et la vitesse de son barycentre (z et V_G) n'épuise pas tous les aspects du contenu énergétique du système. **L'énergie totale d'un système ne se réduit pas à son énergie mécanique totale**, comme nous allons le voir par l'examen de cas où il n'y a pas conservation de l'énergie mécanique totale.

2. *Quelques processus où il n'y a pas conservation de l'énergie mécanique totale : introduction de l'énergie interne*

Un premier type d'exemple est celui de dynamique avec frottements

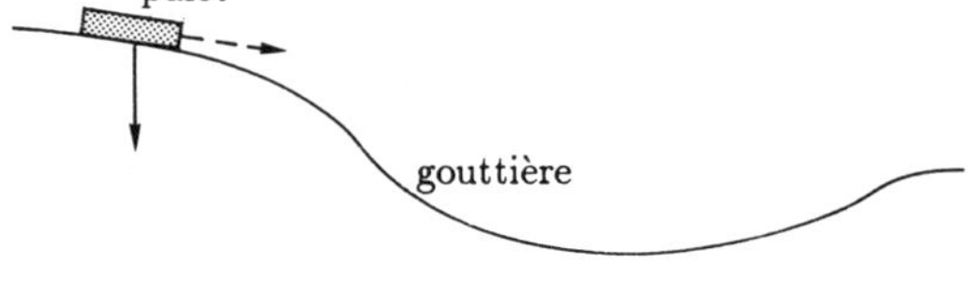

Figure 26

Soit une gouttière sur laquelle glisse un palet. Celui-ci frotte sur la gouttière et au bout d'un temps fini il s'immobilisera à un point plus bas que son point de départ. En supposant qu'il est parti du point haut avec une vitesse nulle, on arrive à la conclusion que, durant le processus, l'énergie mécanique totale a décru de la quantité :

$$\Delta E_{\text{méc}} = Mg(z_{\text{bas}} - z_{\text{haut}}) \tag{4,3}$$

En fait, le frottement a dégagé de la chaleur dans le palet et la gouttière et **l'état thermodynamique** de l'ensemble "gouttière + palet" a changé (ici essentiellement à cause de la variation de température, ce qui correspond à la restriction introduite plus haut dans l'énoncé du principe de conservation de l'énergie mécanique totale).

Dans un tel processus une partie de l'énergie mécanique totale du système s'est transformée en énergie interne de l'ensemble "palet + gouttière".

Si l'on considère l'ensemble "palet + gouttière" comme système thermodynamique, il est raisonnable de considérer que ce système est quasi isolé du monde extérieur et l'hypothèse fondamentale s'écrira alors :

$$E_{\text{méc}}(\text{palet + gouttière}) + \underbrace{U(\text{palet + gouttière})}_{\text{énergie interne}} = \text{cte} \tag{4,4}$$

La diminution de l'énergie mécanique totale du palet s'accompagne d'une augmentation de l'énergie interne du système isolé (palet + gouttière). On voit dans cet exemple un point très crucial : écrire la conservation de l'énergie totale nécessite **d'analyser précisément quelles parties du système ont été affectées par le changement**, et quelles sont les parties de l'Univers non affectées par le changement (parties que l'on pourra alors définir comme milieu extérieur). Ceci nécessite par ailleurs d'analyser **tous les aspects du système ayant été affectés par le changement** : ici c'est essentiellement la température mais on pourrait aussi prendre en compte l'usure du palet et de la gouttière, la création de poussières, etc.

Deuxième exemple : une craie tombe en chute libre en direction d'un dallage de pierre. L'interaction entre la craie et la pierre affecte très peu le dallage de pierre dont l'état thermodynamique après le choc est à peu près le même que celui avant le choc, mais dans le choc la craie se brise. **Avec une très bonne approximation** on peut considérer que :

$$\underbrace{E_{\text{cin}}(\text{craie}) + E_{\text{pot}}(\text{craie})}_{E_{\text{méc}}} + U(\text{craie}) = \text{cte} \tag{4,5}$$

Avant le choc l'énergie mécanique totale est constante et égale à E_0 ; après le choc, elle est constante et égale à 0.

$$U^{\text{finale}}(\text{craie}) - U^{\text{initiale}}(\text{craie}) = E_0 \tag{4,6}$$

Cette variation d'énergie interne de la craie est liée à son changement de structure (craie cassée en morceaux) et ,à un moindre degré, à sa variation de température.

Troisième exemple : le fusil à air comprimé

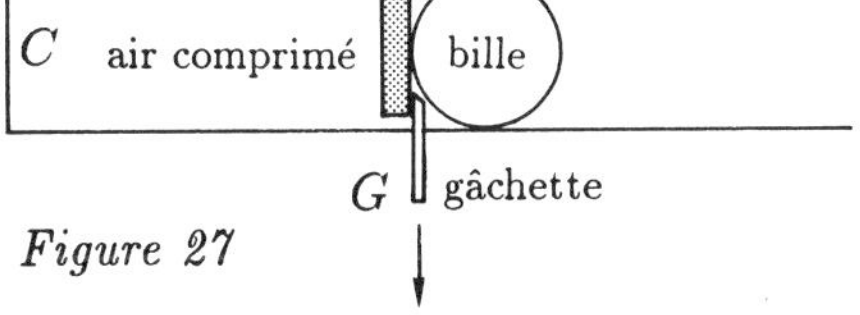

Figure 27

Un dispositif mécanique (ressort) permet de comprimer de l'air dans la chambre C.

L'action de la gâchette G libère le piston, la détente du gaz propulse la bille :

État initial : air comprimé en C - bille au repos + atmosphère extérieure

État final : air à la pression atmosphérique - bille animée d'une vitesse V + atmosphère extérieure.

Entre l'état initial et l'état final l'énergie totale du système (gaz + bille + atmosphère) est inchangée, mais une partie de l'énergie interne du gaz comprimé a été transférée à la bille sous forme d'énergie cinétique, (une autre partie a servi à repousser l'atmosphère extérieure).

On voit ici un exemple où de l'énergie interne a été transformée en énergie mécanique sous de multiples formes (énergie cinétique de la bille, travail des forces de pression.)

Des exemples précédents, nous déduisons :

Outre son énergie mécanique totale (énergie potentielle + énercie cinétique macroscopiques) un système est donc caractérisé par son énergie interne U ; celle-ci est fonction de sa composition chimique, de sa température et éventuellement de son volume et de sa forme : on dit que **l'énergie interne est une fonction d'état du système**. Cette énergie interne peut éventuellement être transformée en énergie mécanique (exemple du fusil à air comprimé) et réciproquement : dans l'évolution thermodynamique d'un système isolé

$$E_{\text{méc}} + U_{\text{int}} = \text{cte} \qquad (4,7)$$

Plus généralement si le système évolue avec un changement de son état électrique (piles par exemple) on écrira

$$E_{\text{méc}} + E_{\text{élec}} + U_{\text{int}} = \text{cte} \qquad (4,8)$$

L'énergie interne du système est alors **fonction** non seulement de sa **composition chimique**, de **sa température**, de **son volume**, éventuellement de sa forme mais également de **sa charge**.

Ce sont ces relations entre l'énergie interne d'un système et ses variables d'état (composition chimique, température, volume, forme, charge) que la thermodynamique se propose d'élucider ; mais avant d'aborder ce point nous nous proposons de réfléchir à la signification microscopique de l'énergie interne.

3. *Énergie interne d'un gaz parfait : signification microscopique*

Le système est constitué de N molécules d'un gaz parfait. D'après sa définition (chapitre 2, § II), un gaz parfait est un gaz dont les molécules n'exercent aucune interaction les unes sur les autres. Nous supposerons par ailleurs que ces molécules ne sont soumises qu'à un champ de pesanteur extérieur $\boldsymbol{g}$. La molécule de numéro i qui se trouve à l'altitude z_i avec la vitesse $\boldsymbol{v}_i$ a une énergie totale

$$e_i = \frac{1}{2} m \boldsymbol{v}_i^2 + m g z_i \qquad (4,9)$$

et l'ensemble des N molécules du gaz a une énergie totale

$$E = \sum_{i=1,N} \left(\frac{1}{2} m \boldsymbol{v}_i^2 + m g z_i \right) \qquad (4,10)$$

La quantité $\sum mgz_i$ représente bien l'énergie potentielle de pesanteur du système au sens de la mécanique macroscopique. Qu'en est-il du terme $\sum_{i=1,N} \frac{1}{2}m\boldsymbol{v}_i^2$? Au niveau macrosopique, l'expérimentateur considérera que le gaz est "en mouvement" s'il a un mouvement d'ensemble, c'est-à-dire si son centre de gravité est animé d'une vitesse non nulle $\boldsymbol{V}_G$. Soit $\boldsymbol{v}'_i$ la vitesse de la ième molécule dans le repère barycentrique

$$\boldsymbol{v}_i = \boldsymbol{V}_G + \boldsymbol{v}'_i \tag{4,11}$$

$$\frac{1}{2}m\boldsymbol{v}_i^2 = \frac{1}{2}m\boldsymbol{V}_G^2 + m\boldsymbol{V}_G \cdot \boldsymbol{v}'_i + \frac{1}{2}m{\boldsymbol{v}'_i}^2 \tag{4,12}$$

L'énergie totale des molécules du gaz (formule 4,10) se réécrit compte tenu de (4,12)

$$E = \frac{1}{2}\sum_{i=1}^{N} m\boldsymbol{V}_G^2 + \sum_{i=1}^{N} m\boldsymbol{V}_G \cdot \boldsymbol{v}'_i + \sum_{i=1}^{N} \frac{1}{2}m{\boldsymbol{v}'_i}^2 + E_p \tag{4,13}$$

Le 1er terme de (4,13) représente l'énergie cinétique "macroscopique" du système, celle qui est non nulle lorsqu'il y a un mouvement macroscopique d'ensemble du gaz ($= \frac{1}{2}MV_G^2$ avec M masse totale du gaz).

Le deuxième terme de (4,13) est nul : en effet le repère dans lequel on mesure les $\boldsymbol{v}'_i$ est le repère barycentrique, c'est-à-dire un repère dans lequel $\sum m\boldsymbol{r}'_i = 0$ ($\boldsymbol{r}'_i$ étant le rayon vecteur de la particule i) : ce qui conduit par dérivation à l'affirmation ci-dessus.

L'énergie totale des molécules du gaz parfait s'écrit donc :

$$E = \underbrace{E_p + \frac{1}{2}M\boldsymbol{V}_G^2}_{E_{\text{méc}}} + \underbrace{\sum_{i=1}^{N} \frac{1}{2}m{\boldsymbol{v}'_i}^2}_{U} \tag{4,14}$$

Les deux premiers termes de (4,14) représentent l'énergie macroscopique totale des N molécules au sens macroscopique du terme. **Le troisième terme représente l'énergie interne du gaz parfait.** En reprenant la définition de la température (expression 2,2), cette quantité vaut pour un gaz monoatomique à l'équilibre thermodynamique à la température T

$$U = \sum_{i=1}^{N} \frac{1}{2}m{\boldsymbol{v}'_i}^2 = N(\frac{1}{2}m\overline{v'^2}) = Nu_{\text{transl}} = \frac{3}{2}NkT \tag{4,15}$$

L'énergie interne d'un gaz parfait est donc l'énergie cinétique de ce gaz dans son repère barycentrique.

Si les molécules sont monoatomiques, elles sont assimilables à des points, et ne peuvent avoir que de l'énergie cinétique de translation, leur énergie interne vaut :

$$U(\text{gaz monoatomique}) = \frac{3}{2}NkT = \frac{3}{2}nRT \tag{4,16}$$

Si elles sont di ou triatomiques elles peuvent tourner sur elles-mêmes donc avoir aussi de l'énergie cinétique de rotation et leur énergie interne vaut* (cf. (2,8)) :

$$U(\text{gaz diatomique}) = \frac{5}{2}NkT = \frac{5}{2}nRT \qquad (4,17)$$

4. *Énergie interne d'un corps solide : signification microscopique*

On peut pour le corps solide, comme pour le gaz, remonter à l'énergie totale des atomes qui les composent. La différence entre le corps solide et le gaz parfait est qu'il existe des forces d'interaction, essentiellement d'origine électrostatique entre les atomes qui composent ce solide et par suite il faut dans ce cas compléter l'expression de l'énergie totale. L'équivalent de (4,10) devient

$$E = \sum_{i=1}^{N} \frac{1}{2} m\boldsymbol{v}_i^2 + E_{\text{élec}}(\boldsymbol{r}_1, \boldsymbol{r}_2, \ldots \boldsymbol{r}_N) + E_p \qquad (4,18)$$

L'énergie cinétique peut, comme pour le gaz parfait, être décomposée en énergie cinétique du centre de gravité + énergie cinétique interne : en effet dans le solide les atomes bougent les uns par rapport aux autres, ce mouvement de vibration interne étant d'autant plus grand que la température du corps est élevée. Cette énergie cinétique interne ne représente qu'une partie de l'énergie interne du solide. La deuxième composante de cette énergie interne ($E_{\text{élec}}$) est l'énergie électrostatique d'interaction qui ne dépend que des distances entre les charges ; dans un solide ces distances sont des paramètres internes et l'énergie correspondante ne dépend que de l'état de ces variables internes et non de la position du corps dans l'espace.

La formule (4,18) se décompose alors en

$$E = \underbrace{E_p + \frac{1}{2}M\boldsymbol{V}_G^2}_{\substack{E_{\text{méc}}\text{ du} \\ \text{solide en translation}}} + \underbrace{\sum \frac{1}{2} m\boldsymbol{v}_i'^2 + E_{\text{élec}}(\boldsymbol{r}_2' \ldots \boldsymbol{r}_N')}_{\text{Énergie interne du solide}} \qquad (4,19)$$

Dans l'expérience (analysée plus haut) de la craie qui se brise, l'énergie interne du solide craie a changé : d'une part, la valeur du terme d'énergie cinétique interne $\sum \frac{1}{2} m\boldsymbol{v}_i'^2$ a un peu cru (augmentation de la température) et d'autre part le terme d'interaction électrostatique entre les atomes composant la craie a changé car les distances relatives entre ces atomes ont été modifiées dans le changement de structure. Cette analyse est générale : **l'énergie interne d'un système est la somme de l'énergie cinétique de ses constituants microscopiques dans le référentiel barycentrique et de toutes les énergies potentielles d'interaction entre ses divers constituants.**

---

* Cette valeur est une valeur approchée ; à la température ambiante, elle est valable à 1% près par exemple pour l'oxygène et pour l'azote.

5. *De quelles variables macroscopiques dépend l'énergie interne d'un corps ?*

L'analyse microscopique précédente en termes d'énergie cinétique interne et d'énergie potentielle interne nous permet de comprendre que l'énergie interne d'un corps dépend en général :

– de **sa température** (reliée à son énergie cinétique interne)

– et **de son volume ou de sa forme** : car des changements de volume ou de forme changent les distances entre particules microscopiques et par suite modifient la valeur de l'énergie potentielle interne.

Cas particulier du gaz parfait : il n'y a pas d'interaction entre les molécules du gaz, donc l'énergie interne ne dépend pas de la position des molécules les unes par rapport aux autres et par suite elle ne dépend ni du volume, ni de la forme du récipient dans lequel le gaz est confiné.

C'est ce que l'on appelle la **1ère loi de Joule** : qui s'énonce ainsi : "l'énergie interne d'un gaz parfait ne dépend pas de son volume mais uniquement de sa température" . Ce qui est traduit dans les formules précédentes (4,16) et (4,17).

Cas du gaz réel : il existe des interactions entre les molécules qui dépendent des distances entre celles-ci. Si on augmente le volume offert à ces molécules, elles seront en moyenne plus éloignées les unes des autres et leur énergie d'interaction décroîtra en valeur absolue $\Longrightarrow$ il en sera de même de l'énergie interne. **L'énergie interne d'un gaz réel dépend donc de son volume et de sa température**.

Cas d'une barre métallique ou d'un ruban de caoutchouc : un raisonnement identique au précédent permet de se convaincre que leur énergie interne dépend de leur longueur ; donc tirer sur ces objets modifie leur énergie interne, de la même façon que laisser un gaz réel se dilater modifie son énergie interne.

Cas d'un solide incompressible : la variable de volume n'est plus significative :

$$\Longrightarrow U \text{ ne dépend que de } T$$

II. Le premier principe de la thermodynamique

Dans le paragraphe précédent nous avons rassemblé des arguments macroscopiques et microscopiques nous conduisant à attribuer à un système à l'équilibre thermodynamique (caractérisé par les variables P, V, T) une fonction d'état U appelée énergie interne. Cette forme d'énergie, associée à l'organisation microscopique interne des molécules qui composent les corps macroscopiques, peut se transformer en des formes d'énergie macroscopique (énergie mécanique totale ou énergie électrique) et réciproquement.

1. *Présentation du problème*

Le premier principe, dont l'élaboration remonte aux années 1850, concerne l'étude d'une séquence du type général suivant :

a) **Dans l'état initial**, on peut délimiter (par la pensée) un système de N molécules qui sont à l'équilibre thermodynamique sous une certaine phase (gaz, liquide ou solide) dans un volume V_1 déterminé, à une température donnée T_1 : le système est alors caractérisé par une certaine valeur U_1 de son énergie interne

$$U_1 = U(V_1, T_1)$$

U est la fonction "énergie interne", U_1 est la valeur de cette fonction pour les valeurs V_1 et T_1 des variables.

b) **Durant une étape intermédiaire** le système interagit avec le milieu extérieur. Ces interactions peuvent être de natures très différentes :

- le système peut être comprimé ou se dilater dans le milieu extérieur,
- le système peut recevoir ou céder de la chaleur par contact avec un corps ou par rayonnement,
- le système, s'il est chargé, peut être porté à un potentiel électrique.

Ces interactions du milieu extérieur sont susceptibles de changer l'état du système étudié.

c) **Après la fin de ces interactions**, le système peut à nouveau être considéré comme isolé ; on attend qu'il ait trouvé son état d'équilibre thermodynamique appelé **état final**, on mesure les nouvelles variables internes V_2, T_2, le système est alors caractérisé par une nouvelle valeur de l'énergie interne

$$U_2 = U(V_2, T_2)$$

2. *L'énoncé du premier principe est le suivant*

La variation d'énergie interne du système entre les deux états d'équilibre notés 1 et 2 est égale à la somme algébrique des quantités d'énergie mécanique *W* (travaux des forces extérieures appliquées au système) et calorifique *Q* (quantité de chaleur) reçues du milieu extérieur.

Ce que l'on écrit symboliquement

$$U(V_2, T_2) - U(V_1, T_1) = W + Q \qquad (4,20)$$

L'équation (4,20) est une équation de **bilan énergétique**

Signes : si $W > 0$ le milieu extérieur a effectué un travail moteur
si $Q > 0$ le flux de chaleur est allé de l'extérieur vers le système

Commentaires :

1) Le premier principe, conséquence de l'hypothèse fondamentale du paragraphe I.1, nous indique que les transferts d'énergie peuvent se faire via le travail des forces ou via des flux de chaleur, ce qui était bien le résultat historique essentiel des expériences de Joule et Mayer montrant "l'équivalence du travail et de la chaleur ".

2) Si l'on a déterminé la nature du système sur lequel on agit (par exemple gaz parfait) et que l'on connaît la forme de la fonction $U(V, T)$, la détermination, pour une interaction donnée, du travail fourni par le milieu extérieur nous donnera par différence la quantité de chaleur reçue du milieu extérieur dans cette transformation.

3)

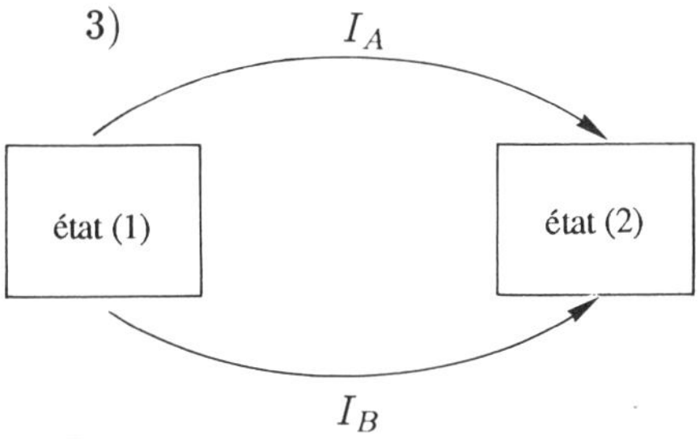

Figure 28

si I_A et I_B sont deux modes d'interaction différents permettant, tous les deux, de faire passer le système du même état initial (1) au même état final (2), (voir figure 28), le premier principe entraîne :

$$\Delta U = W_A + Q_A = W_B + Q_B \qquad (4,21)$$

avec $W_A \neq W_B$ et $Q_A \neq Q_B$

En fait, l'équation (4,21) représente la formulation historique du premier principe et son énoncé est :

"Dans tous les processus faisant passer un système d'un état d'équilibre A à un état d'équilibre B, la somme des quantités de chaleur et de travail reçues par le système est la même : elle ne dépend que des états A et B". Historiquement c'est le premier principe qui a permis d'introduire l'idée d'énergie interne.

III. Résumé et conclusions du chapitre 4

1. *Rappel du problème*

Les principes généraux de la mécanique et l'analyse de quelques cas mécaniques atypiques (bris d'une craie, frottements) nous ont conduits à l'idée qu'il existait une grandeur importante pour caractériser un système isolé : **son énergie interne**.

Par ailleurs nous avons "appris expérimentalement" que **l'état macroscopique** d'un corps pur isolé dépendait **en général de deux variables** pouvant être choisies pour un fluide dans le triplet (P, V, T) de variables liées par l'équation d'état (chapitre 3). L'équation d'état, que nous avons commentée au chapitre 3 pour les fluides, est le résultat d'une démarche **descriptive** mais très peu **explicative**.

Nos connaissances de mécanique nous laissent penser que la connaissance de l'énergie interne en fonction des variables thermodynamiques du système augmenterait notre pouvoir d'explication. Peut-être par exemple nous permettrait-elle d'expliquer, ou du moins de prédire si dans telles conditions de pression et de température l'eau est stable sous forme de glace ou de vapeur*. Malheureusement, comme nous allons le voir dans les chapitres qui suivent, la détermination de U n'est pas si simple !

2. *Le point sur le premier principe*

Nous avons vu dans les chapitres 1 et 2 que les variables thermodynamiques d'un système (pression et température) ne sont définies de manière non ambigüe qu'à l'équilibre. Et c'est effectivement entre deux états d'équilibre que le 1er principe cherche à évaluer la variation d'énergie interne.

Dans ce cadre, on considère une séquence temporelle résumée sur la figure 29

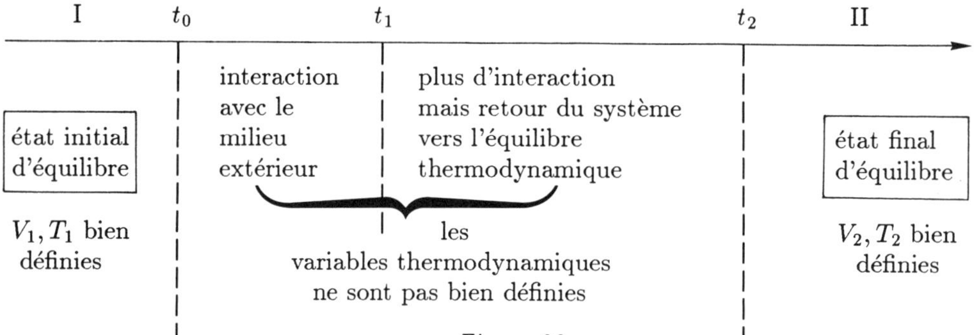

Figure 29

La conservation globale de l'énergie implique que la variation d'énergie interne du système entre les états d'équilibre I et II est égale à l'énergie qui a été transférée au système par le milieu extérieur dans la phase t_0, t_1.

Cet énoncé représente l'idée sous-jacente au premier principe ... dans une certaine mesure cela peut vous apparaître comme une "lapalissade" ! La question suivante est : **comment** le milieu extérieur peut-il fournir de l'énergie au système ? La réponse peut vous sembler simple : soit en effectuant un travail mécanique (W), soit en chauffant (Q). Cette réponse "simple" a mis longtemps, historiquement très longtemps à émerger : alors que depuis plus de 40 000 ans, l'homme transformait l'énergie mécanique (le travail) en énergie calorifique (la chaleur), par exemple en faisant du feu en frottant deux branches sèches, il a fallu attendre le XIXème siècle pour expliciter cette identité entre travail et chaleur et écrire l'équation (4,20).

$$U(V_2, T_2) - U(V_1, T_1) = W + Q \tag{4,20}$$

Cette équation exprime le fait que la variation d'énergie interne d'un système fermé** est égale à la **somme algébrique** du travail qui a été **exercé sur** lui et de la chaleur qui lui a été **transférée par** le milieu extérieur.

---

* Anticipant sur ce qui suivra il est honnête de dire tout de suite que la seule connaissance de U sera insuffisante pour répondre à cette question ... mais la question était légitime, et nous saurons y répondre avec un peu plus d'informations.

** "fermé" $\equiv$ c'est-à-dire dont le nombre de molécules est constant

3. *Le programme futur*

Pour calculer la variation d'énergie interne d'un système entre deux états d'équilibre, nous allons maintenant essayer d'évaluer le travail et la chaleur reçus du milieu extérieur (programme des chapitres 5 et 6 respectivement).

Chapitre 5

Différentes formes de travail apportées par le milieu extérieur à un système thermodynamique

CHAPITRE 5

I. Travail de traction sur une barre métallique

**II. Compression et dilatation des fluides :
le travail des forces de pression extérieures**

1. *Expression du travail élémentaire des forces pressantes*
2. *Expression du travail des forces pressantes dans une transformation finie quelconque*
3. *Travail des forces pressantes dans une transformation où la pression extérieure reste constante*
4. *Travail des forces extérieures lors d'une détente dans le vide (dite "détente de Joule")*
5. *Travail des forces pressantes dans les transformations quasi-statiques, isothermes*
6. *Cas où l'on ne peut pas calculer directement le travail des forces extérieures*

III. Travail des forces électrostatiques

DIFFÉRENTES FORMES DE TRAVAIL APPORTÉES PAR LE MILIEU EXTÉRIEUR A UN SYSTÈME THERMODYNAMIQUE

Nous avons vu, au chapitre précédent, que l'estimation de la variation d'énergie interne d'un système consécutive à une interaction avec le milieu extérieur nécessitait le calcul du travail fourni par les **forces extérieures** dans l'interaction considérée. Nous nous proposons d'étudier dans ce chapitre, quelques types fréquents d'interaction et de voir quand et comment on peut calculer le travail fourni par le milieu extérieur dans de telles opérations.

I. Travail de traction sur une barre métallique

Soit une barre métallique encastrée à une extrémité (cf. exercice 15, chapitre 3). Un tel objet peut se dilater thermiquement, par contre il présente une sensibilité très réduite à la pression atmosphérique extérieure. Mais si l'on exerce une traction suffisante sur cette barre on peut l'allonger, ou par contraction la raccourcir. Les variables thermodynamiques les plus importantes sont donc : la température T, la longueur de la barre L, et la force $\boldsymbol{F}$ subie par la barre (figure 30).

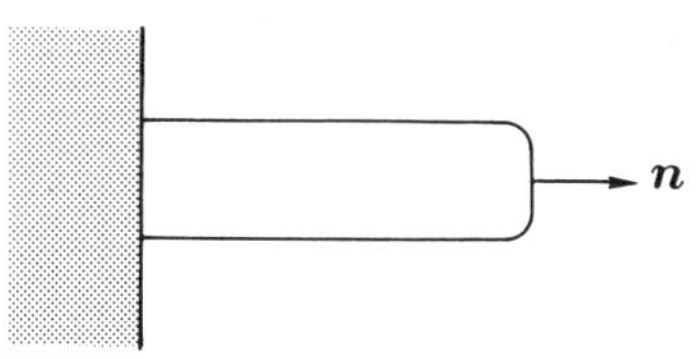

Figure 30

La convention de signe des forces étant $F > 0$ pour une traction (vecteur directeur $\boldsymbol{n}$), le travail de cette force extérieure s'écrira

$$\delta W = \boldsymbol{F} \cdot dL\, \boldsymbol{n} = F dL \qquad (5,1)$$

II. Compression et dilatation des fluides : le travail des forces de pression extérieures

1. *Expression du travail élémentaire des forces pressantes*

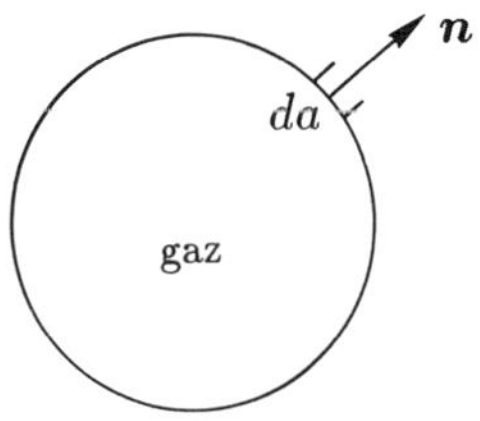

Figure 31

– le **système** est constitué du gaz contenu dans une baudruche

– cette baudruche est immergée dans une immense réserve de gaz, dont la pression est P_{ext}, qui constitue le milieu extérieur.

On considère que le contenu énergétique de la baudruche elle-même est négligeable, et que ses variations surtout sont négligeables : donc on ne tient pas compte de cette enveloppe de caoutchouc qui joue simplement le rôle de frontière.

Le milieu extérieur exerce en tous points de la surface du système une force pressante dirigée de l'extérieur vers l'intérieur. La force pressante $d\boldsymbol{f}$ exercée par le milieu extérieur sur l'élément d'aire da du système s'écrit :

$$d\boldsymbol{f} = -P_{\text{ext}}\, da\, \boldsymbol{n} \tag{5,2}$$

où $\boldsymbol{n}$ est le vecteur unitaire de la normale à la surface, dirigé vers l'extérieur du système.

Supposons que, par suite d'une dilatation ou d'une compression du système, l'élément de surface da se déplace de $dl\ \boldsymbol{n}$, le travail élémentaire des forces pressantes extérieures dans ce déplacement sera

$$\begin{aligned} \delta W &= -P_{\text{ext}}\, da\, \boldsymbol{n} \cdot (dl\, \boldsymbol{n}) \\ &= -P_{\text{ext}}\, da\, dl = -P_{\text{ext}}\, dV \end{aligned} \tag{5,3}$$

où dV représente la variation élémentaire de volume associée au déplacement $dl\boldsymbol{n}$ de da.

Ce travail est une quantité d'énergie mécanique qui a été **fournie par** le milieu extérieur **au** système.

2. *Expression du travail des forces pressantes dans une transformation finie quelconque*

Comment passer de l'expression (5,3) à un travail fini ?

A chaque instant nous pouvons considérer que la pression extérieure est la même en tous les points de la baudruche : soit $P_{\text{ext}}(t)$ sa valeur à l'instant t.

L'expression (5,3) peut alors se réécrire :

$$\delta W = -P_{\text{ext}}(t)\{V(t+dt) - V(t)\} \tag{5,4}$$

ou encore

$$\delta W = -P_{\text{ext}}(t)\dot{V}(t)dt \tag{5,5}$$

où $\dot{V}(t)$ est la dérivée du volume V par rapport au temps t.

Si au cours de la transformation on connaît à chaque instant $P_{\text{ext}}(t)$ et $V(t)$, alors on peut calculer le travail fourni pendant l'interaction par

$$W = -\int_{t_I}^{t_f} P_{\text{ext}}(t)\dot{V}(t)dt \qquad (5,6)$$

t_I et t_f représentant respectivement les instants initial et final de la transformation.

Malheureusement le calcul de (5,6) nécessite une **connaissance détaillée de l'évolution de la pression extérieure et du volume du système au cours du temps, données que l'on n'a pas en général**.

En général on ne connaît que les caractéristiques de l'état initial et celles de l'état final ce qui ne permet pas de calculer (5,6).

Il existe toutefois des situations particulières où l'on peut évaluer (5,6) ; nous allons, dans ce qui suit, en analyser trois différentes.

3. *Travail des forces pressantes dans une transformation où la pression extérieure reste constante*

Si le réservoir extérieur de pression est assez grand pour que la pression extérieure ne varie pas au cours de la transformation, alors l'expression (5,6) s'intègre aisément. La constante P_{ext} peut être "sortie de l'intégrale" et le travail cherché devient

$$W = -P_{\text{ext}} \int_{t_I}^{t_f} \dot{V}(t)dt \qquad (5,7)$$

$$W = -P_{\text{ext}}[V_F - V_I] \qquad (5,8)$$

4. *Travail des forces extérieures lors d'une détente dans le vide (dite "détente de Joule")*

L'expérience est la suivante : dans l'état initial le gaz constituant le système est dans la bouteille de gauche d'un ensemble de deux bouteilles **rigides**, la bouteille de droite est vide (figure 32).

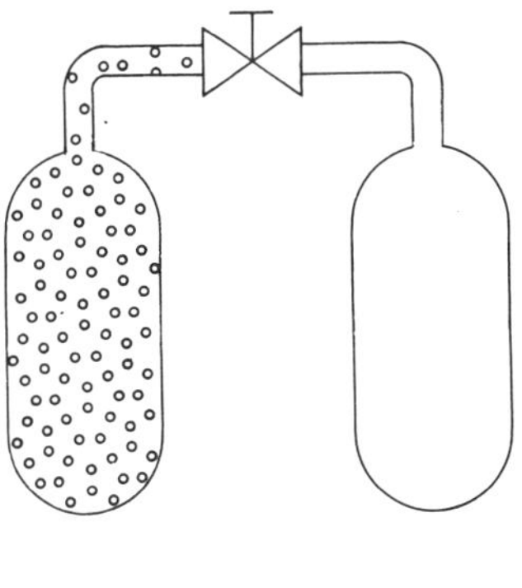

Figure 32

L'intervention de l'opérateur consiste à ouvrir le robinet bien graissé. (On considérera que l'apport d'énergie qu'il fournit ainsi est négligeable). Le gaz remplit les deux compartiments.

Quel est le travail fourni par le milieu extérieur? Compte tenu de la remarque précédente concernant le robinet, le travail est nul. Il serait ridicule d'appliquer la formule (5,8) correspondant à une situation différente. Ici les forces pressantes extérieures s'appliquent sur **les bouteilles rigides** et par suite ces forces ne travaillent pas lors de la détente du gaz :

$W = 0$

5. *Travail des forces pressantes dans les transformations quasi-statiques, isothermes*

Dans le cadre de l'étude de la compression et de la dilatation des fluides et des expériences décrites génériquement (II.1,2 et 3), un rôle particulier est réservé aux **transformations quasi statiques**, transformations que l'on peut, avec une bonne approximation, considérer comme une succession d'états d'équilibre (l'expérience de Joule ne rentre pas, bien entendu, dans ce cadre.

• Pour avoir l'équilibre mécanique de la frontière du fluide (cf. chapitre 1.§ III.5) il est nécessaire qu'à chaque instant

$$P_{\text{ext}}(t) = P_{\text{int}}(t) \tag{5,9}$$

• **Si** le fluide est à l'équilibre thermodynamique et si l'on connaît son équation d'état c'est-à-dire sa relation caractéristique

$$P = f(V, T)$$

(cf. chapitre 3, exemples 3.2, 3.3, 3.29), alors l'expression élémentaire du travail des forces de pression devient

$$\delta W_{q.s} = -P\mathrm{d}V = -f(V, T)\mathrm{d}V \tag{5,10}$$

Dans la mesure où *T* est une constante (égale à T_0) l'expression (5,10) devient la différentielle d'une fonction de la seule variable V, elle peut s'intégrer directement connaissant la primitive de f et il vient

$$W = -\int_{V_{\text{initial}}}^{V_{\text{final}}} f(V, T_0)\mathrm{d}V \tag{5,11}$$

Dans le cas particulier du gaz parfait :

$$P = f(V, T_0) = \frac{nRT_0}{V}$$

et

$$\boxed{W = -nRT_0 \ln \frac{V_F}{V_I}} \tag{5,12}$$

Dans le cas de la détente $V_F > V_I$ donc $W < 0$, le système fournit un travail moteur; pour une compression $V_F < V_I$ entraîne $W > 0$, il faut fournir du travail du milieu extérieur pour le comprimer (figure 33).

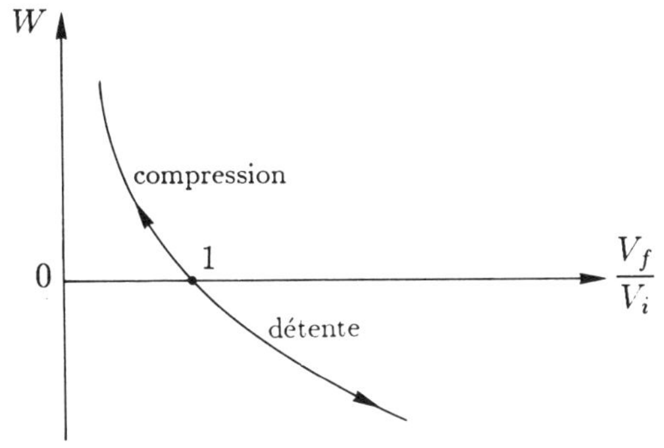

Figure 33 Travail reçu par un gaz parfait lors d'une transformation quasi statique isotherme

Examinons maintenant le cas du travail des forces de pression dans le cas d'une transformation **quasi statique**, **isotherme** d'un gaz réel. Les **deux** hypothèses ci-dessus justifient l'écriture de la formule (5,11) en utilisant maintenant la forme (3,3) représentant un gaz réel, il vient :

$$W_{\text{G. réel}} = -\int_{V_I}^{V_F} \frac{nRT_0}{V - nb} dV + n^2 a \int_{V_I}^{V_F} \frac{dV}{V^2} \tag{5,13}$$

$$= -nRT_0 \ln\left(\frac{V_F - nb}{V_I - nb}\right) - n^2 a\left(\frac{1}{V_F} - \frac{1}{V_I}\right) \tag{5,14}$$

Considérons un travail de compression ($V_F < V_I$) et étudions la différence entre le travail fourni pour comprimer de V_I à V_F le gaz réel (3,3) et celui fourni pour effectuer la même compression sur un gaz parfait

$$W_{\text{G. réel}} - W_{\text{G. parfait}} = -nRT_0 \ln\left(\frac{1 - \frac{nb}{V_F}}{1 - \frac{nb}{V_I}}\right) - n^2 a\left(\frac{1}{V_F} - \frac{1}{V_I}\right) \tag{5,15}$$

Pour les faibles densités $\frac{nb}{V} \ll 1$ et on peut développer les logarithmes

$$\ln(1 + \epsilon) \simeq \epsilon$$

(5,15) prend alors la forme :

$$W_{\text{G. réel}} - W_{\text{G. parfait}} = n^2 RT_0 b\left(\frac{1}{V_F} - \frac{1}{V_I}\right) - n^2 a\left(\frac{1}{V_F} - \frac{1}{V_I}\right)$$

$$= \left(\frac{1}{V_F} - \frac{1}{V_I}\right) n^2 (RT_0 b - a) \tag{5,16}$$

Le travail quasi-statique isotherme effectué pour comprimer le gaz réel est, à haute température, plus grand que celui nécessaire pour comprimer un gaz parfait. La différence change de signe à basse température.

A haute température ce résultat s'explique par l'existence d'interactions (microscopiques) essentiellement répulsives, qui s'opposent donc à la diminution du volume ; à basse température au contraire les interactions sont en moyenne attractives, ce sont elles qui conduisent alors à la formation de liquide (calculer la température de changement de régime pour le dioxyde de carbone cf. page 42).

6. *Cas où l'on ne peut pas calculer directement le travail des forces extérieures*

Comme nous l'avons souligné dans le paragraphe I.2, dans la plupart des cas on ne saura pas calculer directement le travail des forces pressantes extérieures ; les exemples étudiés jusqu'ici n'étant que des exceptions qui confirment la règle.

Mais il y a parfois d'autres alternatives ; considérons, par exemple, une **transformation où le système ne reçoit pas de chaleur du milieu extérieur, on dit que la transformation est adiabatique** : l'application du premier principe entre l'état initial (1) et l'état final (2) implique alors que :

$$U(V_2, T_2) - U(V_1, T_1) = W + 0 \qquad (5,17)$$

Le travail est égal à la variation d'énergie interne du système entre l'état initial et l'état final. Si celle-ci est connue - par exemple si le système est un gaz parfait monoatomique - nous avons d'après (4,16)

$$W = \frac{3}{2} nR(T_2 - T_1) \qquad (5,18)$$

En conclusion : l'examen de ces divers cas particuliers a bien mis en évidence que le travail fourni au système par le milieu extérieur dépend essentiellement de la nature de la transformation subie par le système et pas seulement de l'état initial et final. En général on pourra retenir que le travail reçu par le système lors d'une compression doit être positif, l'extérieur jouant un rôle moteur ; l'inverse n'est pas nécessairement vrai (expérience de Joule). L'extrême importance des systèmes fluides en thermodynamique industrielle nous a conduits à donner une place notable au travail des forces de pression. D'autres sytèmes mettent en jeu d'autres formes d'énergie, à titre d'exemple nous traiterons rapidement le cas du condensateur à diélectrique mobile.

III. Travail des forces électrostatiques

Le problème est le suivant : on dispose d'un condensateur chargé sous une différence de potentiel v et on se propose de déplacer un diélectrique à l'intérieur des armatures. A ddp v fixée, ceci aura pour conséquence de modifier la charge du condensateur.

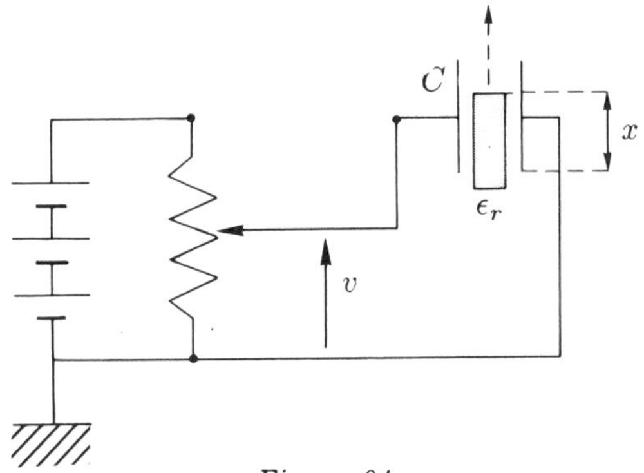

Figure 34

Le **système** est donc constitué du condensateur + diélectrique ; le générateur de tension appartient au **milieu extérieur**, il est caractérisé par sa ddp v.

Les paramètres thermodynamiques du système sont :

T la température,

x l'enfoncement du diélectrique dans le condensateur

Q la charge du condensateur

la variable de **contrôle extérieur est** v (l'équivalent de la pression dans les gaz)

L'équation d'état est :

$$Q = C(T, x)\, v \tag{5,20}$$

ϵ_0 permittivité du vide, ϵ_r permittivité relative du diélectrique

$$Q = (\frac{\epsilon_0 S}{e} \times \frac{L - x}{L} + \epsilon_r \frac{\epsilon_0 S}{e} \frac{x}{L})v \tag{5,21}$$

ϵ_r est fonction de T.

Le travail des forces électriques pour une variation dQ de la charge est

$$\delta W = v dQ \tag{5,22}$$

Dans cette expression, comme dans (5,1) ou (5,3), on voit associées deux variables thermodynamiques de même nature, ici électrostatiques : Q et v, mécaniques dans (5,1) : F et L et (5,3) : P et V.

EXERCICES

(16)

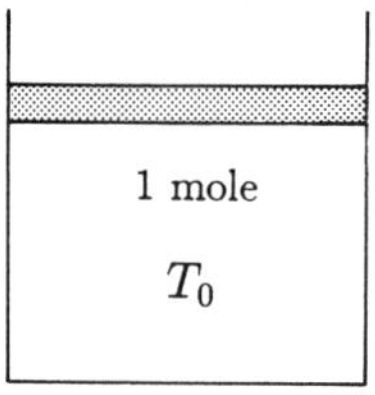

1) On réalise la compression isotherme d'une mole de gaz parfait. La température T_0 est maintenue constante par un **thermostat**. P_1 et P_2 sont les pressions initiale et finale, P_1 étant la pression atmosphérique.

α) Comment faire pour que la compression soit **quasi-statique** ?

β) Calculez alors le travail fourni à 1 mole de gaz parfait.

2) On réalise maintenant cette compression **brutalement** ; en posant sur le piston de section S une masse M calculée de telle sorte que la pression finale à l'équilibre soit P_2 à la température T_0.

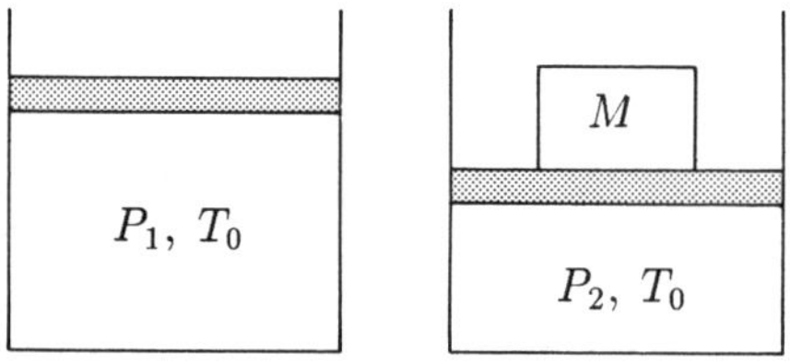

α) Discutez ce qui se passe.

β) Quelle est la force extérieure qui s'exerce sur le gaz pendant la transformation ?

γ) Au prix de quelle hypothèse peut-on calculer le travail mécanique fourni au système "gaz+ piston mobile"?

δ) Quelle nouvelle hypothèse faut-il faire pour dire que ce travail mécanique a été fourni au gaz? Donnez alors l'expression de ce travail.

3) Représentez le travail fourni dans ces deux situations en traçant $y = W/P_1V_1 = W/P_2V_2$ en fonction de $P_2/P_1 = x$. On vérifiera que le travail fourni au gaz dans la transformation brutale, décrite ici, est toujours supérieur au travail fourni dans la compression isotherme quasi-statique.

4) Quelle est la chaleur reçue du thermostat dans les deux cas (on utilisera le fait que le gaz est un gaz parfait) ?

5) On effectue l'expérience en 2 étapes successives : compression brutale de P_1 à $2P_1$ puis de $2P_1$ à P_2, avec $P_1 < 2P_1 < P_2$. Comparez avec les situations antérieures. Conclusion.

Corrigé :

1)α) La compression sera **quasi-statique** si on déplace lentement le piston, avec à chaque instant $\underline{P_{\text{extérieure}} \simeq P_{\text{intérieure}}}$

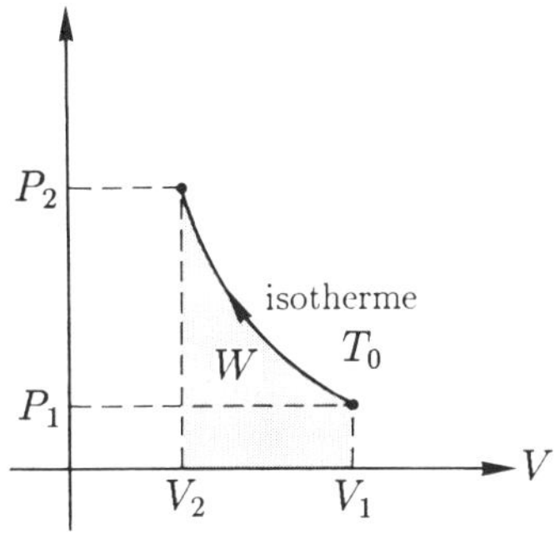

Ceci entraîne que le fluide passe par une succession d'états d'équilibre, dont chacun est représenté par un point sur l'isotherme ci-contre.

β) à chaque instant la pression P du gaz est parfaitement définie et égale à P_{ext}, on peut donc écrire

$$\delta W = -PdV = -RT_0 \frac{dV}{V}$$

avec $PdV + VdP = RdT = 0$, car compression isotherme d'où $-\dfrac{dV}{V} = \dfrac{dP}{P} \Longrightarrow \delta W = RT_0 \dfrac{dP}{P}$.

Le travail fourni à une mole de gaz parfait est alors

$$W_{\text{quasi-statique}} = RT_0 \ln \frac{P_2}{P_1} = P_1 V_1 \ln \frac{P_2}{P_1} > 0 \quad \text{puisque } P_2 > P_1$$

2) Si la compression est réalisée brutalement en posant une masse M sur le piston :

α) le piston descend brusquement. La température reste approximativement constante et égale à T_0, si le piston et le récipient qui contient le gaz sont de **très bons conducteurs** de la chaleur qui prend naissance au sein du fluide comprimé. Ceci se traduit mathématiquement par une grande conductivité thermique K (cf. équation 2,13, figure 21 page 36).

β) pendant la descente du piston, la force qui agit sur le gaz est due au poids de la masse M augmenté de la force pressante atmosphérique sur le piston de section S, soit

$$F = Mg + P_{\text{atm}} S = Mg + P_1 S = P_2 S$$

γ) pour calculer le travail mécanique fourni au système "gaz+piston mobile", nous faisons l'hypothèse que la pression extérieure $P_1 = P_{\text{atm}}$ reste constante.

δ) pour dire que le travail mécanique précédent est fourni au gaz seul, nous devons faire une nouvelle hypothèse : le piston a une masse négligeable devant M.

La compression est brutale donc **non quasi-statique** et non représentable par une courbe dans le diagramme P, V : on ne connaît que les pressions initiale P_1 et finale P_2, avec $P_2 = P_1 + \dfrac{Mg}{S}$.

Cette transformation se fait sous l'action de la force F (écrite à la question 2.β), c'est-à-dire à la pression P_2=cte.

$$W_{\text{brutal}} = -\int_{V_1}^{V_2} P_2 dV = -P_2(V_2 - V_1) = P_2(V_1 - V_2) = P_2 V_2 (\frac{V_1}{V_2} - 1)$$

d'où $\quad W_{\text{brutal}} = P_2 V_2 (\dfrac{P_2}{P_1} - 1) = RT_0 (\dfrac{P_2}{P_1} - 1)$

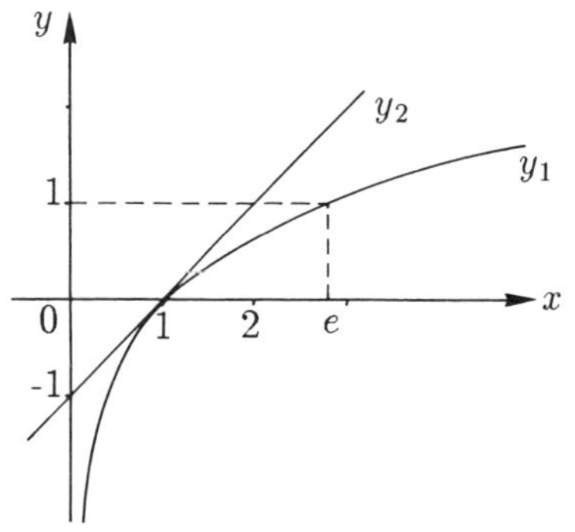

3) Traçons, en fonction de $\frac{P_2}{P_1} = x$, les 2 courbes $y_1 = \frac{W_{q.s.}}{P_1 V_1}$ et $y_2 = \frac{W_{brut.}}{P_1 V_1}$

(on rappelle que $P_1 V_1 = P_2 V_2 = RT_0$)

$$y_1 = \frac{W_{q.s.}}{P_1 V_1} = \ln \frac{P_2}{P_1} = \ln x$$

$$y_2 = \frac{W_{brut.}}{P_2 V_2} = (\frac{P_2}{P_1} - 1) = x - 1$$

Le tracé ci-contre montre bien que

$$W_{brut.} > W_{q.s.} \qquad (\text{pour} \quad x > 0)$$

4) Pour un gaz parfait l'absence d'interactions entre molécules implique l'absence d'énergie potentielle d'interaction entre ces molécules, l'énergie interne U d'un gaz parfait ne dépend donc que de sa température (cf. page 67) : $\Delta U = f(T)$. Pour une transformation isotherme $\Delta U = 0$. Le premier principe de la thermodynamique s'écrit alors $Q = -W$; les quantités de chaleur reçues du thermostat sont donc, dans les 2 cas, les opposés des travaux calculés dans la question 3.

5) Calculons le travail total fourni au gaz lors d'une compression brutale, effectuée en 2 étapes succesives.

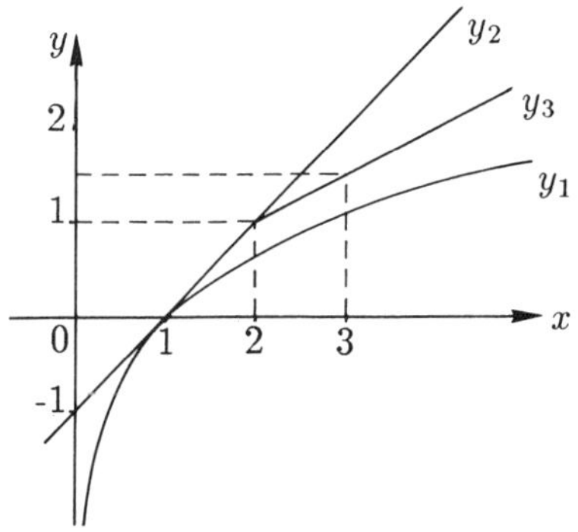

Dans la première étape

$$W_1 = RT_0(\frac{2P_1}{P_1} - 1) = RT_0$$

Pour la deuxième étape $W_2 = RT_0(\frac{P_2}{2P_1} - 1)$.

D'où le travail total $W_{brut.} = W_1 + W_2 = RT_0 \frac{P_2}{2P_1}$ qui correspond à $y_3 = \frac{W_{brut.}}{RT_0} = \frac{x}{2}$

La condition $P_2 > 2P_1$ implique $x > 2$; nous ne traçons donc que la partie $x > 2$ de la droite $y_3 = \frac{x}{2}$. Opérer en 2 étapes successives permet de se rapprocher de la courbe y_1, c'est-à-dire de $W_{\text{quasi-statique}}$.

Remarque : dans la 1ère transformation brutale ($P_1 \to P_2$) l'état initial et l'état final du système, correspondant aux points A et C du diagramme $P = f(V)$ ci-joint, sont des états d'équilibre : mais le chemin intermédiaire ne peut pas être représenté sur ce diagramme.

Dans la deuxième transformation ($P_1 \to 2P_1 \to P_2$) les états initial, intermédiaire et final correspondent à des situations d'équilibre A, B et C ; la valeur du travail brutal fourni est plus proche de celle du travail quasi-statique.

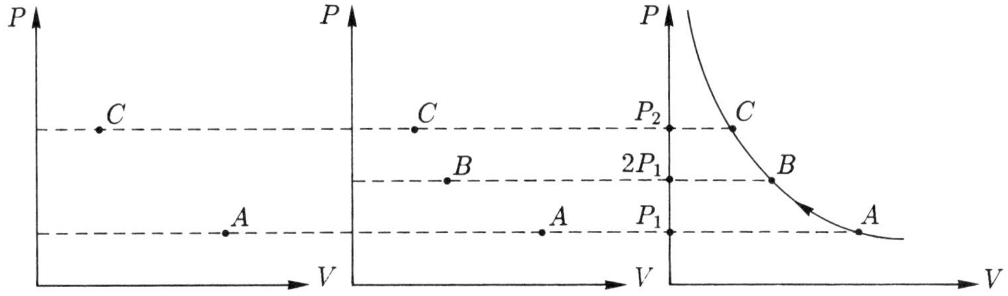

Enfin, la compression est quasi-statique quand la transformation est une succession d'états d'équilibre infiniment proches : l'état du système peut alors être représenté à chaque instant par un point sur l'isotherme P, V.

Chapitre 6

Conséquences du premier principe : détermination des quantités de chaleur reçues par un système

CHAPITRE 6

I. Description qualitative des transferts de chaleur

II. Transformations à volume constant (isochores)

1. *Calorimétrie à volume constant*

2. *Définition de la capacité calorifique d'un système et de la chaleur spécifique d'un corps*

3 *Cas particulier du gaz parfait*

III. Expérience de détente dans le vide (Joule). Effets thermiques. Interprétation microscopique

IV. Transformations sous pression constante (isobares)

1. *Introduction et définition de l'enthalpie d'un système*

2. *Capacité calorifique et chaleurs spécifiques sous pression constante*

3. *Chaleur latente de changement de phase*

4. *Résultats concernant le gaz parfait*

V. Transformations quasi-statiques isothermes. Cas particulier du gaz parfait

VI. Transformations quasi-statiques et adiabatiques

1. *Position du problème*

2. *Cas particulier du gaz parfait*

3. *Interprétation microscopique des effets thermiques dans une transformation adiabatique et quasi-statique*

C.6. Complément aux chapitres 4, 5, 6. Les systèmes ouverts : bilan d'énergie, régimes stationnaires, équations de bilan

1. *Apport d'énergie par apport de matière dans les systèmes ouverts*

2. *Travail exercé par le milieu extérieur*

3. *Chaleur apportée par le milieu extérieur*

4. *Bilan total d'énergie*

5. *Régimes stationnaires. Équations de bilan*

CONSÉQUENCES DU PREMIER PRINCIPE : DÉTERMINATION DES QUANTITÉS DE CHALEUR RECUES PAR UN SYSTÈME

Le premier principe de la thermodynamique (chapitre 4) a établi l'idée que le transfert de chaleur du milieu extérieur vers un système peut, au même titre que le travail des forces extérieures, faire évoluer le système d'un état d'équilibre interne I vers un état d'équilibre II. La question se pose de savoir comment évaluer ou **mesurer** ce transfert de chaleur ... ce qui impose déjà de répondre même de façon qualitative à la question "comment s'effectue un transfert de chaleur "?

I. Description qualitative des transferts de chaleur

La recherche d'une mesure de la **quantité de chaleur reçue par un système** peut conduire à diverses réponses.

- **Historiquement** on a commencé par mesurer les quantités de chaleur reçues par un système par leur effet sur la température du système : c'est ainsi que la calorie est définie comme la quantité de chaleur nécessaire pour élever de 1°C, à la pression atmosphérique, la température de 1 gramme d'eau pris à 14,5°C*.

C'est donc une définition empirique, basée sur l'expérience. Parfaitement légitime, cette définition manque toutefois de généralité. Elle ne permet pas, par exemple, de définir la quantité de chaleur fournie à la glace lors de sa fusion : phénomène qui semble bien mettre en jeu le même type d'énergie calorifique que le chauffage de l'eau, mais qui ne s'accompagne pas de variation de température du système ! La vision historique de la chaleur qui accompagne le développement de la calorimétrie est une vision morcelée.

- **Axiomatiquement** le premier principe nous permet de définir la quantité de chaleur reçue par un système comme le transfert d'énergie qui ne se fait pas sous forme de

* Cette unité, qui n'est plus l'unité légale, vaut 4,185 Joules.

travail. Mathématiquement c'est donc d'après (4,20) :

$$Q = \Delta U - W \tag{6,1}$$

Et c'est en fait essentiellement à partir de cette formulation (6,1) que l'on introduit actuellement en thermochimie et en thermique la grandeur "quantité de chaleur". Une telle définition est rigoureuse mais très abstraite.

– **Microscopiquement** que peut-on dire de la chaleur ? L'expérience de tous les jours nous montre que l'on peut transférer de l'énergie calorifique (c'est-à-dire de l'énergie qui n'est pas travail de forces macroscopiques)

• par contact de corps à des températures différentes, qu'il s'agisse de contact de parois solides (phénomènes de conduction) ou de flammes ou de circulation de gaz à des températures différentes (phénomènes de convection)

• mais on peut également transférer de la chaleur par le rayonnement électromagnétique (radiateur à infrarouges, four micro-ondes, soleil). Au niveau microscopique, l'effet produit dans le corps "chauffé" est le même quel que soit le mode de "chauffage" utilisé : un des effets du chauffage d'un corps est en général d'augmenter l'énergie cinétique microscopique interne des particules (celle que l'on mesure dans le référentiel du centre de masse), mais ce n'est pas le seul effet du chauffage ! A ce stade, la seule approche globale macroscopique que l'on puisse trouver pour décrire les effets d'un chauffage quelconque, repose sur le 1er principe et la formule (6,1) ; c'est sur celle-ci que nous allons nous appuyer pour introduire les différentes notions de calorimétrie (c'est-à-dire de mesures de quantités de chaleur) qui nous seront utiles.

Comme le travail reçu au cours d'une transformation, la quantité de chaleur reçue par un système au cours d'un processus quelconque dépend de toute l'histoire de la transformation subie (pas seulement des états initial et final) et **il n'existe pas de "formule générale"** pour l'exprimer : seuls certains cas particuliers, que nous allons maintenant étudier, conduisent à des réponses quantifiables à l'aide de formules qui utilisent uniquement des grandeurs macroscopiques.

II. Transformations à volume constant (isochores)

Dans les transformations à volume constant nous avons vu que les forces pressantes extérieures ne travaillaient pas (chapitre 5, § II) : la quantité de chaleur reçue dans une telle transformation est donc égale, d'après (6,1), à la différence d'énergie interne du système entre l'état final et l'état initial

$$\boxed{Q_V = \Delta U} \tag{6,2}$$

Résultat d'une importance essentielle en thermodynamique, puisque la mesure d'une quantité de chaleur donne alors une détermination de la fonction énergie interne $U(T, V)$ (à une constante de référence près).

1. *Calorimétrie à volume constant*

Pour mesurer Q_V il faut tout d'abord mettre le système considéré dans une boîte étanche (pour que le nombre N de molécules reste constant) et rigide (volume V constant). Il reste deux problèmes :

• Comment faire pour contrôler de manière précise l'énergie que l'on injecte dans le système ?

<u>1ère idée</u> : mettre la boîte sur un bec Bunsen et essayer d'estimer la quantité de gaz brulée. Mais ce gaz a également servi à réchauffer l'atmosphère alentour donc l'idée ne convient pas.

<u>2ème idée</u> : échauffer le système par frottements mécaniques et mesurer le travail moteur effectué (dispositif de Joule). Critiques : difficile de réaliser un dispositif où les frottements sont importants et tous uniquement intérieurs au système.

<u>3ème idée</u> : chauffer électriquement par effet Joule

$$Q = RI^2t \qquad (6,3)$$

C'est le principe des calorimètres modernes.

• Que faire pour s'assurer que l'énergie ainsi introduite ne s'échappe pas vers le milieu extérieur ?

1ère recommandation : éviter les transferts d'énergie par conduction, convection $\Longrightarrow$ on fait le vide autour du système.

2ème recommandation : éliminer les transferts par rayonnement ; on construit une boîte dont les parois internes et externes par rapport à la zone de vide sont réfléchissantes (figure 35)

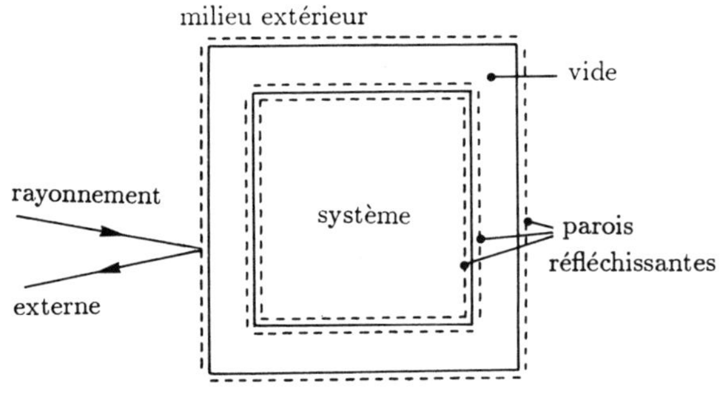

Figure 35

Ceci assure que les rayonnements internes (respectivement externes) restent piégés de part et d'autre et ne contribuent pas à un transfert d'énergie du milieu extérieur vers le système ou réciproquement. L'objet ainsi réalisé est une bouteille thermos fermée ! C'est un exemple de récipient à **parois dites "adiabatiques" (c'est-à-dire à parois ne permettant pas les échanges de chaleur).**

2. *Définition de la capacité calorifique d'un système et de la chaleur spécifique d'un corps*

Le transfert d'énergie calorifique à un système s'accompagne en général (lorsqu'il n'y a pas de changement de phase) d'une variation de température du corps, proportionnelle (pour les faibles écarts de température) à la quantité de chaleur transférée au système : on appelle le coefficient de proportionnalité la "capacité calorifique du système à volume constant" . Il n'y a pas de notation consacrée pour cette quantité :

$$\text{Capacité calorifique à vol. constant} = \lim_{\Delta T \to 0} \frac{Q_V}{\Delta T} = \lim_{\Delta T \to 0} \frac{\Delta U}{\Delta T} \qquad (6,4)$$

Cette grandeur est une quantité **extensive** (comme U) qui dépend de la quantité de matière contenue dans le système. C'est pourquoi on lui préfère souvent la grandeur **intensive** correspondante que l'on appelle **chaleur spécifique** :

la chaleur spécifique moléculaire à volume constant c_V est la capacité calorifique d'une molécule du corps. Elle est donc définie d'après (6,4) comme

$$c_V = \frac{1}{N}\left(\frac{\partial U}{\partial T}\right)_V \qquad N \text{ : nombre de molécules du système} \qquad (6,5)$$

La chaleur spécifique molaire à volume constant C_V

$$C_V = \frac{\mathcal{N}_0}{N}\left(\frac{\partial U}{\partial T}\right)_V = \frac{1}{n}\left(\frac{\partial U}{\partial T}\right)_V \qquad n \text{ : nombre de moles} \qquad (6,6)$$

C_V s'exprime en Joule· mole^{-1}· Kelvin^{-1}

La chaleur spécifique massique à volume constant souvent notée c_v :

$$c_v = \frac{1}{m}\left(\frac{\partial U}{\partial T}\right)_V \qquad m \text{ : masse du système} \qquad (6,7)$$

c_v s'exprime en $\text{J}\cdot\text{kg}^{-1}\cdot\text{K}^{-1}$

3. *Cas particulier du gaz parfait*

Nous pouvons déduire de ce qui précède les chaleurs spécifiques du gaz parfait. L'utilisation de l'énergie interne de celui-ci (4,15-16-17) nous conduit par (6,5) à :

pour un gaz monoatomique :

chaleur spécifique moléculaire $\quad c_V = \frac{3}{2}k \qquad$ (6,8a)

chaleur spécifique molaire $\quad C_V = \frac{3}{2}R \qquad$ (6,8b)

pour un gaz diatomique* :

chaleur spécifique moléculaire $\quad c_V = \frac{5}{2}k \qquad$ (6,9a)

* Cette valeur est une valeur approchée ; à la température ambiante, elle est valable à 1% près par exemple pour l'oxygène et pour l'azote.

chaleur spécifique molaire $$C_V = \frac{5}{2}R \qquad (6{,}9b)$$

III. Expérience de détente dans le vide (Joule). Effets thermiques. Interprétation microscopique

Reprenons l'expérience de détente dans le vide décrite au chapitre précédent (§ 1.4). Dans cette expérience il n'y a pas de travail mécanique et par suite

$$W = 0 \qquad \text{et} \quad Q = U(2) - U(1) \qquad (6,10)$$

Une des questions que l'on peut se poser est la suivante : supposons que la détente se fasse dans une enceinte adiabatique en l'absence d'apport de chaleur de l'extérieur $Q = 0$ et d'après (6,10)

$$U(T_2, V_2 = 2V_1) = U(T_1, V_1) \qquad (6,11)$$

Si l'expérience est réalisée avec un gaz parfait, comme $U_{\text{gaz pft}}$ ne dépend pas du volume, (6,11) implique que

$$T_1 = T_2$$

Ce résultat est facile à comprendre microscopiquement.

Reprenons l'image de théorie cinétique de notre gaz parfait constitué d'atomes dont les vitesses sont réparties dans toutes les directions et dont l'énergie cinétique moyenne vaut $\frac{3}{2}kT$. Ouvrir un robinet ne change rien à l'énergie cinétique des atomes du gaz ; la seule modification est que les molécules iront frapper sur d'autres points de la paroi. (On suppose que tous les points de la paroi sont en équilibre thermodynamique, c'est-à-dire à la même température). Par suite cela ne peut rien changer à la température du gaz.

Par contre, dans un gaz réel, la détente de Joule va s'accompagner d'un effet thermique. En effet, la détente des atomes s'accompagne d'un éloignement relatif croissant : l'énergie potentielle d'interaction mutuelle entre atomes va changer. Comme l'énergie mécanique totale microscopique est conservative l'énergie cinétique des atomes doit changer également et par suite la **température** va changer.

IV. Transformations sous pression constante (isobares)

1. *Introduction et définition de l'enthalpie d'un système*

Nous avons vu au chapitre précédent que, dans les transformations sous pression constante P_{ext}, on savait calculer le travail exercé par le milieu extérieur et que ce travail des forces de pression valait (cf équation (5,8))

$$W = -P_{\text{ext}}[V_F - V_I] \qquad (6,12)$$

La combinaison de cette équation (6,12) avec l'équation (6,1) permet d'écrire la quantité de chaleur reçue par un système dans une transformation sous pression constante sous la forme

$$Q_P = U_F - U_I + P_{\text{ext}}[V_F - V_I] \tag{6,13}$$

ou

$$Q_P = [U_F + P_{\text{ext}} V_F] - [U_I + P_{\text{ext}} V_I] \tag{6,14}$$

Le 1er principe conduit à écrire (6,14) comme une équation de bilan entre 2 états d'équilibre : si l'état initial est un état d'équilibre

$$P_{\text{ext}} = P_I \quad \text{(pression interne du système dans l'état initial)}$$

de même dire que l'état final est un état d'équilibre implique que :

$$P_{\text{ext}} = P_F$$

L'équation (6,14) permet d'écrire la quantité de chaleur sous pression constante comme l'accroissement de la fonction d'état $[U + PV]$ entre l'état initial et l'état final.

La fonction d'état "$U + PV$" est appelée enthalpie du système et notée H. L'équation (6,14) permet alors de réécrire Q_P sous la forme :

$$\boxed{Q_P = H_F - H_I = \Delta H} \tag{6,15}$$

La formule (6,15) est la deuxième formule fondamentale de la calorimétrie, formule d'une importance fondamentale dans la mesure où tant de processus industriels purement thermiques ou thermochimiques se passent sous pression atmosphérique constante.

2. *Capacité calorifique et chaleurs spécifiques sous pression constante*

A partir de (6,15) on définit pour **les processus sans changement de phase**
- la capacité calorifique à pression constante d'un système

$$\text{Capacité calorifique à } P \text{ cte} = \left(\frac{\partial H}{\partial T}\right)_P \tag{6,16}$$

- et les grandeurs intensives correspondantes

- **Chaleur spécifique moléculaire** à pression constante

$$c_P = \frac{1}{N}\left(\frac{\partial H}{\partial T}\right)_P \qquad (\text{J} \cdot \text{molec}^{-1} \cdot \text{K}^{-1}) \tag{6,17}$$

- **Chaleur spécifique molaire** à pression constante

$$C_P = \frac{\mathcal{N}_0}{N}\left(\frac{\partial H}{\partial T}\right)_P = \frac{1}{n}\left(\frac{\partial H}{\partial T}\right)_P \qquad (\text{J} \cdot \text{mol}^{-1} \cdot \text{K}^{-1}) \tag{6,18}$$

• **Chaleur spécifique massique** à pression constante

$$c_P = \frac{1}{m}\left(\frac{\partial H}{\partial T}\right)_P \qquad (\mathrm{J\cdot kg^{-1}\cdot K^{-1}}) \tag{6,19}$$

La notation pour cette dernière quantité est souvent la même que pour la chaleur spécifique moléculaire (6,17), le contexte doit être assez explicite pour que l'on sache de quelle quantité on parle.

3. *Chaleur latente de changement de phase*

Dans les processus avec **changement de phase** si la pression est fixée la température l'est aussi (cf chapitre 3) ; l'apport de chaleur sert à faire passer une fraction du corps d'une phase à l'autre (du solide au liquide dans la fusion ; du liquide au gaz dans l'ébullition).

On définit alors **la chaleur latente* de changement de phase** comme la différence d'enthalpie du système dans la phase finale (II) moins l'enthalpie dans la phase initiale (I) rapportée à l'unité de masse

$$L = \frac{H_{\mathrm{II}} - H_{\mathrm{I}}}{m} \qquad (\mathrm{J\cdot kg^{-1}}) \tag{6,20}$$

Par exemple, la chaleur latente de fusion de la glace sous la pression atmosphérique est égale à la différence entre l'enthalpie d'un kilogramme d'eau liquide (à 0°C et à la pression atmosphérique) et l'enthalpie d'un kilo de glace (dans les mêmes conditions). Cette quantité vaut

$$L_F \simeq 330\ \mathrm{kJ\cdot kg^{-1}} \tag{6,21}$$

4. *Résultats concernant le gaz parfait*

Dans le cas du gaz parfait monoatomique, l'énergie interne est

$$U = \frac{3}{2}NkT \tag{6,22}$$

On en déduit l'enthalpie du gaz parfait monoatomique

$$H = U + PV = \frac{3}{2}NkT + NkT = \frac{5}{2}NkT \tag{6,23}$$

la chaleur spécifique moléculaire $c_P = \frac{5}{2}k$ (6,24)

la chaleur spécifique molaire $C_P = \frac{5}{2}R$

* "latente" signifie "qui ne se voit pas", car l'apport de chaleur n'entraîne pas de variation de la température.

Pour le gaz parfait diatomique on trouve respectivement

$$H = \frac{7}{2}NkT \tag{6,25}$$

$$c_P = \frac{7}{2}k \tag{6,26}$$

et

$$C_P = \frac{7}{2}R \tag{6,27}$$

Remarquons que pour un gaz parfait, quel qu'il soit,

$$c_P = \frac{1}{N}\left(\frac{\partial H}{\partial T}\right)_P = \frac{1}{N}\left(\frac{\partial U}{\partial T}\right)_P + \frac{P}{N}\left(\frac{\partial V}{\partial T}\right)_P \tag{6,28}$$

$$= c_V + k \tag{6,29}$$

ce qui s'écrit pour les quantités moléculaires sous la forme

$$c_P - c_V = k \tag{6,30}$$

et pour les quantités molaires sous la forme

$$\boxed{C_P - C_V = R} \tag{6,31}$$

Cette relation est parfois appelée relation de Mayer.

V. Transformations quasi-statiques isothermes. Cas particulier du gaz parfait

Nous avons vu, au chapitre 5, que la double hypothèse de transformation quasi-statique et isotherme permettait de formuler le travail effectué par les forces de pression externes à l'aide d'une intégrale (5,11). Cette information permet, grâce à (6,1), d'en déduire la chaleur reçue du thermostat dans une telle transformation.

Nous ne traiterons ici que le cas très particulier du gaz parfait. Pour ce système, le travail des forces pressantes extérieures s'écrit en fonction des variables internes sous la forme (5,12)

$$W = -nRT_0 \ln \frac{V_F}{V_I} \tag{6,32}$$

L'énergie interne d'un gaz parfait ne dépendant que de sa température (et non de son volume) (éq. 4,15-17),

$$U_F(T_0, V_F) = U_I(T_0, V_I) \tag{6,33}$$

La combinaison de (6,1) (6,32) et (6,33) conduit à l'expression Q_{T_0} de la quantité de chaleur reçue dans une telle transformation

$$Q_{T_0} = nRT_0 \ln \frac{V_F}{V_I} \tag{6,34}$$

VI. Transformations quasi statiques et adiabatiques

1. *Position du problème*

Les situations que nous venons d'étudier (isochores, isobares, isothermes) nous ont permis de calculer dans ces cas particuliers les transferts de quantité de chaleur du milieu extérieur vers le système en utilisant le premier principe et le calcul du travail des forces extérieures. Ceci n'a éclairé que d'une manière très indirecte le problème de la mesure du transfert de chaleur : combien de joules par seconde sont apportés par tel processus de chauffage ? Répondre à cette question (dans l'absolu) est un problème très difficile, comme nous pouvions le deviner après l'examen qualitatif des modes de transfert de la chaleur (paragraphe I). L'évaluation quantitative de ce transfert semble, en général, exiger une importante quantité d'informations : sur les flux de particules, leur température, le champ électromagnétique du rayonnement, etc.

Cependant, nous avons acquis (chapitre 5) un **premier résultat essentiel** qui concerne les transformations **quasi statiques** dans les fluides (revoir leur définition chapitre 5, § 1.5). Pour ces transformations on sait évaluer le travail fourni par les forces de pression extérieures par une intégrale faisant intervenir uniquement les caractéristiques du système considéré à l'équilibre mécanique et thermodynamique. Cette connaissance est résumée dans les deux équations

$$P = f(V,T) \qquad (6,35)$$

$$W = -\int_{\text{initial}}^{\text{final}} PdV \qquad (6,36)$$

On en déduit, d'après (6,1), que dans une telle transformation

$$Q = U_F - U_I + \int_{\text{initial}}^{\text{final}} PdV \qquad (6,37)$$

ou encore pour une transformation infinitésimale

$$\delta Q = dU + PdV \qquad (6,38)$$

Sachant la difficulté à évaluer les transferts de chaleur il semble intéressant - tant du point de vue pratique que conceptuel - d'étudier les situations sans transfert de chaleur qu'on appelle **adiabatiques**. Du point de vue pratique, nous avons vu au paragraphe (II.1) comment réaliser une enceinte adiabatique (la bouteille “thermos”) et du point de vue conceptuel, il semble intéressant d'étudier cette situation où l'on a éliminé tous les processus difficiles à quantifier (c'est-à-dire à mesurer), à savoir : les problèmes liés au travail extérieur (transformation quasi-statique) d'une part, et les problèmes liés à l'estimation des flux de chaleur (transformation adiabatique) d'autre part.

De telles transformations sont caractérisées par l'équation

$$dU + PdV = 0 \qquad (6,39)$$

équation dont nous allons étudier les conséquences dans le cas du gaz parfait.

2. *Cas particulier du gaz parfait*

Dans le cas particulier du gaz parfait l'énergie interne s'écrit d'après (4,15-17) sous la forme

$$U = n\tilde{l}RT \qquad (6,40)$$

avec $\tilde{l} = 3/2$ (ou $5/2$) selon que le gaz est monoatomique (ou diatomique) et l'équation d'état est

$$PV = nRT \qquad (6,41)$$

Les équations (6,39-40-41) nous permettent de trouver **comment sont corrélées les variations des diverses variables d'état P, V, T au cours d'une transformation adiabatique quasi-statique du gaz parfait.**

En variables (P, V) par exemple, la combinaison de (6,40) et (6,41) permet d'écrire

$$U = \tilde{l}PV \qquad (6,42)$$

d'où
$$dU = \tilde{l}PdV + \tilde{l}VdP \qquad (6,43)$$

ce qui reporté dans (6,39) donne

$$(\tilde{l}+1)PdV + \tilde{l}VdP = 0 \qquad (6,44)$$

Remarquons que $C_V = \tilde{l}R$

et $C_P = (\tilde{l}+1)R$

d'où $\dfrac{\tilde{l}+1}{\tilde{l}} = \dfrac{C_P}{C_V}$ constante appelée γ.

On peut ainsi réécrire (6,44) sous la forme

$$\gamma\frac{dV}{V} + \frac{dP}{P} = 0 \qquad (6,45)$$

ce qui s'intègre en

$$\gamma \ln V + \ln P = \text{cte}$$
$$\ln V^\gamma + \ln P = \text{cte}$$
$$\ln(PV^\gamma) = \text{cte}$$

$$\Longrightarrow \qquad \boxed{PV^\gamma = \text{cte}} \qquad \text{GP} \qquad (6,46)$$

L'utilisation de (6,41) conduit ensuite aux deux autres relations

$$\boxed{TV^{\gamma-1}=\text{cte}} \qquad (6,47)$$

$$\boxed{T^{\gamma}P^{1-\gamma}=\text{cte}} \qquad (6,48)$$

Attention : les trois constantes ci-dessus ont, bien sûr, des valeurs différentes.

Les figures suivantes(36, 37 et 38) représentent la même transformation adiabatique AB suivant les trois couples de variables correspondant aux trois équations ci-dessus. Ces figures montrent que dans une **transformation adiabatique quasi-statique** toutes les variables (P, V et T) varient en même temps.

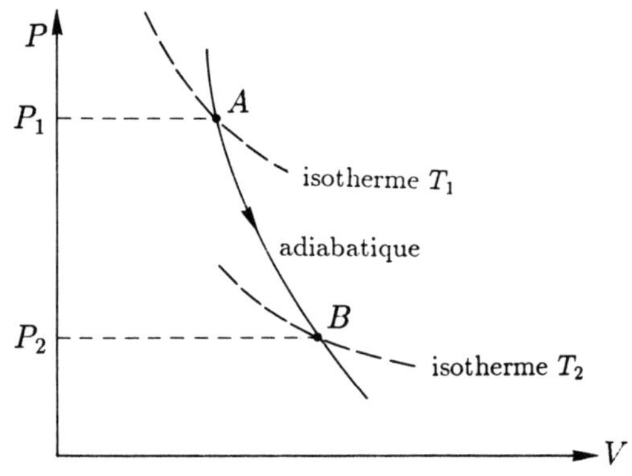

Figure 36

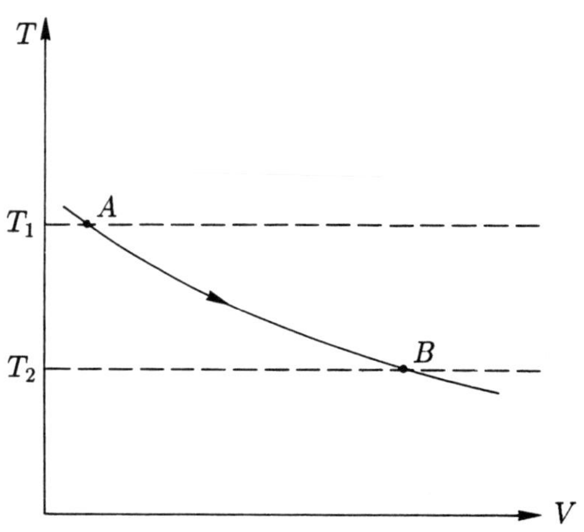

Figure 37

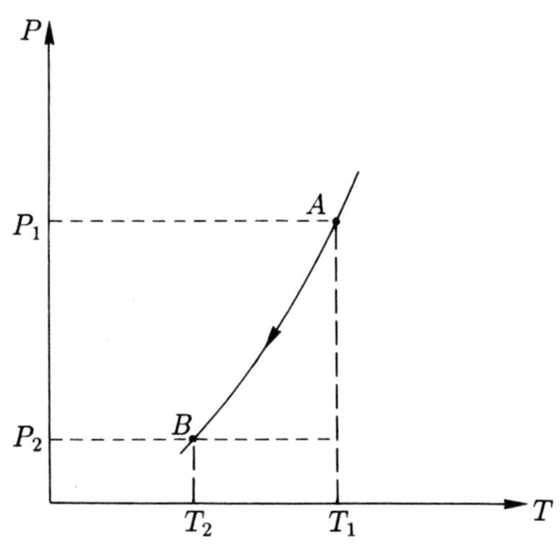

Figure 38

Il est important de remarquer (sur les figures 36, 37 et 38) que lors d'une détente adiabatique quasi-statique la température diminue de T_1 à T_2 (alors que $Q_{AB} = 0$). Le fait que, dans une transformation **sans transfert de chaleur**, la température puisse varier mérite d'être souligné : température et chaleur sont des grandeurs différentes et l'on doit faire très attention à éliminer les idées préconçues et fausses que l'on peut avoir associées à une approche "commune" et non scientifique de ces phénomènes.

3. *Interprétation microscopique des effets thermiques dans une transformation adiabatique et quasi-statique*

Reprenons le modèle microscopique du gaz parfait. Supposons que ce gaz soit contenu, derrière un piston mobile, dans un cylindre (figure 39). Dire que l'on impose à ce gaz une détente quasi-statique signifie qu'il y a, à chaque instant, équilibre de pression de part et d'autre du piston mobile. Il n'y a donc pas de force résultante qui agit sur celui-ci ; par suite son accélération est nulle (principe fondamental de la dynamique) et **sa vitesse** est **constante** : soit $\boldsymbol{u}$ cette vitesse.

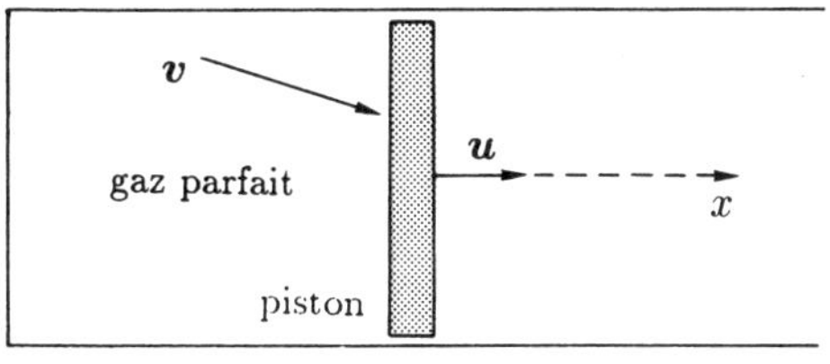

Figure 39

Étudions maintenant la cinématique de la collision d'une particule sur le piston. Une particule qui arrive sur ce piston avec une vitesse $\boldsymbol{v}$ (de composantes v_x et v_y) a, dans le référentiel galiléen de la paroi, une vitesse de composantes $v_x - u$, v_y.

Le rebondissement élastique de la particule sur ce piston lui donne après la collision la vitesse $[-(v_x - u),\, v_y]$ dans le référentiel du piston et la vitesse $[-(v_x - u) + u,\, v_y]$ dans le référentiel fixe du laboratoire.

Dans ce référentiel l'énergie cinétique avant collision de la particule était :

$$e_c^i = \frac{1}{2}m(v_x^2 + v_y^2) \qquad (6,49)$$

Après collision, elle devient :

$$e_c^f = \frac{1}{2}m\{(-v_x + 2u)^2 + v_y^2\} \qquad (6,50)$$

$$e_c^f - e_c^i = -mv_x u + 2mu^2 \qquad (6,51)$$

Pour que la transformation soit quasi-statique il faut que $u \ll v_x$, par suite (6,51) est **négatif** (car $v_x > 0$ comme u).

L'énergie cinétique du gaz parfait décroît dans le phénomène de détente et par suite la température du système décroît également.

Le phénomène est très efficace [(6,51) peut être en valeur absolue non négligeable devant (6,49)] ; il est d'ailleurs couramment **utilisé pour refroidir et liquéfier les gaz** (Méthode de Claude).

Conclusion sur les chapitres 4, 5, 6

Nous venons de voir que le premier principe, appliqué à des transformations particulières donne accès expérimentalement à la fonction énergie interne d'un système.

Nous sommes cependant tombés de manière répétitive sur une difficulté irritante : à savoir la nécessité de connaître apparemment **un nombre énorme d'informations microscopiques** pour calculer le travail dans une transformation quelconque (chapitre 5, § 2.2), et même la **quasi impossibilité de maîtriser tous les paramètres pour calculer un transfert de chaleur dans le cas général** (chapitre 6, § 1.). Après avoir essayé de contourner la difficulté (transformations isochores, isobares) nous avons étudié le problème de la transformation adiabatique quasi-statique, où l'on s'arrange pour annuler tous les termes de l'échange exigeant la connaissance d'une information microscopique inaccessible.

Cette notion "**d'information microscopique manquante**" est un concept central pour faire de la thermodynamique une théorie complète et prédictive. C'est ce que nous aborderons dans les prochains chapitres (7,8,9).

Avant d'aborder cette nouvelle séquence nous allons revenir sur le problème des bilans énergétiques en étudiant des systèmes ouverts extrêmement fréquents en thermodynamique industrielle.

Compléments aux chapitres 4, 5, 6

Les systèmes ouverts : bilan d'énergie, régimes stationnaires, équations de bilan

Dans l'étude énergétique que nous avons développée jusqu'ici, nous avons fait deux types d'hypothèses :

1) Les systèmes considérés étaient toujours des systèmes fermés, c'est-à-dire des systèmes contenant une quantité de matière donnée, fixe.

2) Ces systèmes étaient considérés dans divers états d'équilibre thermodynamique, qui différaient par leurs caractéristiques microscopiques mais pas par leurs caractéristiques mécaniques macroscopiques. En d'autres termes dans les divers états envisagés l'énergie cinétique macroscopique était la même en tout point du système, et en tout temps, de même que l'énergie potentielle macroscopique du système. De ce fait, la **conservation de l'énergie totale** du système se réduisait à la formulation très simple du premier principe (chapitre 4, § I).

En pratique, il existe de nombreuses situations où les hypothèses du **deuxième** type ci-dessus ne sont pas vérifiées : soit que dans le processus le système voit son énergie cinétique macroscopique varier (c'est par exemple le cas dans les turbines à gaz et dans les tuyères), soit que le système subisse une variation de son énergie potentielle macroscopique (eau dans les conduites forcées d'une centrale hydroélectrique).

Dans tous ces cas il faut prendre en compte, pour la partie du système que l'on considère, sa vitesse d'ensemble macroscopique et sa position dans le champ de pesanteur extérieur.

De plus, du fait de la circulation de la matière dans ces systèmes, considérer un système fermé est malaisé et il est plus simple de passer à un concept plus abstrait de systèmes ouverts : c'est-à-dire des systèmes où il y a entrée et sortie de matière.

Le principe de la conservation de **l'énergie totale** va ici s'exprimer sous la forme :

$$E_A^F - E_A^I = \Sigma \text{ énergies reçues par le système } A$$

E_A^I (resp. E_A^F) est l'énergie totale du système A dans l'état initial (respectivement dans l'état final).

L'expression d'un tel bilan nécessite la détermination précise du système A et l'analyse détaillée des diverses formes d'énergie reçues par A : travaux des forces mécaniques, quantités de chaleur reçues, mais aussi énergie transportée par le fluide qui entre dans le système. Cette analyse, que nous détaillons ci-après, nous conduira à la formulation pratique pour l'étude de la thermique de ces systèmes.

Description du système ouvert

Considérons l'entrée de matière par l'orifice (1) d'un récipient (figure 40). Une situation de ce genre se produit par exemple durant le gonflage d'un pneumatique.

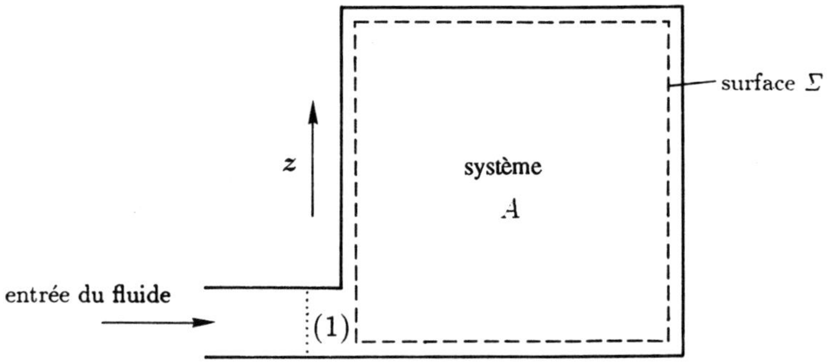

Figure 40

Nous considérons ici comme **système** A : l'ensemble des molécules à l'intérieur de la surface Σ.

1) **Travail exercé par le milieu extérieur sur** A :

Il est utile dans ce type de problème de séparer le travail dû aux forces de pression extérieures qui à l'orifice (1) poussent le fluide à l'intérieur du système, des autres types de travaux essentiellement liés à l'action du fluide sur diverses turbines, rotors... présents dans le dispositif envisagé.

1.1. Travail des forces de pression extérieures :

Isolons par la pensée à l'instant t la masse dM qui va entrer dans Σ pendant l'intervalle de temps dt. Cette masse dM est poussée dans Σ par les forces pressantes dues au fluide extérieur de pression P_1.

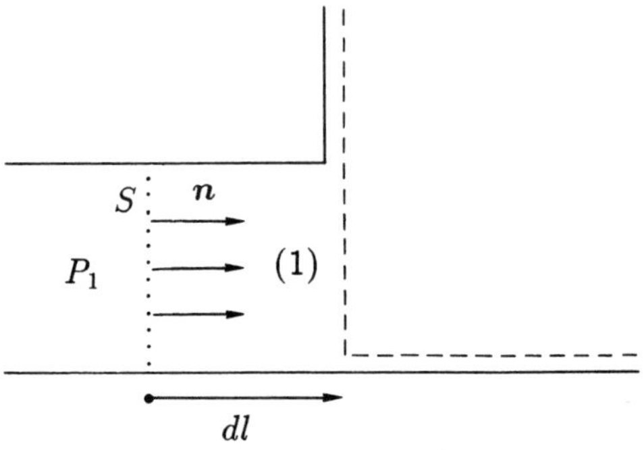

Figure 41

Pendant l'intervalle dt ces forces de pression qui s'exercent sur la surface S (la figure 41 montre l'agrandissement de l'orifice d'entrée figure 40) $P_1 S\boldsymbol{n}$ effectuent le travail **moteur** δW

$$\delta W = P_1 S\boldsymbol{n} \cdot \boldsymbol{dl} = P_1 \delta V \qquad (C, 1)$$

pour faire rentrer la masse dM de fluide dans le récipient, le travail est moteur car ici δV positif est le volume élémentaire Sdl centré au point (1).

1.2. Il existe en général d'autres apports de travail venant du milieu extérieur. Il s'agit dans la plupart des cas du travail résistant des pales des turbines installées dans le système pour produire de l'énergie mécanique (turbines à gaz, rotors des centrales hydroélectriques), énergie qui sera ensuite éventuellement transformée en énergie électrique. Nous noterons δW_u ce travail élémentaire fourni au système pendant le temps dt. Ce travail englobe tous les travaux des forces extérieures à A, autres que celui des forces de pression décrit en $(C, 1)$. Dans toutes les situations décrites ci-dessus : turbines à gaz, centrale hydroélectrique fonctionnant dans le sens normal $\delta W_u < 0$. Mais δW_u pourrait bien sûr être positif : c'est ce qui se passe lorsqu'on utilise les centrales hydroélectriques en inverse, pour stocker de l'énergie temporairement excédentaire sur le réseau électrique : on utilise alors l'électricité extérieure pour faire tourner la turbine à l'envers et pour remonter l'eau dans les barrages d'altitude.

2) **Quantité de chaleur reçue du milieu extérieur**

Nous noterons δQ la chaleur reçue pendant le temps dt. Cette quantité de chaleur reçue de l'extérieur peut être un aspect majeur du processus considéré : c'est le cas par exemple dans les centrales électriques thermiques, qu'elles fonctionnent au fioul ou au combustible nucléaire. Cela peut être un aspect mineur : échauffements parasites dans le cas du fonctionnement de centrales hydroélectriques. Comme d'habitude δQ est comptée positivement si le flux d'énergie calorifique va du milieu extérieur vers le fluide A, négativement dans le cas contraire.

L'ensemble de ces apports d'énergie n'exprime pas le bilan : le fluide qui entre dans un système ouvert apporte de l'énergie.

3) **Le fluide, qui entre dans un système ouvert, apporte à celui-ci de l'énergie**

La masse δM_1 du fluide, qui rentre dans Σ entre les instants t et $t + \delta t$, transporte l'énergie totale :

$$dE_t = \underset{\text{macroscopique}}{dE} + \underset{\text{microscopique}}{dE} \qquad (C, 2)$$

L'énergie macroscopique se compose a priori de

l'énergie cinétique macroscopique $\qquad dE^{\text{cin}}_{\text{macr}} = \frac{1}{2}(\delta M_1) v_1^2 \qquad (C, 3)$

où v_1 est la vitesse macroscopique d'ensemble du fluide qui **entre** dans Σ,

et de l'énergie potentielle macroscopique $\qquad dE^{\text{pot}}_{\text{macr}} = \delta M_1 g z_1 \qquad (C, 4)$

dans le champ de pesanteur ; $g > 0$ et l'axe z est dirigé selon la verticale croissante.

Le fluide qui rentre dans Σ est **caractérisé** en (1) par une certaine température T_1 et une pression P_1 et posséde donc une énergie microscopique (cf. chap. 4 : énergie interne)

$$dE_{\text{microscopique}} = u_1 \delta M_1 \qquad (C,5)$$

où u_1 représente l'énergie interne par **unité de masse** du fluide à l'équilibre thermodynamique à la température T_1 et à la pression P_1 (dans tout ce complément on réservera les lettres minuscules pour nommer les quantités massiques).

La masse de fluide qui entre dans Σ pendant le temps *dt* transporte donc l'énergie totale

$$dE_t = \frac{1}{2} v_1^2 \delta M_1 + g z_1 \delta M_1 + u_1 \delta M_1 \qquad (C,6)$$

4) **Bilan total d'énergie reçue par** A

L'énergie totale reçue par le système A pendant le temps dt est :

$$dE_T = \frac{1}{2} v_1^2 \delta M_1 + g z_1 \delta M_1 + u_1 \delta M_1 + P_1 \delta V + \delta W_u + \delta Q \qquad (C,7)$$

Cette expression est généralement réécrite en faisant intervenir l'enthalpie massique du fluide à l'endroit (1), enthalpie massique dont la définition est :

$$h_1 = \frac{H_1}{M} = \frac{U_1}{M} + P_1 \frac{V_1}{M} = u_1 + P_1 \tilde{v}_1 \qquad (C,8)$$

où $\tilde{v}_1$ représente le volume massique de fluide dans les conditions de température et de pression au point (1). (Nous rappelons que l'enthalpie H a été définie au paragraphe IV.1). Pour un corps pur à l'équilibre thermodynamique, l'état du système est entièrement déterminé par la connaissance des deux variables P et T (chap. III) et par suite h_1 est une caractéristique intrinsèque du fluide à l'équilibre thermodynamique local* à l'orifice (1).

Introduisons cette **enthalpie massique** h_1, $(C,7)$ s'écrit :

$$\boxed{dE_T = (\frac{1}{2} v_1^2 + g z_1 + h_1) \delta M_1 + \delta W_u + \delta Q} \qquad (C.9)$$

Cette estimation de l'énergie reçue par le système A durant le temps dt va nous permettre d'étudier un certain nombre de **systèmes en régime stationnaire**.

* L'introduction de l'enthalpie du système comme celle de l'énergie interne suppose implicitement que les variables internes (dans le repère barycentrique) sont en tout point en équilibre thermodynamique local, ceci suppose que l'écoulement du fluide ne soit pas trop rapide. C'est une hypothèse de quasi-staticité qui permet également de négliger les forces visqueuses dans ce problème.

5) Le cas particulier des régimes stationnaires

5.1) **Définition** : on appelle **régime stationnaire** une situation où le fluide **s'écoule dans des conditions telles qu'en chaque point du dispositif la température, la pression et la vitesse d'ensemble ne varient pas avec le temps.**

Dans de tels dispositifs la pression, la température, la vitesse barycentrique du fluide peuvent varier d'un point à l'autre. L'équilibre thermodynamique n'est pas global, mais local.

Si **le régime est stationnaire, cela implique** :

α) **que le bilan énergétique global est nul** : l'apport énergétique du milieu extérieur compense ce que le système lui cède.

β) que le bilan de masse global est nul : **la quantité de matière qui entre par unité de temps est égale à la quantité de matière qui sort du système.**

5.2) **Régime stationnaire dans un écoulement à altitude constante** (figure 42)

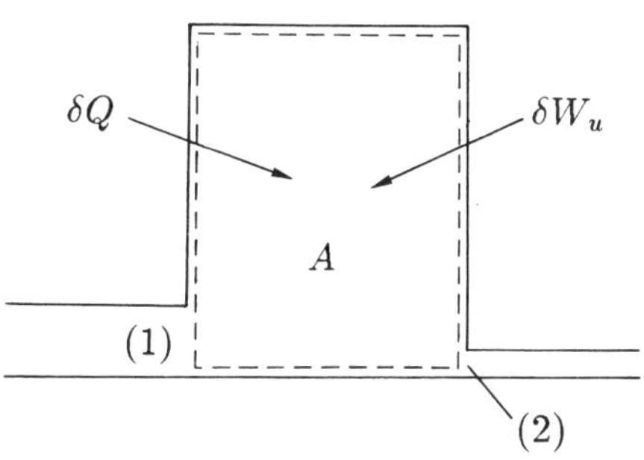

Figure 42

Soit un système A à travers lequel s'écoule un fluide qui rentre en (1) à la température T_1, la pression P_1, la vitesse $\boldsymbol{v}_1$ et ressort en (2) à la température T_2, la pression P_2 et la vitesse barycentrique $\boldsymbol{v}_2$. Si le système est en régime **stationnaire** l'énergie totale reçue

$$dE_T = (\frac{1}{2}v_1^2 + gz_1 + h_1)\delta M_1 + \delta W_u + \delta Q \qquad (C, 10)$$

est exactement compensée par l'énergie cédée au milieu extérieur

$$dE_{\text{cédée}} = (\frac{1}{2}v_2^2 + gz_2 + h_2)\delta M_2 \qquad (C, 11)$$

Remarque : 1) le régime étant stationnaire il y a aussi équilibre de masse

$$\delta M_1 = \delta M_2 = \delta M$$

2) l'altitude de (1) et (2) est ici, par hypothèse, la même. L'égalité de (C,10) et (C,11) implique que

$$\boxed{(h_1 - h_2)\,\delta M + (\frac{1}{2}v_1^2 - \frac{1}{2}v_2^2)\,\delta M + \delta Q + \delta W_u = 0} \qquad (C,12)$$

h_1 et h_2 représentent les valeurs de l'enthalpie massique en (1) et (2) .

L'équation (C,13) est l'équivalent du premier principe pour un système ouvert où le fluide est à la même altitude à l'entrée et à la sortie.

Un exemple très simple de ce genre de processus nous est donné par **la détente de Joule Thomson**. La détente de Joule Thomson est un processus extrêmement lent (quasi-statique) dans lequel un fluide passe de manière adiabatique d'un réservoir de pression P_1 à un réservoir de pression P_2 ($P_2 < P_1$). Ceci peut être réalisé par passage à travers un filtre.

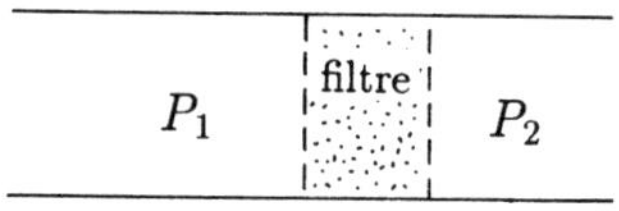

Figure 43

Le processus est très lent $\Longrightarrow v_1 = v_2 \simeq 0$

et adiabatique $\Longrightarrow \delta Q = 0$

il n'y a pas de travail autre que celui des forces de pression $\Longrightarrow \delta W_u = 0$.

$(C,12)$ implique donc que $h_1 = h_2$.

Donc la détente de Joule Thomson est **isenthalpique**.

Deuxième exemple : dans les turbines à gaz (cf. figure 58 page 161), on utilise pour produire du travail des gaz comprimés avec une vitesse initiale de valeur très élevée. Si le fonctionnement est adiabatique, $(C,12)$ nous montre que le travail fourni $\delta\mathcal{T}$ par la turbine pendant l'intervalle de temps dt vaut

$$\delta\mathcal{T} = -\delta W_u = (h_1 + \frac{1}{2}v_1^2)\,\delta M - (h_2 + \frac{1}{2}v_2^2)\,\delta M \qquad (C,13)$$

d'où la puissance d'une telle turbine :

$$\mathcal{P} = (h_1 + \frac{1}{2}v_1^2)\frac{\delta M}{\delta t} - (h_2 + \frac{1}{2}v_2^2)\frac{\delta M}{\delta t} \qquad (C,14)$$

Elle dépend du débit massique $\dfrac{\delta M}{\delta t}$ et de la différence d'enthalpie et d'énergie cinétique entre les états initial et final.

5.3) **Régime stationnaire dans un écoulement où l'altitude n'est pas constante** : l'utilisation de $(C, 10)$ et $(C, 11)$ conduit à écrire le bilan stationnaire

$$\boxed{(h_1 - h_2)\,\delta M + (\frac{1}{2}v_1^2 - \frac{1}{2}v_2^2)\,\delta M + g(z_1 - z_2)\,\delta M + \delta W_u + \delta Q = 0} \qquad (C, 15)$$

Cette équation représente le bilan énergétique type d'une centrale hydroélectrique. On peut la réécrire en utilisant l'énergie massique e_1(resp. e_2)* à l'entrée (resp. à la sortie du dispositif) :

$$e_1 = h_1 + \frac{1}{2}v_1^2 + gz_1 \qquad (C, 16)$$

On obtient ainsi une généralisation très explicite du 1er principe :

$$\boxed{(e_2 - e_1)\,\delta M = \delta W_u + \delta Q} \qquad (C, 17)$$

* Cette énergie contient le travail de pression des forces extérieures et n'est donc pas égale à l'énergie totale du système ; l'impossibilité de multiplier noms et symboles nécessite, pour chaque situation, une analyse fine et précise des conditions expérimentales.

EXERCICES

(17) Deux corps incompressibles (V=cte) ont pour capacités calorifiques respectives C_1 et C_2. Initialement, ils sont isolés : le premier à la température T_1, le second à la température T_2 ; ils sont ensuite mis en contact thermique (sans échange de chaleur avec l'extérieur), quelle est la température finale T_f ? Pourquoi est-il essentiel de préciser que les deux corps sont incompressibles?

Application pratique : comment porter **sans thermomètre** 2 litres de lait à une température très proche de 50°C ?

On suppose maintenant que $C_2 \gg C_1$. Quelle est la limite de T_f lorsque $x = C_2/C_1$ tend vers l'infini ? Que représente le corps (2) vis-à-vis du corps (1) ?

Corrigé :

$$T_{\text{finale}} = \frac{C_1T_1 + C_2T_2}{C_1 + C_2} \qquad \text{avec} \quad C_1 = m_1c_1$$

Si les 2 corps n'étaient pas incompressibles, il faudrait tenir compte de la variation de la variable mécanique supplémentaire (volume ou pression) pour écrire le bilan énergétique conduisant à la formule ci-dessus.

On peut écrire $T_{\text{finale}} = \dfrac{m_1c_1T_1 + m_2c_2T_2}{m_1c_1 + m_2c_2}$; pour les 2 litres de lait $m_1 = m_2$ et $c_1 = c_2 \Longrightarrow T_{\text{finale}} = \dfrac{T_1 + T_2}{2}$. Donc, si l'on porte 1 litre de lait à ébullition (100°C) et qu'on retire 1 litre de lait du réfrigérateur (4°C), le mélange de ces 2 masses égales sera à une température finale voisine de 50°C.

Si nous avons $C_2 \gg C_1$

$$T_f = \frac{C_1T_1 + C_2T_2}{C_1 + C_2} = \frac{T_1 + \dfrac{C_2}{C_1}T_2}{1 + \dfrac{C_2}{C_1}}$$

Lorsque $\dfrac{C_2}{C_1} \to \infty \Longrightarrow T_f \to T_2$, le corps (2) impose alors sa température, il joue le rôle de **Thermostat**.

(18) Calculez, pour 1 mole de gaz parfait, la variation d'énergie interne U_{AB} suivant 2 chemins différents :

a) soit l'isotherme AB

b) soit l'isobare AC puis l'isochore CB ; (on donne $P_B > P_A$).

En déduire une relation entre les chaleurs spécifiques à volume constant C_V et à pression constante C_P.

Réponses :

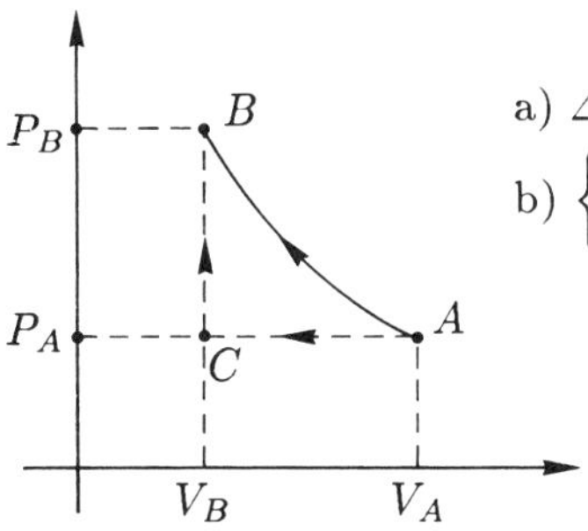

a) $\Delta U_{AB} = 0$ sur une isotherme

b) $\begin{cases} \Delta U_{AC} & = C_P(T_C - T_A) - P_A(V_C - V_A) \\ \Delta U_{CB} & = C_V(T_B - T_C) \end{cases}$

$$\Delta U_{AC} + \Delta U_{CB} = 0 \Longrightarrow C_P - C_V = R$$

relation de Mayer (pour 1 mole)

(19) Un récipient vide, à parois adiabatiques et de volume V, est placé dans l'atmosphère (pression P_0, température T_0). On y ouvre un orifice, la pression interne atteint très vite P_0 ; on ferme alors le trou.

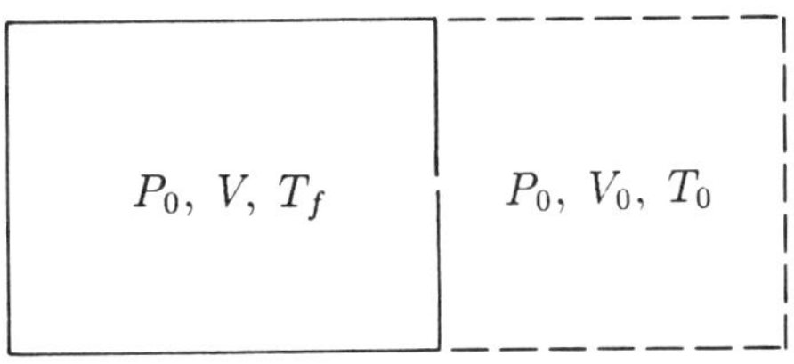

a) Calculer le travail W fourni par l'atmosphère dans cette transformation : on considérera qu'avant d'entrer dans le récipient les n molécules d'air constituant "le système" occupent le volume V_0 sous la pression P_0 à la température T_0 (volume contenu par exemple dans une baudruche). Exprimer W en fonction de V_0, P_0, puis en fonction de n et T_0. Expliciter le raisonnement conduisant à la 1ère formule.

b) En déduire la variation d'énergie interne ΔU de cette masse d'air puis sa température finale T_f.

c) On supprime ensuite l'enveloppe adiabatique du récipient, rétablissant ainsi les échanges de chaleur entre le système et l'atmosphère extérieure : le système revient à T_0, température d'équilibre avec l'atmosphère. Exprimer, avec les conventions usuelles, la quantité de chaleur Q reçue par le système durant cette dernière phase, préciser son signe.

L'air sera assimilé à un gaz parfait diatomique.

Application numérique :

Calculer T_f, n et Q connaissant P_0=1 atm, V=1 litre, T_0=300 K et γ=7/5.

Corrigé :

a) avant d'entrer dans le récipient les n molécules d'air occupent le volume initial V_0 (sous la pression P_0, à la température T_0).

Le travail W fourni par l'atmosphère a servi à pousser, à **pression constante**, la masse d'air entrant dans le récipient initialement vide

$$\delta W = -P_{\text{ext}} dV$$

A l'extérieur du récipient la masse d'air est passée du volume V_0 à un volume nul

$$\Longrightarrow W = +P_0 V_0 = nRT_0$$

b) Considérons que la transformation est assez rapide pour qu'il n'y ait pas d'échanges de chaleur avec l'extérieur. La variation d'énergie interne ΔU de la masse d'air est

$$\Delta U = W = nRT_0 \qquad \text{(d'après le premier principe)}$$

Cette énergie sert à élever la température de l'air considéré comme un gaz parfait de T_0 à T_f.

La 1ère loi de Joule donne $\Delta U = nC_V(T_f - T_0)$

d'où $$C_V T_f = RT_0 + C_V T_0$$

ce qui peut se réécrire, sachant que $C_P - C_V = R$

$$\Longrightarrow C_V T_f = C_P T_0 \Longrightarrow \qquad \boxed{T_f = \frac{C_P}{C_V} T_0 = \gamma T_0}$$

c) l'enveloppe adiabatique du récipient disparaît, le système revient à la température T_0 d'équilibre avec l'atmosphère. A volume V constant, $\Delta U = Q = nC_V \Delta T$

$$Q = nC_V(T_0 - T_f) = nC_V T_0(1 - \gamma)$$

et

$$R = C_P - C_V = C_V(\gamma - 1) \Longrightarrow Q = -nRT_0$$

avec $P_0 V = nRT_f = nR\gamma T_0$ on aura $\boxed{Q = -\frac{P_0 V}{\gamma}}$

Q est négative : le flux d'énergie calorifique est dirigé du système vers le milieu extérieur

Application numérique :

$$T_f = \gamma T_0 = 420 \text{ K}$$

$$n = \frac{P_0 V}{RT_f} \simeq 0,03 \text{ mole}$$

$$Q = -\frac{P_0 V}{\gamma} = -71 \text{ J}$$

On peut remarquer que le bilan énergétique des deux transformations étudiées successivement en a et c est nul ($W + Q = 0$). Ce qui est normal et évident si l'on envisage le système successivement dans son état initial (avant l'opération a) où le gaz est un gaz parfait à T_0, puis l'état final (après l'opération c) où l'on retrouve le même gaz, à la même température T_0, mais dans un volume différent. L'énergie interne du gaz parfait ne dépendant que de la température et pas du volume, le résultat ci-dessus est confirmé.

Chapitre 7

Une mesure de l'information manquante : l'entropie

CHAPITRE 7

I. Synthèse des idées acquises dans les chapitres précédents et formulation du problème posé

II. L'entropie : une nouvelle variable d'état S définie par l'identité fondamentale $dS = \frac{1}{T}dU + \frac{P}{T}dV$

III. Conséquences de l'identité fondamentale

1. *Coefficients calorimétriques (l, h)*

2. *Égalités thermodynamiques*

IV. Entropie du gaz parfait en variables (V, T), (P, T), (P, V)

V. Utilisation de l'entropie pour l'étude des transformations réversibles

1. *Quantité de chaleur reçue par un système dans une transformation réversible*

2. *Transformations isothermes réversibles du gaz parfait*

3. *Transformations adiabatiques et réversibles du gaz parfait*

VI. Bilans entropiques dans les transformations irréversibles du gaz parfait

1. *Expérience de détente dans le vide (Joule)*

2. *Diffusion isotherme et isobare de deux gaz l'un dans l'autre*

UNE MESURE DE L'INFORMATION MANQUANTE : L'ENTROPIE

I. Synthèse des idées acquises dans les chapitres précédents et formulation du problème posé

• Dans les chapitres précédents, nous avons progressivement pris conscience du fait que la description d'un système thermodynamique à l'équilibre nécessitait la connaissance d'un certain nombre de grandeurs physiques :

N le nombre de particules qui le composent,

V son volume (et éventuellement des informations plus précises sur sa forme),

P la pression en son sein (gaz et fluides),

T la température.

N, P, V, T sont des **variables thermodynamiques** du système qui sont liées par une équation d'état (chapitre 3).

• En utilisant le principe très général de conservation de l'énergie totale d'un système isolé, nous avons pu dégager le concept **d'énergie interne** (chapitre 4) : une forme d'énergie qui mesure le "degré d'excitation" microscopique d'un système et qui est caractéristique de son arrangement microscopique ; une réaction chimique, l'apport de travail ou de chaleur changent l'énergie interne U du système. L'expérience prouve que l'énergie interne de N molécules d'un corps pur ne dépend que de deux variables macroscopiques indépendantes.

• La logique de la démarche consisterait maintenant à préciser la forme de la fonction d'état U pour un système quelconque (comme nous l'avons fait dans le chapitre 3 pour l'équation d'état). Ceci suppose que nous soyons capables de déterminer, **théoriquement ou expérimentalement**, les dérivées partielles de U par rapport à deux variables indépendantes :

par exemple, si nous choisissons le couple de variables (V, T), il nous faut déterminer

$$dU = \left(\frac{\partial U}{\partial T}\right)_V dT + \left(\frac{\partial U}{\partial V}\right)_T dV \qquad (7,1)$$

La première moitié de ce programme est déjà réalisée : nous savons en effet mesurer $\left(\frac{\partial U}{\partial T}\right)_V$, qui n'est rien d'autre que la capacité calorifique à volume constant du système, par des mesures de calorimétrie appropriées (cf chapitre 6, § II et cours de thermochimie). Pour la plupart des corps purs, cette fonction de T et V a été mesurée en laboratoire et est tabulée dans de larges domaines de température et de volume.

La deuxième moitié de ce programme est beaucoup plus difficile à mener à bien expérimentalement. Il est cependant intéressant de réfléchir aux expériences et aux mesures qu'il faudrait faire pour déterminer $\left(\frac{\partial U}{\partial V}\right)_T$. Pour mesurer cette dérivée partielle de l'énergie interne on peut envisager de faire varier le volume du système en effectuant un travail mécanique mesurable. Toutefois, si l'on effectue cette opération sans précaution, la température du système ne restera pas constante*. Pour réaliser une transformation isotherme permettant de mesurer $\left(\frac{\partial U}{\partial V}\right)_T$ il faut donc simultanément fournir au système du travail et de la chaleur ! Par ailleurs, nous savons que **seule la somme** de ces deux quantités est une caractéristique intrinsèque du système. Pour aller plus loin dans la détermination de $\left(\frac{\partial U}{\partial V}\right)_T$, la démarche usuelle consiste à imaginer un chemin infinitésimal tel que $dT = 0$ et $dV \neq 0$, le long duquel on puisse expliciter le travail et la chaleur mis en jeu : la seule possibilité consiste à envisager une transformation quasi-statique pour laquelle $\delta W = -PdV$. On déduit alors du premier principe que le long d'un tel chemin quasi-statique et isotherme, la quantité de chaleur reçue par le système est une quantité bien définie que l'on écrit sous la forme ldV, où **l est une fonction de T et V à déterminer**. On est donc amené à écrire l'expression de la différentielle de U dans le cas général sous la forme** :

$$dU = C_V dT + ldV - PdV \tag{7,2}$$

A ce point, il importe de prendre du recul par rapport au raisonnement que nous venons de développer. Les expressions $(7,1)$ et $(7,2)$ représentent la différentielle de l'énergie interne d'un système de N particules en fonction des variables V et T. Si on peut effectivement caractériser le système considéré par une fonction $U(V,T)$, il n'est pas nécessaire de faire intervenir une transformation spécifique pour introduire la forme $(7,2)$.

---

* Penser par exemple au gonflage d'un pneumatique à l'aide d'une pompe : il est facile de mesurer le travail fourni par l'expérimentateur pour gonfler le pneu, mais il est aussi facile d'observer que la compression de l'air dégage de la chaleur (si l'opération est longue, le corps de pompe lui-même s'échauffe). La mesure de $\left(\frac{\partial U}{\partial V}\right)_T$ nécessiterait donc que l'on mesure le travail mécanique fourni lors de l'opération et que l'on mesure la quantité de chaleur à extraire du système pour ramener l'air et la pompe à la température initiale!

** On voit parfois l'équation $(7,2)$ décomposée sous la forme

$$\begin{cases} \quad dU &= \delta Q - PdV \\ \text{avec} \quad \delta Q &= C_V dT + ldV \end{cases}$$

Nous déconseillons l'utilisation d'une telle écriture car δQ n'est pas la différentielle d'une fonction et par suite son intégration dépend du chemin suivi. Nous utilisons la notation δ pour faire la différence entre forme différentielle (δQ) et différentielle “exacte” (dU).

L'équivalence de $(7,2)$ et $(7,1)$ implique simplement que

$$\left(\frac{\partial U}{\partial V}\right)_T = l - P \qquad (7,3)$$

Ce qui conduit à la **définition** de la fonction $l(T,V)$ sous la forme

$$l(T,V) = P + \left(\frac{\partial U}{\partial V}\right)_T \qquad (7,4)$$

Définie par $(7,4)$ comme la somme de deux fonctions d'état, l est une **fonction d'état** à déterminer pour chaque système envisagé.

Dans le cas du gaz parfait, l'énergie interne ne dépend pas du volume et par suite $l = P$. Dans le cas général, l est une fonction compliquée de V et T qui doit être déterminée expérimentalement au même titre que $C_V(T,V)$ et $P(T,V)$.

A ce stade, la synthèse à laquelle nous arrivons après l'étude du premier principe et l'étude expérimentale des corps réels, ressemble plus à un rapport d'étape qu'à une théorie scientifique avancée. Les défauts que l'on peut y trouver sont les suivants :

1) Il y a dans la théorie un nombre beaucoup trop considérable de grandeurs (semble-t-il indépendantes) C_V, l, P, que seule l'expérience permet de mesurer et dont la compréhension est parfois difficile (cas de l par exemple).

2) La théorie ne permet de quantifier les échanges de travail (mécanique) et de chaleur que dans des situations extrêmements particulières (isochores, isobares, adiabatiques quasi-statiques) et si on a compris pourquoi dans le cas du travail des forces de pression (chapitre 5 et exercices 16,18,19) la situation reste très obscure pour les échanges de chaleur.

3) Rien ne permet dans cette théorie de prédire un sens d'évolution pour un phénomène donné. Exemple : pourquoi dans la détente de Joule du gaz parfait le gaz envahit-il les deux bouteilles lorsque le robinet est ouvert ? Pourquoi n'observe-t-on jamais tout le gaz refluer dans une seule bouteille ? Les deux processus sont **également possibles du point de vue énergétique** ($\Delta U = 0$) mais dans la réalité le système évolue spontanément dans un seul sens !

Vue sous l'angle des trois critiques précédentes, la théorie semble manifestement incomplète. Dès le début du XIXème siècle les physiciens : Sadi Carnot (1824), Lord Kelvin (1834), Clausius (1850) énoncent des "principes" concernant l'évolution des moteurs thermiques. Rudolf Clausius (1822-1888) va plus loin en comprenant la nécessité d'introduire une nouvelle variable thermodynamique : l'entropie (du grec ἐντροπή, cause d'évolution). Mais il faut réellement attendre la fin du XIXème siècle et les travaux de Boltzmann (1844-1906) et de Gibbs (1839-1903) pour que la signification de l'entropie soit éclairée par une analyse de la dynamique microscopique des systèmes.

II. L'entropie : une nouvelle variable d'état. Identité fondamentale

L'analyse des apports de travail (chapitre 5) et de chaleur (chapitre 6) à un système nous a fait souligner à maintes reprises que la détermination de ces quantités semblait, dans le cas général, nécessiter la connaissance d'une quantité considérable de variables microscopiques.

Reprenons l'exemple des transferts de chaleur (chapitre 2, § III et chapitre 6, § I) ; que ce soit dans les phénomènes de conduction, convection ou rayonnement, le mécanisme de chauffage est un mécanisme microscopique qui dépend a priori de la position et de la vitesse de toutes les molécules composant les matériaux considérés et de la valeur du champ électromagnétique en tous leurs points. Vouloir en faire une description macroscopique avec un petit nombre de variables macroscopiques semble a priori désespéré (le nombre de variables microscopiques nécessaires pour décrire l'évolution d'une mole étant de l'ordre de $\mathcal{N}_0 = 6\ 10^{23}$!).

L'hypothèse révolutionnaire de Gibbs et Boltzmann consiste à postuler (avec d'amples justifications) qu'**au voisinage de l'équilibre thermodynamique, il suffit de connaître outre les variables déjà introduites (N, P, T, V, U) une unique et dernière fonction d'état l'entropie qui est une mesure de la complexité microscopique sous-jacente : une mesure de l'information manquante**.

La définition précise de Boltzmann est la suivante :

Soit un état macroscopique caractérisé par les variables macroscopiques N, V, T, U. Un tel état peut être obtenu en répartissant cette énergie U sur les N molécules : soit Ω le nombre de répartitions microscopiques distinctes de cette énergie macroscopique. L'entropie est alors par définition :

$$S = k \ln \Omega \qquad (7,5)$$

où k (parfois notée k_B) est la constante de Boltzmann introduite au chapitre 2 (équation (2,2)).

Ce nombre d'états microscopiques peut être calculé à l'aide de modèles plus ou moins sophistiqués (voir par exemple Y. Simon *Énergie et Entropie*, A. Colin éd.). A quelques coefficients près, Ω est de l'ordre de $\left(\frac{UV}{N^2}\right)^N$. C'est un nombre colossal : bien remarquer la puissance N (de l'ordre de 10^{23}).

D'après la formule (7,5) on déduit que

1) S est une fonction extensive (c'est-à-dire proportionnelle à N)

2) S est une fonction de U, V, N.

A ce stade, **nous admettrons que cette nouvelle variable est reliée aux variables précédemment introduites par l'identité fondamentale** :

$$\boxed{dS = \frac{1}{T}dU + \frac{P}{T}dV} \qquad (7,6)$$

qui s'écrit indifféremment sous la forme

$$\boxed{dU = TdS - PdV} \qquad (7,7)$$

Remarque n°1 : l'entropie s'exprime en J·K^{-1}.

Remarque n°2 : une telle identité signifie que les variables "naturelles" de U sont l'entropie et le volume.

La température est $$T = \left(\frac{\partial U}{\partial S}\right)_V \tag{7,8}$$

et la pression $$P = -\left(\frac{\partial U}{\partial V}\right)_S \tag{7,9}$$

Remarque n°3 : les transformations quasi-statiques et adiabatiques étudiées en 6.VI (équation (6,39)) sont des isentropiques.

Ce sont, comme nous l'avions alors expliqué, des transformations où toutes les variables microscopiques sont sous contrôle et où par suite il n'y a pas d'évolution de "l'information manquante"*.

III. Conséquences de l'identité fondamentale

1. *Coefficients calorimétriques (l, h)*

La confrontation des identités (7,2) et (7,6) nous permet de réécrire la différentielle de l'entropie sous la forme
$$dS = \frac{C_V}{T} dT + \frac{l}{T} dV \tag{7,10}$$

Cette nouvelle identité permet alors d'introduire, sans ambiguïté mathématique, le coefficient l comme
$$l = T\left(\frac{\partial S}{\partial V}\right)_T \tag{7,11}$$

l est donc un coefficient calorimétrique qui mesure la dérivée partielle de la fonction entropie du système par rapport au volume à température fixée.

S étant une fonction d'état du système, qui ne dépend (pour un corps pur) que de deux variables, peut être indifféremment exprimée en fonction des variables (T et V) (formule (7,10) ci-dessus) ou en fonction des variables (T, P). En fonction de ce dernier couple de variables, on introduit les coefficients calorimétriques suivants

$$dS = \frac{C_P}{T} dT + \frac{h}{T} dP \tag{7,12}$$

C_P est la capacité calorifique déjà introduite au chapitre 6, § IV et h est un nouveau coefficient calorimétrique défini par :

$$h = T\left(\frac{\partial S}{\partial P}\right)_T \tag{7,13}$$

* Cette expression "information manquante" est empruntée à deux mathématiciens probabilistes, Shannon et Weaver, auteurs en 1949 d'une théorie de l'information qui ressemble par bien des points à la notion d'entropie.

2. *Égalités thermodynamiques*

L'introduction de cette nouvelle fonction d'état n'est pas, contrairement à ce que l'on pourrait croire, une complexification supplémentaire de la théorie : en effet si l'écriture de $(7,6)$ est justifiée (ainsi que celles de toutes les identités qui découlent de $(7,6)$ à savoir $(7,7),(7,10),(7,11)\ \ldots$) il en découle qu'il doit exister toute une série de relations entre les dérivées secondes croisées de ces fonction d'états ; par exemple

(7,6) implique

$$\frac{\partial}{\partial V}\left(\frac{1}{T}\right)_U = \frac{\partial}{\partial U}\left(\frac{P}{T}\right)_V \tag{7,14}$$

(7,7) implique

$$\frac{\partial}{\partial V}\left(T\right)_S = -\left(\frac{\partial P}{\partial S}\right)_V \tag{7,15}$$

(7,10) implique

$$\frac{\partial}{\partial V}\left(\frac{C_V}{T}\right)_T = \frac{\partial}{\partial T}\left(\frac{l}{T}\right)_V \tag{7,16}$$

et (7,12) entraîne

$$\frac{\partial}{\partial P}\left(\frac{C_P}{T}\right)_T = \frac{\partial}{\partial T}\left(\frac{h}{T}\right)_P \tag{7,17}$$

Ces relations impliquent que les multiples coefficients que nous avons introduits phénoménologiquement ont des variations qui sont reliées ; ceci a deux conséquences fondamentales :

1) La vérification **expérimentale** que les variations de C_P et h sont reliées par $(7,17)$ est une validation de $(7,12)$ et du fait que l'entropie est une fonction d'état.

2) Réciproquement, une fois acquise la confiance dans la notion d'entropie introduite par (7,6), on peut utiliser des relations telles que (7,14 $\rightarrow$ 17) pour déterminer un type de coefficient, par exemple h à partir de mesures de C_P dans une gamme donnée de températures.

L'introduction de cette nouvelle variable thermodynamique qu'est l'entropie donne de ce fait à la thermodynamique un statut de théorie scientifique avec un caractère prédictif puissant qui sera très utile pour l'étude a priori des systèmes macroscopiques complexes (que l'on ne comprend pas microscopiquement ou que l'on ne sait pas décrire quantitativement par une théorie a priori). Avant d'aborder de tels problèmes, nous allons étudier le cas du gaz parfait.

IV. Entropie du gaz parfait en variables (V,T), (P,T), (P,V)

Spécialisons l'identité fondamentale $(7,6)$ pour le cas du gaz parfait. Nous allons substituer dans (7,6) l'expression de l'énergie interne du gaz parfait (obtenue au chapitre 2)

$$U_{\text{G.P.}} = Nc_VT = nC_VT \tag{7,18}$$

et celle de l'équation d'état :

$$PV = NkT = nRT \qquad (7,19)$$

Expression de l'entropie en variables T et V

Faisons les substitutions décrites ci-dessus dans l'équation $(7,6)$, il vient :

$$dS = nC_V\frac{dT}{T} + nR\frac{dV}{V} \qquad (7,20)$$

équation qui peut se réécrire sous la forme

$$dS = nR[\frac{C_V}{R}d\ln T + d\ln V] \qquad (7,21)$$

d'où l'expression de la variation d'entropie entre l'état (T_0, V_0) et l'état (T, V) :

$$S(T,V) - S(T_0,V_0) = nR\ln\left[T^{C_V/R}V/T_0^{C_V/R}V_0\right] \qquad (7,22)$$

Pour un gaz monoatomique il vient :

$$S(T,V) - S(T_0,V_0) = nR\ln\frac{VT^{3/2}}{V_0T_0^{3/2}} \qquad (7,23)$$

Expression de l'entropie en variables (P, T)

On substitue à nouveau $(7,18)$ et $(7,19)$ dans $(7,6)$ mais en prenant soin de ne conserver que les variables (P,T). Nous obtenons :

$$dS = n\frac{C_V}{T}dT + n\frac{R}{T}dT - nR\frac{dP}{P} \qquad (7,24)$$

soit, en utilisant le résultat (6,31)

$$dS = nC_P\frac{dT}{T} - nR\frac{dP}{P} \qquad (7,25)$$

Ce qui conduit par intégration à

$$S(T,P) - S(T_0,P_0) = nR\ln\left[\frac{T^{C_P/R}}{P} \times \frac{P_0}{T_0^{C_P/R}}\right] \qquad (7,26)$$

Expression de l'entropie en variables (P, V)

$$dS = \frac{C_V}{R}\left[\frac{PdV + VdP}{T}\right] + \frac{P}{T}dV \qquad (7,27)$$

$$dS = nR\left[\frac{C_V}{R}(\frac{PdV}{PV} + \frac{VdP}{PV}) + \frac{PdV}{PV}\right] \qquad (7,28)$$

$$dS = nC_V\left[\frac{dP}{P} + \frac{C_P}{C_V}\frac{dV}{V}\right] \qquad (7,29)$$

en utilisant (6,31) $C_P - C_V = R$

d'où $$S(P,V) - S(P_0,V_0) = nC_V \ln \frac{PV^\gamma}{P_0V_0^\gamma} \qquad (7{,}30)$$

où $$\gamma = \frac{C_P}{C_V}$$

Ces différentes expressions vont nous permettre de faire le bilan entropique des diverses transformations étudiées précédemment. Nous distinguerons successivement le cas des transformations quasi statiques réversibles puis les autres transformations.

V. Utilisation de l'entropie pour l'étude des transformations réversibles

Définition : nous avons défini au chapitre 5, § I.5, les **transformations quasi statiques** dans les fluides comme des transformations que l'on peut assimiler à une succession d'états d'équilibre. Avec cette définition on peut se demander si une détente de Joule (détente dans le vide) suffisamment lente peut être assimilée à une transformation quasi statique. Nous allons maintenant introduire un nouveau concept, plus précis, celui de réversibilité : **une transformation est réversible si on peut la décrire dans un sens ou dans l'autre en changeant le signe de la cause extérieure infiniment petite qui pilote son évolution**.

Par exemple une détente isotherme ou adiabatique quasi statique d'un fluide est réversible (on peut la transformer en compression) ; par contre la détente de Joule n'est pas réversible (on ne peut pas faire rentrer les molécules dans le compartiment où elles étaient initialement par inversion des conditions extérieures).

Un système avec **frottements** n'est pas réversible (voir cours de mécanique). Les transformations dans les solides ou les milieux magnétiques sont le siège de transformations souvent irréversibles.

1. *Quantité de chaleur reçue par un système dans une transformation réversible*

Si la transformation subie par le système fluide est quasi statique, et si le travail des forces pressantes externes est égal à $-PdV$, le premier principe permet alors d'exprimer la chaleur $\delta Q_{\text{rév}}$ reçue par le système sous la forme

$$\delta Q_{\text{rév}} = dU + PdV \qquad (7,31)$$

La relation fondamentale sous sa forme (7, 7) implique alors que

$$\delta Q_{\text{rév}} = TdS - PdV + PdV \qquad (7,32)$$

Nous retiendrons que cette expression est générale pour une **transformation réversible** et que l'on peut alors exprimer la chaleur reçue par le système sous la forme

$$\boxed{Q_{\text{réversible}} = \int_{\text{initial}}^{\text{final}} TdS} \tag{7.33}$$

La formule (7,33) est une formule fondamentale, mais non générale puisqu'elle ne concerne que les transformations réversibles*. C'est historiquement à Rudolf Clausius (1822-1883) que l'on doit l'introduction première de l'entropie, et la première appréhension de la différence entre une transformation réversible et une transformation irréversible. Dans cette approche l'équation (7,33) est souvent écrite sous la forme différentielle :

$$dS = \frac{\delta Q_{\text{rév}}}{T} \tag{7,34}$$

Remarque : il est intéressant de voir à quel endroit le raisonnement développé dans ce paragraphe s'effondre dans le cas de la détente de Joule (étudiée au chapitre 5, § II.4 et au chapitre 6 § III). La détente de Joule peut être quasi statique **mais** le travail des forces extérieures est nul. Le premier principe conduit bien à écrire :

$$dU = \delta Q + 0 \tag{7.35}$$

L'identité fondamentale s'écrit : $dU = TdS - PdV$ (7.36)

L'identification de ces expressions permet d'écrire

$$\delta Q = TdS - PdV \tag{7,37}$$

Dans la détente de Joule le terme $-PdV$ n'est pas nul et par suite l'expression (7.37) ne se réduit pas à (7,34) ! (Remarquez que, dans ce contexte, $-PdV$ n'est pas le travail mécanique reçu par le système).

2. *Transformations isothermes réversibles du gaz parfait*

Si la transformation est isotherme et réversible l'équation (7, 33) conduit à

$$Q_{\text{isoth. réversi.}} = T_0(S_F - S_I) \tag{7,38}$$

D'où en utilisant, **dans le cas du gaz parfait**, l'expression (7, 23) de l'entropie, on trouve

$$Q_{\text{isoth. réversi. gaz parf.}} = nRT_0 \ln \frac{V_F}{V_I} \tag{7,39}$$

qui n'est rien d'autre que l'expression (6, 34).

* La formule n'est pas une condition suffisante pour définir une transformation réversible.

3. *Transformations adiabatiques et réversibles du gaz parfait*

Si la transformation est adiabatique ($\delta Q = 0$) et réversible l'utilisation de l'expression $(7,33)$ donne :

$$TdS = 0$$

Comme nous l'avions déjà indiqué, une transformation adiabatique réversible est une isentropique. On peut alors utiliser les diverses expressions de l'entropie pour retrouver les invariants des transformations adiabatiques réversibles :

$$\begin{cases} VT^{C_V/R} & = \text{cte} \\ PT^{-C_P/R} & = \text{cte} \\ PV^{\gamma} & = \text{cte} \end{cases} \qquad (7,40a,b,c)$$

Remarque : ces transformations sont importantes dans de nombreux phénomènes "rapides" où les échanges de chaleur sont négligeables : le son qui est une onde de compression et de détente de l'air est un phénomène **isentropique**.

Dans une certaine mesure, l'expression $(7,33)$ représente l'expression unificatrice dont nous étions à la recherche dans le chapitre 6.

Toutefois cette formule ne couvre que le cas des **transformations réversibles**. Étudions maintenant quelques situations irréversibles.

VI. Bilans entropiques dans les transformations irréversibles du gaz parfait

1. *Expérience de détente dans le vide (Joule)*

L'expérience de détente de Joule a été analysée au chapitre 5, § II.4 et au chapitre 6, § III. Nous y avons montré que le travail des forces de pression extérieure était nul et que pour un gaz parfait, cette détente ne s'accompagnait d'aucun échange thermique $Q = 0$ et T=cte.

Si nous faisons maintenant le bilan entropique de cette transformation (toujours dans le cas du gaz parfait) nous trouvons en utilisant par exemple $(7,23)$ que la différence d'entropie entre l'état initial et l'état final est non nulle et vaut

$$S_F - S_I = nR \ln \frac{V_F}{V_I} \qquad (7,41)$$

Ce résultat appelle plusieurs commentaires :

1) Nous avons ici un exemple de transformation où l'expression $(7,33)$ n'est pas vérifiée. Nous remarquons que cette transformation n'est pas réversible : il n'existe pas d'action extérieure ou spontanée capable de rassembler toutes les molécules dans un des réservoirs.

2) Nous remarquons par ailleurs que l'action spontanée qui se produit est associée à une augmentation de l'entropie

$$S_F > S_I \Longleftrightarrow V_F > V_I$$

3) Cette évolution spontanée correspond bien à une perte d'informations microscopiques sur le système. Dans l'état initial on savait que toutes les molécules étaient à gauche ; dans l'état final on sait qu'elles sont soit à droite, soit à gauche. A cette perte d'information correspond logiquement une augmentation de l'entropie ("information manquante").

2. *Diffusion isotherme et isobare de deux gaz l'un dans l'autre*

Considérons un deuxième exemple de phénomène irréversible : la diffusion de deux gaz A et B initialement à la même pression et à la même température (figure 44).

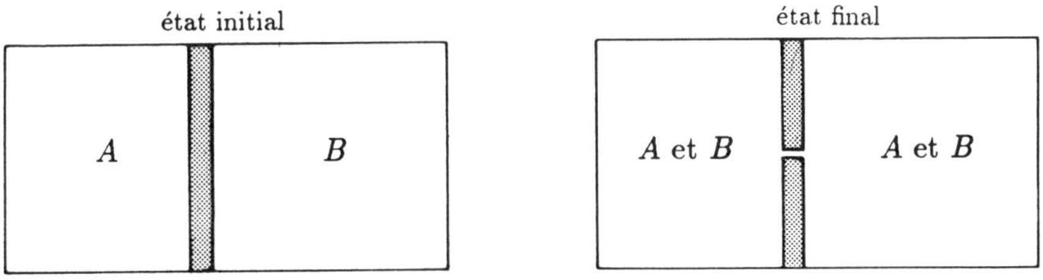

Figure 44

Deux compartiments de volumes respectifs V_1 et V_2 contiennent respectivement n_a moles de A et n_b moles de B.

On ouvre un trou dans la cloison qui les sépare : quoique la pression et la température soient identiques dans les deux compartiments, les deux gaz ne sont pas dans l'état d'équilibre thermodynamique absolu. Ils ont atteint l'équilibre mécanique (P=cte), l'équilibre thermique (T =cte), mais pas l'équilibre chimique (pour lequel la concentration des deux produits dans le mélange doit être identique dans les deux compartiments). On constate, effectivement, que le gaz A passe dans le compartiment droit et le B dans le gauche à P et T constants jusqu'à ce que l'équilibre chimique soit établi*. (On assiste en quelque sorte à deux détentes de Joule simultanées).

Pour des gaz parfaits, l'état initial est caractérisé par

$$PV_1 = n_a RT \quad (7,42)$$

$$PV_2 = n_b RT \quad (7,43)$$

et l'état final par

$$P(V_1 + V_2) = (n_a + n_b)RT \quad (7,44)$$

* Ces courants de particules, qui ramènent le système vers l'équilibre chimique, peuvent être décrits par une loi phénoménologique appelée loi de la diffusion ou loi de Fick :

$$\boldsymbol{J}_A = -D\,\mathbf{grad}\, c_A$$

où c_A est la concentration locale de l'espèce A et $\boldsymbol{J}_A$ le courant de l'espèce A, D est une constante positive appelée coefficient de diffusion.

((7,44) n'est rien d'autre que la somme de (7,42) et (7,43)), l'entropie étant extensive :

$$S_{\text{tot}} = S_A + S_B \tag{7,45}$$

et le bilan d'entropie entre l'état initial et l'état final s'écrit d'après (7,23) :

$$S_F - S_I = n_a R \ln \frac{V_1 + V_2}{V_1} + n_b R \ln \frac{V_1 + V_2}{V_2} \tag{7,46}$$

Ce qui, compte tenu de (7,42-43-44), peut se réécrire sous la forme

$$S_F - S_I = n_a R \ln \frac{n_a + n_b}{n_a} + n_b R \ln \frac{n_a + n_b}{n_b} \tag{7,47}$$

Il est facile de remarquer ici encore que la variation d'entropie accompagnant ce phénomène **spontané** et **irréversible** est **positive**.

Cette propriété dont nous venons de démontrer la validité sur deux transformations particulières du gaz parfait est en fait considérée comme un **principe général d'évolution spontanée des systèmes** : c'est l'étude de ce principe qui fait l'objet du chapitre suivant.

Chapitre 8

Le deuxième principe de la thermodynamique : un principe d'évolution

CHAPITRE 8

I. Position du problème

II. Le deuxième principe de la thermodynamique
Énoncé du deuxième principe : un système isolé, hors d'équilibre, évolue spontanément dans le sens qui maximise son entropie (compte tenu des contraintes)

III. Conséquences du deuxième principe
1. *Spontanément les gaz occupent tout le volume qui leur est offert*
2. *Spontanément deux gaz chimiquement différents mis en contact se mélangent*
3. *Spontanément la chaleur s'écoule des corps chauds vers les corps froids*

IV. Conséquences du deuxième principe pour l'évolution d'un système couplé au milieu extérieur
1. *Variation d'entropie d'un système couplé à un thermostat de température T_0*
2. *Généralisation : le système A est couplé à n thermostats de température $T_1, \ldots, T_n$*

$$\Delta S_A \geq \sum_{i=1}^{n} \frac{Q_i}{T_i}$$

V. Nouvelle formulation du deuxième principe pour un système couplé à un thermostat T_0
1. *Évolution spontanée*
2. *Potentiel thermodynamique du système couplé à un thermostat*
3. *Travail maximal récupérable*
4. *Aspect mathématique des propriétés de minimum du potentiel thermodynamique F^**
5. *Remarque importante*

VI. Formulation du deuxième principe pour un système couplé à un réservoir de volume (P_0 fixe) et d'énergie (T_0 fixe)
1. *Évolution spontanée*
2. *Potentiel thermodynamique du système couplé à un réservoir de volume (de pression P_0) et d'énergie (de température T_0)*
3. *Travail récupérable dans une transformation à T_0 et P_0 fixés*
4. *Conséquences de la propriété de minimum du potentiel thermodynamique G^* à l'équilibre*
5. *Remarque importante*

VII. Systèmes hors d'équilibre thermodynamique
1. *L'équilibre thermodynamique*
2. *Retour à l'équilibre*

VIII. Systèmes au voisinage de l'équilibre thermodynamique
1. *Flux d'énergie dans un système hors d'équilibre thermique : loi de Fourier*
2. *Flux de concentration dans un système hors d'équilibre chimique : loi de Fick*

C.8. Complément : croissance de l'entropie et évolution de l'univers

LE DEUXIÈME PRINCIPE DE LA THERMODYNAMIQUE : UN PRINCIPE D'ÉVOLUTION

I. Position du problème

Nous avons, dans les chapitres précédents, essayé de caractériser l'état d'équilibre des systèmes thermodynamiques et nous avons vu que nous pouvions le faire si nous connaissions deux fonctions d'état la pression $P(V,T)$ et l'énergie interne $U(V,T)$. Toutefois, cette connaissance est insuffisante pour prévoir **l'évolution** des systèmes. L'exemple de la détente de Joule d'un gaz parfait (détente dans le vide) est très significatif : l'état initial et final ont même énergie interne. Ceci étant, l'évolution spontanée se fait dans un sens bien déterminé.

Pour répondre aux questions :

Pourquoi la chaleur passe-t-elle des corps chauds aux corps froids ?

Pourquoi les gaz chimiquement différents se mélangent-ils lorsqu'ils sont mis en contact?

il faut un **principe d'évolution** : ce principe d'évolution est le $2^{\text{ème}}$ principe. Nous en donnons ici l'énoncé moderne et nous reviendrons sur les énoncés historiques (de S. Carnot (1824), Lord Kelvin (1834), R. Clausius (1850)) dans le chapitre sur les machines thermiques. [C'est en fait l'étude du fonctionnement de ces machines qui conduisit à la formulation du principe].

II. Le deuxième principe de la thermodynamique

Énoncé du deuxième principe

Un système isolé, hors d'équilibre, évolue spontanément jusqu'à ce que le système ait atteint l'entropie maximale compatible avec les contraintes imposées par l'extérieur (par exemple des contraintes de volume ou de concentration) : l'état ainsi atteint est l'état d'équilibre thermodynamique du système isolé.

Remarque 1 : reprenons l'expérience de Joule : lorsque le robinet est fermé, le système est confiné dans le volume V ; si on ouvre le robinet, on lui offre la possibilité d'occuper le volume $2V$, ce qu'il fera immédiatement pour maximiser son entropie qui est une fonction croissante de V (cf formule (7,22)).

Remarque 2 : un système mécanique hors d'équilibre évolue vers l'équilibre qui est la situation qui minimise son énergie potentielle, compte tenu des contraintes (exemple : si on lâche un objet il tombe jusqu'à ce qu'un obstacle l'arrête dans sa chute). D'après l'énoncé du deuxième principe, on voit que l'entropie joue pour un système thermodynamique isolé un rôle similaire à celui de l'énergie potentielle de pesanteur pour un système mécanique dans le champ de pesanteur. C'est la raison pour laquelle on dit que **l'entropie est le potentiel thermodynamique du système isolé.**

III. Conséquences du deuxième principe

Pour mieux comprendre les implications du 2ème principe nous allons tout d'abord en récapituler les conséquences les plus simples.

1. *Spontanément les gaz occupent tout le volume qui leur est offert*

C'est la généralisation de l'expérience de Joule et la conséquence du fait que pour un gaz, S est une fonction croissante du volume occupé. Cette propriété vraie pour les gaz parfaits (formule (7,22) ou (7,30)), est également vraie pour les gaz réels : elle n'est pas vraie pour les liquides et les solides (cf exercice 22, calcul de l'entropie d'un solide).

2. *Spontanément deux gaz chimiquement différents mis en contact se mélangent*

Nous avons vu dans le chapitre précédent (paragraphe VI.2) que le mélange de deux gaz parfaits s'accompagnait d'une augmentation de l'entropie du système (formule (7,47)). L'évolution est donc bien conforme au 2ème principe tel que nous venons de l'énoncer.

Plus généralement cette propriété est vraie pour les gaz réels et pour tous les liquides que l'on dit miscibles. On en conclut que pour les liquides non miscibles on doit avoir la propriété

$$S(\text{mélange}) < S_A + S_B$$

3. *Spontanément la chaleur s'écoule des corps chauds vers les corps froids*

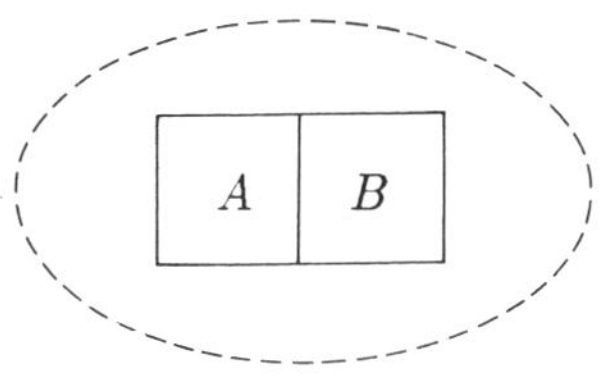

Figure 45

Pour démontrer cette propriété on considère deux corps en contact thermique (A) et (B) isolés du milieu extérieur (la paroi représentée par le pointillé sur la figure 45 ne permet aucun échange énergétique avec l'extérieur). Nous supposerons d'autre part que la paroi entre A et B est rigide et ne permet que les échanges de chaleur : on dit que c'est une paroi **diatherme** (ou diathermane ou diathermique). A l'instant initial $T_A > T_B$.

Le système global étant isolé, son énergie interne se conserve :

$$U_{\text{tot}} = U_A + U_B = \text{cte} \qquad (8,1)$$

ce qui implique que dans les transformations spontanées qui se produisent au sein du système :

$$dU_A + dU_B = 0 \qquad (8,2)$$

(8,2), conséquence du 1er principe, ne nous indique pas si le compartiment A cède ou reçoit de la chaleur (c'est-à-dire si dU_A est inférieure ou supérieure à 0) : le premier principe est un principe de conservation, non d'évolution.

Le deuxième principe, au contraire, nous dit que l'entropie du système isolé ne peut que croître :

$$dS_{A+B} = dS_A + dS_B \geq 0 \qquad (8,3)$$

Utilisons maintenant la relation fondamentale (7,6). Dans ce cas particulier où il n'y a pas de variation du volume de A, ni de celui de B il vient

$$dS_A = \frac{1}{T_A} dU_A \qquad (8,4)$$

et de même pour B. (8,3) se réécrit alors

$$dS_{A+B} = \frac{dU_A}{T_A} + \frac{dU_B}{T_B} \geq 0 \qquad (8,5)$$

et par utilisation de (8,2) qui donne $dU_A = -dU_B$

$$dS_{A+B} = dU_A\left(\frac{1}{T_A} - \frac{1}{T_B}\right) \geq 0 \qquad (8,6)$$

L'inégalité $T_A > T_B$, implique que

$$\frac{1}{T_A} < \frac{1}{T_B} \Longrightarrow \frac{1}{T_A} - \frac{1}{T_B} < 0 \qquad (8,7)$$

et par suite $\quad dU_A < 0 \qquad (8,8)$

Le système A perd de l'énergie interne qu'il cède sous forme de chaleur au système B qui est plus froid que lui. $[T_B < T_A)]$

Ce résultat, que l'expérience courante confirme, est donc une conséquence logique du 2e principe. Continuons l'exploitation du 2e principe : il nous dit que l'équilibre sera atteint lorsque l'entropie du système isolé $(A + B)$ sera **maximale**. Du point de vue mathématique ceci implique que la dérivée première de cette quantité par rapport aux variables du problème soit nulle. Prenons U_A comme variable, l'équation (8,6) implique alors que $\dfrac{1}{T_A} = \dfrac{1}{T_B}$

l'équilibre thermodynamique sera donc atteint lorsque les deux corps auront la même température. Le deuxième principe nous permet donc de démontrer ce que nous avions admis dans le chapitre 2, à savoir que **la température d'un système à l'équilibre thermodynamique est uniforme**. De la même façon, le deuxième principe nous permettrait de démontrer que l'équilibre d'un système fluide, en l'absence de champ extérieur, nécessite que la pression y soit constante.

IV. Conséquences du deuxième principe pour l'évolution d'un système couplé au milieu extérieur

Le deuxième principe, tel qu'il a été énoncé au paragraphe II., s'applique à un système **isolé**. Nous désirons maintenant en tirer les conséquences pour des systèmes couplés au milieu extérieur. Nous étudierons successivement un système couplé avec un ou plusieurs réservoirs de chaleur (T_0 constant) (paragraphe IV), puis le cas d'un système couplé à un réservoir de chaleur et de volume (T_0 et P_0 constants) (paragraphe V). Pour chacun de ces cas nous étudierons la différence entre une transformation réversible et une transformation irréversible. L'application la plus importante de ces résultats apparaît dans l'étude des machines thermiques qui feront l'objet du chapitre suivant.

1. *Variation d'entropie d'un système A couplé à un thermostat de température T_0*

Le système A (par exemple une masse de fluide) n'est pas isolé, il est contenu dans une enveloppe diatherme rigide (V_0=cte), et ne reçoit aucun travail du milieu extérieur, mais peut recevoir ou céder de la chaleur à un système B ; l'ensemble des systèmes $(A+B)$ est isolé du milieu extérieur. La situation pour $(A + B)$ est donc identique à celle étudiée au paragraphe III.3. On suppose de plus que le système B est immensément grand devant A si bien qu'il **peut céder de la chaleur à A sans que sa propre température T_0 varie** : B est par définition **un thermostat***.

Dans une transformation **finie**** on obtient par intégration de (8,3)

$$\Delta S_{A+B} = \Delta S_A + \Delta S_B \tag{8,9}$$

* voir dans l'exercice 17 comment cette propriété peut être réalisée.

** On rappelle que la notation Δ symbolise une différence finie $\Delta S_A = S_A^{\text{final}} - S_A^{\text{initial}}$

Utilisant l'identité fondamentale pour le thermostat on peut écrire

$$dS_B = \frac{1}{T_0} dU_B \tag{8.10}$$

et intégrer cette équation différentielle (puisque T_0=cte) :

$$\Delta S_B = \frac{1}{T_0} \Delta U_B \tag{8.11}$$

Par contre, on ne pourra pas faire la même transformation pour le système A car, durant l'échange avec le thermostat, sa température varie (d'après (8,6) elle se rapproche de la température du thermostat).

Le deuxième principe appliqué à l'ensemble $(A + B)$ qui est isolé, se traduit par

$$\Delta S_{A+B} \geq 0 \tag{8.12}$$

c'est-à-dire en utilisant (8,9) et (8,11)

$$\Delta S_A + \frac{1}{T_0} \Delta U_B \geq 0 \tag{8.13}$$

Remarquons par ailleurs que puisque $(A + B)$ est isolé

$$\Delta U_A + \Delta U_B = 0 \qquad \text{(conservation de l'énergie interne)} \tag{8.14}$$

et que par suite (8,13) peut se réécrire :

$$\Delta S_A - \frac{1}{T_0} \Delta U_A \geq 0 \tag{8.15}$$

L'inégalité (8,15) est tout à fait fondamentale : on peut encore l'écrire sous les formes équivalentes :

$$\Delta U_A - T_0 \Delta S_A \leq 0 \tag{8.16}$$

ou $$\boxed{\Delta S_A \geq \frac{Q_0}{T_0}} \qquad \text{avec } Q_0 = \Delta U_A \tag{8,17}$$

Nous reviendrons sur la forme (8,16) à la fin de ce chapitre, nous nous contenterons pour l'instant de souligner la signification physique de (8,17).

Remarque 1 : la température T_0 qui intervient dans (8,17) est celle du thermostat : ce n'est pas nécessairement celle du système A au moment de l'échange.

Remarque 2 : D'après le deuxième principe l'égalité est obtenue dans (8,17) si et seulement si l'ensemble $(A + B)$ est à l'équilibre thermodynamique, c'est-à-dire si et seulement si $T_A = T_0$ pendant tout l'échange de chaleur.

Dans ce cas ($T_A = T_0$) : $\Delta S_{A+B} = 0$, il n'y a pas globalement de création d'entropie; il y a seulement transfert d'entropie entre A et B. L'égalité (8,17) n'est rien d'autre que la forme intégrée de (7,33) : ce qui est bien normal, le système ayant alors subi une transformation isotherme et réversible. Cette situation est celle des transformations avec changement d'état.

Remarque 3 : **si $T_A \neq T_0$ il y a globalement création d'entropie**. Le système ne peut qu'évoluer dans un sens bien déterminé. La transformation est **irréversible**. La création d'entropie est la signature de l'irréversibilité.

2. *Généralisation de l'expression (8,17) au cas où le système A reçoit successivement de la chaleur de plusieurs thermostats aux températures T_1, T_2, ..., T_n (figure 46.A)*

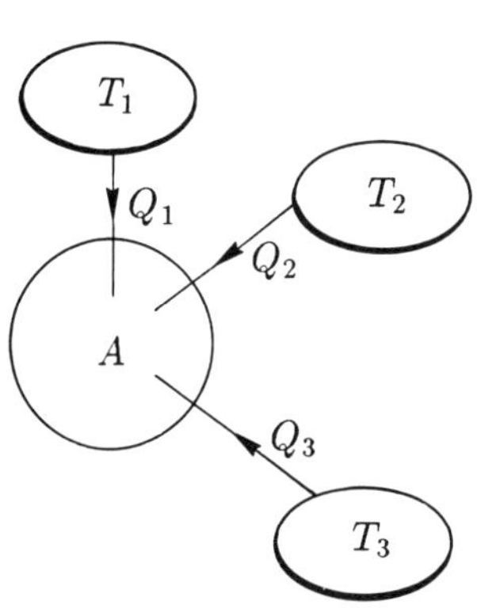

Figure 46.A

1) On écrit que la variation de l'entropie globale du système A et des n thermostats est positive, (comme (8,12)).

2) Pour le thermostat i la variation d'entropie est

$$\Delta S_i = \frac{\Delta U_i}{T_i} = -\frac{Q_i}{T_i} \qquad (8,18)$$

D'où l'on conclut immédiatement que

$$\boxed{\Delta S_A \geq \sum_{i=1}^{n} \frac{Q_i}{T_i}} \qquad (8,19)$$

Si chaque échange se fait dans des conditions telles qu'au moment de l'échange le système est **à la température du thermostat dont il reçoit de l'énergie**, alors et alors seulement il n'y a pas de création globale d'entropie, l'égalité est vérifiée et l'évolution est réversible.

La formule (8,19) est à la base de la compréhension du fonctionnement des moteurs thermiques comme nous allons le voir dans le chapitre suivant.

V. Nouvelle formulation du deuxième principe pour un système couplé à un thermostat T_0

1. *Évolution spontanée*

Dans le paragraphe précédent nous avons montré que l'évolution d'un système A (d'énergie U_A, d'entropie S_A) **couplé** à un thermostat de température T_0 était, en conséquence du second principe, soumise à l'inégalité (8,16)

$$\Delta U_A - T_0 \Delta S_A \leq 0$$

En réécrivant cette inégalité à l'aide de l'énergie interne (respectivement entropie) de l'état initial et final du système, (8,16) devient :

$$(U_A^F - T_0 S_A^F) - (U_A^I - T_0 S_A^I) \leq 0 \qquad (8,20)$$

2. *Potentiel thermodynamique du système couplé à un thermostat*

On appelle $F_A^* = U_A - T_0 S_A$ (8,21)
le potentiel thermodynamique du système A couplé au thermostat de température T_0.

L'introduction de cette nouvelle fonction nous permet d'écrire la condition (8,20) sous la forme :

$$F_A^{*F} - F_A^{*I} \leq 0 \qquad (8,22)$$

ce que l'on exprime ainsi :

dans une évolution spontanée, à volume constant, d'un système couplé à un thermostat de température T_0, le potentiel thermodynamique $F^* = U - T_0 S$ du système décroît.

L'équilibre est atteint lorsque F^* ne peut plus décroître :

l'équilibre est donc caractérisé par un minimum de F^* compte tenu des contraintes externes (qui imposent, en particulier, que T_0 et N soient constants).

Remarque : on peut faire un parallèle entre le rôle de ce potentiel thermodynamique vis-à-vis du système thermodynamique et celui de l'énergie potentielle mécanique vis-à-vis d'un système mécanique. Considérons une craie tenue par un expérimentateur à une hauteur h au-dessus du sol (état initial d'équilibre) ; l'expérimentateur lâche la craie, elle tombe et s'immobilise sur le sol (état final d'équilibre). Dans chacun des états d'équilibre initial et final l'énergie potentielle est minimale compte tenu des contraintes (main de l'expérimentateur, puis sol). Quand on supprime une contrainte (expérimentateur ouvrant la main) le système évolue jusqu'à ce qu'il minimise l'énergie potentielle, compte tenu des nouvelles contraintes.

L'expérience de Joule dans un thermostat correspond exactement à ce schéma d'évolution.

Il en est de même d'une réaction chimique à V et T_0 fixés.

3. *Travail maximal récupérable*

Le parallèle développé va encore plus loin. On peut, dans l'expérience mécanique, envisager de récupérer l'énergie potentielle perdue par la craie dans sa chute de dénivelé h sous forme d'un travail $\mathcal{T}$ récupéré par le milieu extérieur.

Le travail maximal récupérable est :

$$\mathcal{T}_{\text{max}} = E^I_{\text{pot}} - E^F_{\text{pot}}$$

On peut, de même, envisager de récupérer du travail en faisant, par exemple, fonctionner une turbine à l'aide du système A en contact avec un thermostat T_0 (figure 46.B).

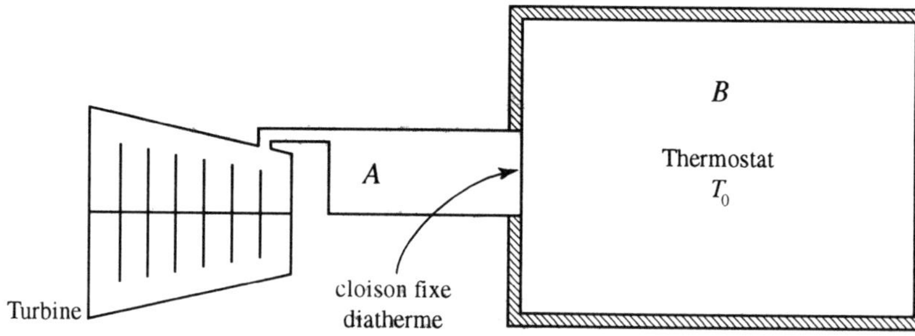

Figure 46.B

On suppose que le seul couplage de $(A+B)$ avec le milieu extérieur consiste à actionner une turbine ou un piston i.e. à fournir de l'énergie mécanique $\mathcal{T}$ au milieu extérieur **(contrairement aux conventions usuelles de thermodynamique, le travail $\mathcal{T}$ est ici mesuré par rapport au milieu extérieur $\mathcal{T} = -W_u$).**

Les équations (8,9) à (8,13) sont supposées inchangées : ceci implique en particulier que la fourniture d'énergie mécanique se fait de manière réversible, donc sans frottements et sans flux de chaleur, de telle sorte que l'on ait bien :

$$\Delta S_{A+B} \geq 0 \qquad (8,12)$$

Par contre, le bilan énergétique (8,14) est modifié et, compte tenu de la définition de $\mathcal{T}$, devient :

$$\Delta U_A + \Delta U_B = -\mathcal{T} \qquad (8,23)$$

Par substitution dans (8,13) on obtient :

$$\mathcal{T} \leq T_0 \Delta S_A - \Delta U_A \qquad (8,24)$$

d'où le travail maximal récupérable :

$$\mathcal{T}_{\text{max}} = F^{*I} - F^{*F} \qquad (8,25)$$

Le travail maximal récupérable dans une transformation à T_0, V, N fixés est égal à la diminution du potentiel thermodynamique F^* entre l'état initial et l'état final.

La considération des formules (8,12) et (8,13) montre que des irréversibilités mécaniques et /ou une perte de quantité de chaleur conduisent à une inégalité stricte dans (8,13) et (8,23) soit $\mathcal{T} < -\Delta U_A - \Delta U_B$; par suite, le travail récupéré dans une telle situation est toujours inférieur à $\mathcal{T}_{\max}$.

4. *Aspect mathématique des propriétés de minimum du potentiel thermodynamique F^**

La différentielle de F^* est :

$$\mathrm{d}F^* = \mathrm{d}U - T_0\mathrm{d}S = (T - T_0)\mathrm{d}S - P\mathrm{d}V \qquad (8,26)$$

Le deuxième principe s'exprime ici à V, N, T_0 fixes $\Longrightarrow \mathrm{d}V = 0$.
La propriété d'extremum de F^* à l'équilibre implique :

$$T = T_0 \qquad (8,27)$$

i.e. la température (T) du système est, à l'équilibre thermodynamique, égale à celle du thermostat (T_0).
Pour que F^* soit minimal il faut que :

$$\frac{\mathrm{d}^2F^*}{\mathrm{d}S^2} = \left(\frac{\partial T}{\partial S}\right)_V > 0 \qquad (8,28)$$

c'est-à-dire d'après (7,10) :

$$\frac{T}{C_V} > 0 \Longrightarrow C_V > 0 \qquad (8,29)$$

La stabilité de l'équilibre thermodynamique implique, à travers le deuxième principe, que les chaleurs spécifiques à volume constant soient positives.

5. *Remarque importante*

Nous ne confondrons pas le potentiel thermodynamique F^* avec la fonction d'état F "énergie libre de Helmholtz", définie pour tout système à l'équilibre thermodynamique par la relation :

$$F = U - TS \qquad (8,30)$$

Il est exact que F et F^* prennent les mêmes valeurs numériques dans les états d'équilibre thermodynamique (puisque, d'après (8,27), $T = T_0$). De ce fait, F peut être utilisé à la place de F^* pour calculer le travail récupérable (8,25). Toutefois les deux fonctions sont différentes, comme on peut le souligner en comparant leurs différentielles : (8,26) pour $\mathrm{d}F^*$, et :

$$\mathrm{d}F = \mathrm{d}U - T\mathrm{d}S - S\mathrm{d}T = -S\mathrm{d}T - P\mathrm{d}V \qquad (8,31)$$

F^* est une fonction de S et V, alors que F est une fonction de T et V.

VI. Formulation du deuxième principe pour un système couplé à un réservoir de volume (P_0 fixe) et d'énergie (T_0 fixe)

1. *Évolution spontanée*

La démarche, qui nous a conduits de l'expression (8,9) du deuxième principe à l'expression (8,16), peut être généralisée au cas où le système A reçoit d'une part de l'énergie d'un réservoir B (à la température T_0), et d'autre part voit son volume varier par couplage réversible avec un système C dont la pression est fixe (voir figure 46.C) : ce deuxième couplage adiabatique et réversible apporte au système de l'énergie exclusivement sous forme mécanique :

$$W = -P_0 \Delta V_A \tag{8,32}$$

et il n'apporte pas d'entropie (puisque adiabatique réversible).

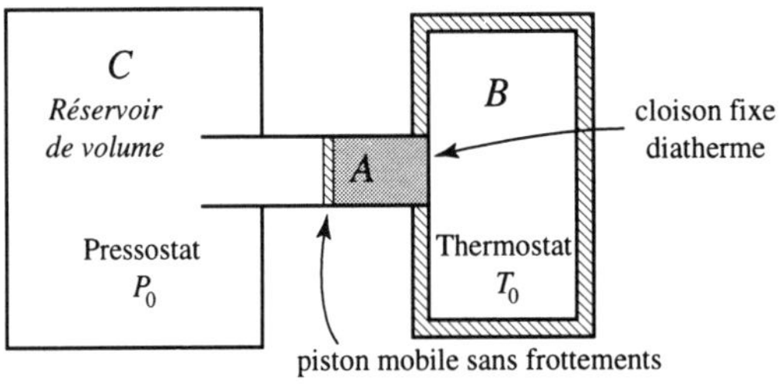

Figure 46.C

Le bilan entropique effectué au paragraphe IV est inchangé (équations (8,9)-(8,13) inchangées).

Le bilan énergétique n'est plus le même ; l'équation (8,14) doit être remplacée par :

$$\Delta U_A + \Delta U_B = -P_0 \Delta V_A \tag{8,33}$$

L'équation (8,15) devient :

$$\Delta S_A - \frac{1}{T_0}(P_0 \Delta V_A + \Delta U_A) \geq 0 \tag{8,34}$$

Remarque : ce cas est un cas particulier de la situation étudiée au paragraphe V.3.

2. *Potentiel thermodynamique du système A couplé à un réservoir de volume (de pression P_0) et d'énergie (de température T_0)*

On appelle $G_A^* = U_A + P_0 V_A - T_0 S_A$ (8,35)
le potentiel thermodynamique du système A couplé au thermostat T_0 (réservoir d'énergie) et dont la pression est régulée à la valeur P_0, par un couplage réversible à un très grand réservoir de volume dont la pression peut être considérée comme fixe et égale à P_0.

L'introduction de cette nouvelle fonction nous permet d'exprimer la condition (8,34) sous la forme :

$$G_A^{*F} - G_A^{*I} \leq 0 \tag{8.36}$$

ou encore :

dans une évolution spontanée d'un système, dont la température et la pression sont régulées à des valeurs fixes T_0 et P_0, le potentiel thermodynamique $G^* = U - T_0S + P_0V$ décroît ; l'équilibre est atteint lorsque G^* est minimal, compte tenu des contraintes (T_0, P_0, N).

3. *Travail récupérable dans une transformation à T_0, P_0 fixés*

La démarche du paragraphe V.3 est entièrement transposable ici, l'expression du travail maximal récupérable est :

$$\mathcal{T}_{\max} = G^{*I} - G^{*F} \tag{8.37}$$

4. *Conséquences de la propriété de minimum du potentiel thermodynamique G^* à l'équilibre*

La différentielle de G^* est :

$$\begin{aligned} \mathrm{d}G^* &= \mathrm{d}U + P_0\mathrm{d}V - T_0\mathrm{d}S \\ &= T\mathrm{d}S - P\mathrm{d}V + P_0\mathrm{d}V - T_0\mathrm{d}S \\ &= (T - T_0)\mathrm{d}S - (P - P_0)\mathrm{d}V \end{aligned} \tag{8.38}$$

La condition d'extremum de G^* implique qu'à l'équilibre

$$T = T_0 \qquad \text{et} \quad P = P_0 \tag{8.39}$$

La condition de minimum implique que :

$$\frac{\partial^2 G^*}{\partial S^2} > 0 \Longrightarrow \left(\frac{\partial T}{\partial S}\right)_V > 0 \tag{8,40}$$

$$\frac{\partial^2 G^*}{\partial V^2} \geq 0 \Longrightarrow -\left(\frac{\partial P}{\partial V}\right)_S \geq 0 \tag{8,41}$$

et[1]

$$\left(\frac{\partial^2 G^*}{\partial S^2}\right)\left(\frac{\partial^2 G^*}{\partial V^2}\right) - \left(\frac{\partial^2 G^*}{\partial S \partial V}\right)^2 \geq 0 \tag{8,42}$$

La condition (8,40) a déjà été étudiée : elle prouve que les chaleurs spécifiques à volume constant sont positives. La condition (8,41) prouve que les compressibilités sont positives

[1] Cette dernière condition provient du fait que le développement limité au deuxième ordre en (δS) et (δV) est une forme quadratique définie, positive.

(il s'agit ici de la compressibilité adiabatique, mais la propriété s'étend à la compressibilité isotherme). La dernière condition permet de prouver que C_p est également positive et supérieure à C_V.

Ces résultats prouvent que $U(S,V), F^*(S,V)$ et $G^*(S,V)$ sont des fonctions convexes[1] de S et V (d'ailleurs identiques au niveau des dérivées secondes).

5. *Remarque importante*

Ici encore nous ne confondrons pas le potentiel thermodynamique G^* avec la fonction d'état enthalpie libre G, ou "énergie libre de Gibbs", définie par la relation :

$$G = U - TS + PV \qquad (8,43)$$

Leurs valeurs numériques sont les mêmes à l'équilibre mais non leurs variables :

$$\mathrm{d}G = \mathrm{d}U - \mathrm{d}(TS) + \mathrm{d}(PV) = -S\mathrm{d}T + V\mathrm{d}P \qquad (8,44)$$

Alors que G^* est une fonction convexe[1] de S et V, G est une fonction de T et P (concave[1] par rapport à ces deux variables intensives).

Bien évidemment, si nous nous intéressons exclusivement à déterminer la stabilité d'un état par rapport à un autre, la seule information dont nous avons besoin est le signe de ΔF^* ou ΔG^* (équation (8,22) ou (8,36)). Compte tenu de l'égalité des valeurs numériques de F et F^* d'une part, de celles de G et G^* d'autre part, la réponse nous sera donnée par la connaissance de la valeur numérique de ΔF ou ΔG : c'est très exactement ce que nous faisons en thermochimie pour déterminer le sens des réactions chimiques, et ce que nous ferons, en général, dans l'étude de l'équilibre des phases d'un corps pur.

VII. Systèmes hors d'équilibre thermodynamique

L'étude du deuxième principe nous a conduits à préciser la notion d'équilibre thermodynamique, et à caractériser, en partie, les retours à l'équilibre.

Nous voulons, dans ce paragraphe, compléter les deux volets "équilibre-retour à l'équilibre thermodynamique" en l'étendant au problème très important des mélanges.

1. *L'équilibre thermodynamique*

Nous avons vu, dans le paragraphe III.3, que **l'équilibre thermodynamique** d'un système implique que la température y soit la même en tous points ; des résultats développés dans le paragraphe VI, nous concluons que la pression doit également être uniforme à l'intérieur du système.

$$\boxed{P = \text{Cte} \qquad \text{et} \qquad T = \text{Cte}} \qquad (8,45)$$

[1] La dérivée seconde d'une fonction "convexe " est positive, celle d'une fonction "concave" est négative.

sont deux conditions d'équilibre thermodynamique d'un corps pur se présentant sous une seule phase.

Pour un **mélange** de corps purs nous avons par ailleurs vu (aux paragraphes VI.2 du chapitre 7, et III.2 du chapitre 8) que l'équilibre de pression et de température était insuffisant pour caractériser totalement l'équilibre thermodynamique du système. Selon les cas, les systèmes peuvent ou non se mélanger. S'il y a mélange, l'expérience montre que l'équilibre thermodynamique en l'absence de champ extérieur est associé à une **concentration uniforme** des diverses espèces, au sein de la phase homogène considérée.

En fait, la concentration ne joue pas le même rôle que les variables P et T ci-dessus : des variations de concentration sont directement associées aux flux des particules des diverses espèces chimiques du mélange (N_a, N_b). Nous devons revenir à l'expression de l'entropie en fonction de ses variables (U, V, N_a, N_b) ; la généralisation de l'identité thermodynamique fondamentale (7,6) au cas d'un mélange de deux espèces s'écrit :

$$\mathrm{d}S = \frac{1}{T}\mathrm{d}U + \frac{P}{T}\mathrm{d}V - \frac{\mu_a}{T}\mathrm{d}N_a - \frac{\mu_b}{T}\mathrm{d}N_b \qquad (8,46)$$

Comme il se doit, S est une fonction de N_a et N_b ; les dérivées de S par rapport à ces deux variables conduisent à introduire de nouvelles variables μ_a et μ_b, appelées respectivement **potentiels chimiques** des espèces a et b.

$$\mu_{\substack{a \\ (b)}} = -T\left(\frac{\partial S}{\partial N_{\substack{a \\ (b)}}}\right) \qquad (8,47)$$

L'état d'équilibre thermodynamique du système isolé implique que S est maximale, compte tenu des contraintes. Un raisonnement, en tous points analogue à celui du paragraphe III.3, montre que toutes les variables intensives $\frac{1}{T}, \frac{P}{T}, \frac{\mu_i}{T}$ conjuguées des variables extensives (U, V, N_i susceptibles de se répartir au sein du système) sont, à l'équilibre thermodynamique, uniformes sur ce système.

$$\boxed{\text{Équilibre thermodynamique} \Longrightarrow T, P, \mu_i \text{ uniformes}} \qquad (8,48)$$

2. *Retour à l'équilibre*

2.1. Retour à l'équilibre de température

Si la température n'est pas uniforme nous avons vu (au paragraphe III.3) que le système évolue spontanément dans le sens qui maximise son entropie, et que cette évolution se traduit par un flux d'énergie des régions les plus chaudes vers les régions les plus froides. Dans la mesure où les chaleurs spécifiques sont positives (démontré au paragraphe V.4) un tel processus conduit bien à l'uniformisation des températures au sein du système : c'est-à-dire au retour à l'équilibre.

En conclusion, un système isolé qui n'est pas en équilibre de température retourne spontanément vers l'équilibre par un processus :

– irréversible (l'évolution est spontanée et dans un sens bien déterminé) ;
– qui transfère de l'énergie des régions chaudes vers les régions froides ;
– qui est caractérisé par un bilan entropique strictement positif.

Le deuxième principe établit un lien direct entre la première et la troisième propriétés, associées à ce processus spontané (irréversibilité $\Longleftrightarrow$ création d'entropie).

La définition de l'entropie (équation (7,6), chapitre 7) permet d'expliquer, en termes macroscopiques, le processus de retour vers l'équililbre (dont les mécanismes microscopiques peuvent être complexes : cf. chapitre 6, page 91).

2.2. Retour à l'équilibre de pression

Nous pourrions développer exactement le même raisonnement pour un système qui est initialement dans une situation avec déséquilibre de pression.

Exemple : deux compartiments, aux parois adiabatiques et de volumes respectifs V_1 et V_2, sont séparés par une cloison diatherme fixe (voir figure 46.D). Ils contiennent le même gaz à la même température, $T_1 = T_2$, et les pressions initiales sont respectivement P_1^I et P_2^I avec $P_1^I > P_2^I$. A l'instant initial la cloison diatherme est rendue mobile, son déplacement s'effectuant sans frottements.

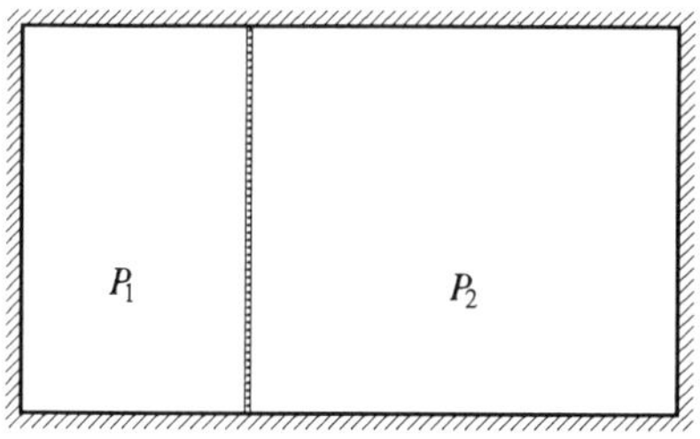

Figure 46.D

Le même raisonnement, que celui développé au paragraphe III.3, montre que le système évolue pour maximiser son entropie en augmentant V_a : ceci a pour conséquence, d'après (8,41), de diminuer P_1 et d'augmenter P_2 donc de ramener le système vers l'équilibre (compressibilité $\chi > 0$). Comme dans l'exemple précédent ce processus est irréversible et est associé à un bilan entropique strictement positif.

2.3. Retour à l'équilibre chimique

Considérons à nouveau l'exemple de diffusion isotherme et isobare de deux gaz l'un dans l'autre (exemple étudié au paragraphe VI.2, chapitre 7 : les calculs sont faits dans le cas du gaz parfait, mais le résultat est général pour des systèmes miscibles).

Dans l'état initial l'équation (7,26) donne :

$$S_a = N_a k \ln[T^{C_P/R} P^{-1}]$$

$$\begin{cases} \text{Compartiment de gauche} & \mu_a^I = -kT\ln[T^{C_P/R}P^{-1}] \quad (8,49) \\ \text{Compartiment de droite} & \mu_a^I = -\infty \quad (8,50) \end{cases}$$

et identiquement pour le gaz B en inversant gauche et droite.
Dans l'état final l'entropie vaut :

$$S_{a+b} = S_a + S_b + N_a k \ln \frac{N_a + N_b}{N_a} + N_b k \ln \frac{N_a + N_b}{N_b} \quad (8,51)$$

et $\mu_a^F = -kT\ln[T^{C_p/R}P^{-1}] - kT\ln\dfrac{N_a + N_b}{N_a}$ (8,52)

expression valable aussi bien dans le compartiment de gauche que dans celui de droite. La diffusion des particules dans l'ensemble du volume a assuré l'égalité, sur tout le volume, du potentiel chimique de chaque espèce.

En fait, dans le problème que nous étudions ici où l'équilibre de pression et l'équilibre de température sont assurés, la densité totale de particules $\dfrac{N}{V} = \dfrac{N_a + N_b}{V}$ est la même en tous points à tout instant et $\equiv \dfrac{P}{kT}$. La seule grandeur susceptible d'évoluer est la concentration du mélange en chaque espèce ; soit x la concentration en espèce A :

$$x = \frac{N_a}{N_a + N_b} \quad (8,53)$$

d'où $\mathrm{d}N_a = N\mathrm{d}x$ et $\mathrm{d}N_b = -N\mathrm{d}x$.

La variation d'entropie, dans cette diffusion isotherme et isobare, se réduit donc à :

$$\mathrm{d}S = \frac{-(\mu_a - \mu_b)}{T} N\mathrm{d}x \quad (8,54)$$

Initialement à gauche : $\mu_a > \mu_b$*, la croissance de l'entropie dans le processus spontané implique que $\mathrm{d}x < 0$ (i.e, $\mathrm{d}N_a < 0$ et $\mathrm{d}N_b > 0$), les particules se déplacent vers les régions de potentiel chimique minimal (d'où le terme de **potentiel** chimique) ; leur diffusion assure l'égalisation du potentiel chimique de chaque espèce sur le système.

VIII. Systèmes au voisinage de l'équilibre thermodynamique

Dans le paragraphe précédent nous avons vu que les systèmes présentant un déséquilibre thermique (T non uniforme), un déséquilibre mécanique (P non uniforme) ou un déséquilibre chimique (μ non uniforme), étaient le siège d'une évolution irréversible les rapprochant de l'état d'équilibre. Cette évolution se manifeste en général par un flux de la

---

* Il faut se rappeler que le potentiel chimique d'un système indéfiniment dilué vaut $-\infty$ (formule (8,49) avec $P \to 0$).

grandeur extensive, conjuguée de la grandeur thermodynamique intensive hors d'équilibre*. Si la situation envisagée n'est pas très loin de la situation d'équilibre, on décrit raisonnablement la situation observée par une relation **linéaire** entre le courant de la grandeur extensive et le gradient de la grandeur intensive : ce sont les relations de Fourier et de Fick (déjà évoquées pages 36 et 125) que nous allons étudier de manière plus approfondie.

1. *Flux d'énergie dans un système hors d'équilibre thermique : loi de Fourier*

Le raisonnement global du paragraphe III.3 conduit à dire que le flux d'énergie va des régions chaudes vers les régions froides, et qu'il s'annule lorsque la température est uniforme. Pour des faibles variations de température nous ferons l'hypothèse que ce flux d'énergie $\boldsymbol{J}_Q$ varie **linéairement** avec les écarts de température :

$$\boldsymbol{J}_Q = -K\boldsymbol{\nabla}T \tag{8,55}$$

Le flux de chaleur a les dimensions :

énergie/surface/temps, et s'exprime en $\mathrm{J.m^{-2}.s^{-1}}$ ou $\mathrm{W.m^{-2}}$.

Le gradient de température s'exprime en $\mathrm{K.m^{-1}}$, et le coefficient K, appelé **conductivité thermique** du milieu, s'exprime en $\mathrm{W.m^{-1}.K^{-1}}$.

L'approximation (8,55) est appelée loi de Fourier.

Remarques :

a) ce flux de chaleur peut être dû à divers mécanismes microscopiques : courants de conduction, de convection, rayonnement ;

b) un système qui est le siège d'un flux de chaleur à $\boldsymbol{\nabla}T \neq 0$ n'est pas en équilibre thermodynamique et est le siège de création d'entropie.

D'après (8,6) et (8,55) le taux de création d'entropie par $\mathrm{m^3}$ et par seconde est :

$$\tau_S = K\frac{(\boldsymbol{\nabla}T)^2}{T^2} \tag{8,56}$$

c) si le flux de chaleur se fait sans gradient de température, le processus peut éventuellement être réversible (c'est le cas des changements de phase).

2. *Flux de concentration dans un système hors d'équilibre chimique : loi de Fick*

Pour un système, mélange de plusieurs composants chimiques hors d'équilibre, nous avons vu qu'il existe des flux de particules qui se dirigent vers les régions de potentiel chimique minimal. Le potentiel chimique étant généralement une fonction croissante de la densité de l'espèce, le flux est dirigé des régions de forte concentration vers les régions de faible concentration : le mécanisme conduit donc à une homogénéisation des concentrations.

* Le déséquilibre de pression est un peu spécial : il se manifeste par une accélération de la cloison mobile suivie de création d'ondes sonores qui, finalement, s'amortissent par viscosité.

Pour une situation, pas trop loin de l'équilibre, on utilisera une approximation linéaire en écrivant le flux des particules A soit $\boldsymbol{J}_A$ sous la forme :

$$\boldsymbol{J}_A = -D\boldsymbol{\nabla} x \qquad (8,57)$$

x est la concentration de l'espèce A définie en (8,53). J_A s'exprime en $\mathrm{m}^{-2}.\mathrm{s}^{-1}$ et D en $\mathrm{m}^{-1}.\mathrm{s}^{-1}$. Cette approximation s'appelle loi de Fick ou loi de la diffusion.

Complément

Croissance de l'entropie et évolution de l'univers

Dans les divers exemples précédents, la création d'entropie accompagne soit l'augmentation du "désordre" (mélange, expansion) soit des échanges irréversibles de chaleur (associés à des gradients de température) et dans une certaine mesure on peut associer et on a associé la création d'entropie à une dégradation de l'énergie et/ou des structures organisées. Le deuxième principe postule donc que pour un système isolé cette "dégradation" est inévitable.

Pendant quelques dizaines d'années cette remarque appliquée à l'Univers tout entier, a donné lieu à de nombreux commentaires : la première série de commentaires repose sur l'idée que la mort par désorganisation de l'Univers est inscrite dans le second principe. La deuxième série de commentaires repose sur l'observation de l'évolution passée de l'Univers, tant du point de vue mécanique que biologique, celui-ci semble avoir évolué continûment ou quasi continûment vers des formes de plus en plus complexes et élaborées, c'est-à-dire de moins en moins entropiques. Est-ce dire que le deuxième principe serait faux en dehors du champ très étroit des moteurs thermiques ? Une telle affirmation relève, de nos jours, d'une lecture très superficielle du 2e principe. En effet l'étude de l'évolution de l'Univers (cosmologie) nous a appris que l'apparition des structures complexes s'accompagne toujours de la création d'une énorme quantité de rayonnement électromagnétique (de photons). Ces photons se propagent et s'éloignent de leur source à la vitesse de la lumière. Ainsi actuellement l'espace intersidéral est-il rempli de rayonnement électromagnétique résidu du "big bang". Ce rayonnement est très peu énergétique (on mesure son énergie en Kelvin, l'énergie de ces photons est de 3 K) mais il contient une quantité colossale d'entropie. Si l'on souhaite appliquer le deuxième principe à l'Univers, système isolé, il faut bien sûr tenir compte de l'entropie des galaxies et des êtres vivants mais il faut également prendre en compte l'entropie de ces photons et il semble bien que la quantité colossale de rayonnement permette de rétablir un bilan global positif pour l'évolution de l'entropie de l'Univers tout entier. Même si **localement** l'entropie a décru (là où sont apparues les structures organisées), **globalement** les estimations que l'on peut faire sur l'Univers entier ne permettent pas dans l'état actuel des connaissances d'infirmer le second principe !

(Lecture conseillée : *L'heure de s'enivrer. L'univers a-t-il un sens ?* H. Reeves, éditions du Seuil).

EXERCICES

(20) On reprend l'expérience décrite dans l'exercice (17) pour évaluer les variations d'entropie de chaque corps et celle du système total dans cette transformation spontanée.

1) Calculer la différence d'entropie ΔS_1 du corps pur 1 entre l'état initial T_1 et l'état final T_f. On utilisera pour ce faire l'identité thermodynamique fondamentale. Quel est le signe de ΔS_1, (on supposera $T_1 > T_2$) et celui de ΔS_2 ?

2) (Question facultative). Dans l'hypothèse où le corps (2) peut être considéré comme un thermostat vis-à-vis de (1), (cf. 2ème partie de l'exercice (17)), c'est-à-dire si le rapport $x = C_2/C_1$ est très grand devant 1, calculer la variation d'entropie ΔS_2 du thermostat en partant de l'expression obtenue en 1, (on arrêtera le développement au terme en $1/x$). Vérifier les résultats de votre calcul en les confrontant à un calcul direct de ΔS_2.

3) On souhaite maintenant déterminer le signe de la variation totale d'entropie du système constitué par les corps 1+2. Pour plus de simplicité algébrique, on se limitera au cas $C_1 = C_2$ (plus, facultativement, le cas $C_2/C_1 \gg 1$ étudié ci-dessus).

4) Parmi les 3 résultats concernant les signes de ΔS_1, ΔS_2 et $\Delta S_{\text{Tot}} = \Delta S_1 + \Delta S_2$, lequel (lesquels ?) pouvait être **prévu** en utilisant un **principe** de la thermodynamique (dites précisément pourquoi) ; lequel (lesquels) vous semble(nt) **plausible(s)** compte tenu de votre compréhension **qualititative** de l'entropie ? (expliciter rapidement vos raisons).

Corrigé : 2 corps incompressibles, initialement aux températures T_1 et T_2, sont mis en contact

1) L'égalité thermodynamique fondamentale $dU = TdS - PdV$ s'écrit ici $dU = TdS$ (1) puisque les variables mécaniques (P, V) ne sont pas thermodynamiquement importantes (corps incompressible).

D'après la définition de la capacité calorifique C à volume constant on a $dU = CdT$ (2).

La comparaison de (1) et (2) entraîne $dS = C\dfrac{dT}{T}$ d'où $S = C\ln T$+cte.

Dans l'exercice 17 nous avions établi l'expression de la température finale $T_f = \dfrac{C_1T_1 + C_2T_2}{C_1 + C_2}$. Ici nous avons $T_1 > T_f > T_2$, d'où

$$\Delta S_1 = C_1 \ln \frac{T_f}{T_1} < 0 \qquad \text{et} \quad \Delta S_2 = C_2 \ln \frac{T_f}{T_2} > 0$$

2) Dans le cas où le corps (2) est un thermostat,

$$\frac{C_2}{C_1} = x \gg 1 \qquad \text{d'où} \quad T_f = \frac{T_1 + xT_2}{1 + x} \simeq T_2$$

et

$$\Delta S_2 = C_2 \ln \frac{x + \dfrac{T_1}{T_2}}{x + 1}$$

Développons le logarithme en fonction de l'infiniment petit $\dfrac{1}{x}$:

$$\frac{1+\dfrac{1}{x}(\dfrac{T_1}{T_2})}{1+\dfrac{1}{x}} \simeq 1+\frac{1}{x}(\frac{T_1}{T_2}-1)$$

d'où
$$\ln(\frac{x+\dfrac{T_1}{T_2}}{x+1}) = \frac{1}{x}(\frac{T_1}{T_2}-1) \text{ et } \Delta S_2 = C_1\frac{T_1-T_2}{T_2}$$

Avec $T_f \simeq T_2 \Longrightarrow \Delta S_2 = C_1\dfrac{T_1-T_f}{T_2}$ que l'on peut écrire en introduisant la quantité de chaleur Q_1 reçue par le corps (1),

$$\boxed{\Delta S_2 = -\frac{Q_1}{T_2}}$$

formule donnant la variation d'entropie du corps (2) qui se comporte en thermostat vis-à-vis du corps (1).

3) Variation totale d'entropie du système 1+2 :

$$\begin{aligned}\Delta S_1 + \Delta S_2 &= C_1 \ln\frac{T_f^2}{T_1T_2} \quad \text{car ici} \quad C_1 = C_2\\ &= C_1\ln\frac{(T_1+T_2)^2}{4T_1T_2}\end{aligned}$$

et $(T_1+T_2)^2 \geq 4T_1T_2$ entraîne $\Delta S_1 + \Delta S_2 \geq 0$, on retrouve le deuxième principe : (en particulier $\Delta S_1 + \Delta S_2 = 0$ lorsque $T_1 = T_2$, c'est-à-dire à l'équilibre thermique).

Dans le cas particulier $x \gg 1$, on a trouvé $T_f = T_2$ d'où

$$\Delta S_1 + \Delta S_2 = C_1\Big[\ln\frac{T_2}{T_1} + \frac{T_1-T_2}{T_2}\Big] = C_1\Big[-\ln(1+y)+y\Big]$$

en posant $y = \dfrac{T_1-T_2}{T_2}$ d'où $\dfrac{T_1}{T_2} = y+1$; l'étude des variations de la quantité entre [ ] montre qu'elle est toujours positive pour $y > 0$, donc $\Delta S_1 - \dfrac{Q_1}{T_2} \geq 0$.

4) Le résultat $\Delta S_{\text{total}} \geq 0$ était prévisible puisque le système total est isolé.

$\Delta S_1 < 0$ et $\Delta S_2 > 0$ semblent plausibles si l'on se rappelle l'idée générale que l'entropie croît lorsque le désordre croît (ce qui est en général le cas quand la température augmente), mais ces résultats n'ont pas le caractère d'une loi générale : il existe des situations physiques qui peuvent superficiellement violer ces idées générales.

(21) Reprendre l'exercice (16) où l'on réalise la **compression isotherme** à T_0 d'une mole de gaz parfait monoatomique de P_1 à P_2 (i) d'une **manière réversible** ou (ii) d'une manière **irréversible** en posant sur le piston une masse M, convenablement choisie pour que la pression finale soit P_2.

a) la différence d'entropie du système, entre un état initial et un état final donnés du gaz, dépend-t-elle des transformations intermédiaires qu'il a subies ?

b) quelles sont selon les cas i) ou ii) la ou les méthodes que vous pouvez utiliser pour déterminer cette variation d'entropie du gaz parfait ?

c) dans le cas ii) quelle information nouvelle vous est apportée par le deuxième principe? Vérifiez algébriquement sur les résultats de l'exercice (16) que ces résultats antérieurs sont bien conformes au 2ème principe.

Corrigé :

a) la différence d'entropie d'un système entre 2 états initial et final d'équilibre ne dépend ni des transformations intermédiaires ni du chemin suivi, puisque l'entropie est une fonction d'état.

b) **Cas i)** : compression **isotherme réversible** (chap. 7, § V.1)

1ère méthode : l'entropie $dS = \dfrac{\delta Q_{\text{rev}}}{T_0} \Longrightarrow \Delta S = \dfrac{Q_{\text{rev}}}{T_0}$. Pour une mole de gaz parfait subissant une transformation isotherme

$$\Delta U = 0 = W + Q \qquad \text{avec} \quad W_{\text{réversible}} = \int -PdV = RT_0 \ln\frac{V_1}{V_2}$$

$$Q = -W \qquad \Longrightarrow \qquad \boxed{\Delta S = R\ln\frac{V_2}{V_1} = R\ln\frac{P_1}{P_2}}$$

2ème méthode : l'entropie d'un gaz parfait peut se calculer à partir de l'égalité fondamentale de la thermodynamique $dU = TdS - PdV$ (chap. 7, § IV)

$$dS = \frac{dU}{T} + \frac{P}{T}dV = nC_V\frac{dT}{T} + nR\frac{dV}{V}$$

d'où $\quad S = nR\ln VT^{\frac{1}{\gamma-1}} + \text{cte} \quad$ car $C_V = \dfrac{R}{\gamma - 1}$

et $\quad S = nR\ln P^{-1}T^{\frac{\gamma}{\gamma-1}} + \text{cte} \quad$ formule qui redonne immédiatement le résultat $\Delta S = R\ln\dfrac{P_1}{P_2}$.

b) **Cas ii)** : compression irréversible.

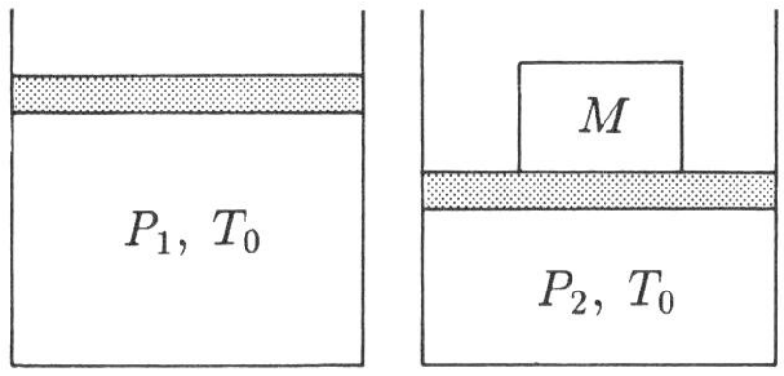

L'utilisation de la formule (7,34) est injustifiée puisque la transformation est irréversible. La méthode qui consiste à calculer directement l'entropie est la seule justifiée.

c) **Cas ii)** : le deuxième principe apporte l'information supplémentaire

$$\Delta S_{\text{total}} = \Delta S_{\text{système}} + \Delta S_{\text{thermostat}} \geq 0$$

Nous avons établi (exercice 20 et cours § IV.1, formule 8,18) $\Delta S_{\text{thermostat}} = -\dfrac{Q_1}{T_{\text{therm.}}}$, où Q est la chaleur cédée par le thermostat au système (1). Ici cette expression s'écrit* $\Delta S_{\text{therm.}} = -\dfrac{Q_{\text{irr}}}{T_0}$.

Pour une transformation isotherme d'un gaz parfait le 1er principe s'écrit :

$$W_{\text{irr}} + Q_{\text{irr}} = 0$$

Dans l'exercice 16 nous avons calculé

$$W_{\text{irr}} = -(P_1 + \frac{Mg}{S})(V_f - V_i) = RT_0(\frac{P_2}{P_1} - 1)$$

d'où $$Q_{\text{irr}} = RT_0(1 - \frac{P_2}{P_1}) \text{ et } \Delta S_{\text{therm}} = -R(1 - \frac{P_2}{P_1}).$$

L'utilisation de l'expression trouvée en b)i) donne $\Delta S_{\text{syst.}} = R \ln \dfrac{P_1}{P_2}$

d'où $$\Delta S_{\text{total}} = R\Big[\ln \frac{P_1}{P_2} - (1 - \frac{P_2}{P_1})\Big]$$

Posons, comme dans l'exercice 16, $\dfrac{P_2}{P_1} = x$, il vient avec les notations de cet exercice (page 84) :

$$\Delta S_{\text{total}} = R[-\ln x - (1 - x)] = R[y_2 - y_1]$$

Le terme entre crochets représente une fonction croissante pour $x > 1$ (compression) et qui s'annule pour $x = 1$. Dans ce cas irréversible $\Delta S_{\text{total}} > 0$, l'entropie augmente, conformément au 2e principe.

La croissance de l'entropie au cours de ce processus est (voir figure ex. 16 page 84) d'autant plus faible que x est plus voisin de 1 : remplacer une compression brutale de P_1 à P_2 par deux étapes moins brutales diminue la croissance de l'entropie. La transformation

* Les transformations brutales, étudiées dans l'exercice 16, sont bien sûr des transformations irréversibles, d'où le changement d'indice inférieur : "brut" devient ici "irr".

quasi statique, isotherme est évidemment la limite idéale où il n'y a pas croissance globale de l'entropie mais simplement transfert d'entropie du thermostat

$$(\Delta S_{\text{therm}} = -\frac{Q_{\text{rev}}}{T_0}) \qquad \text{au système} \quad \Delta S_{\text{syst}} = +\frac{Q_{\text{rev}}}{T_0}$$

(22) On effectue sur une mole de gaz parfait monoatomique une succession de compressions isothermes réversibles (A_n, B_n) et détentes adiabatiques réversibles (B_n, A_{n+1}) entre les pressions P_0 et P_1 (voir figure). Ceci est le principe du **liquéfacteur à azote**.

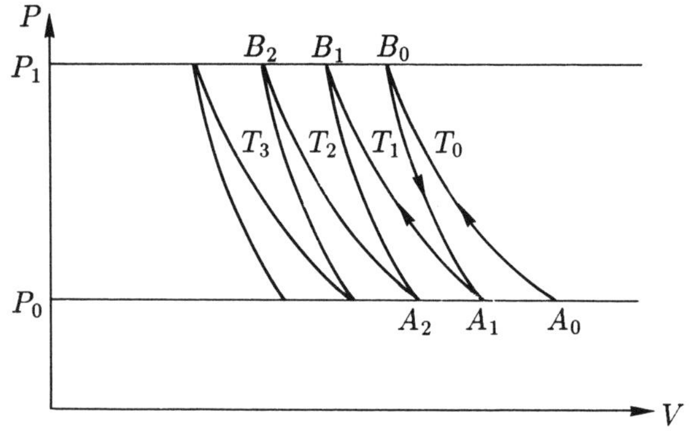

Soit τ le temps mis par cette machine pour effectuer une compression isotherme suivie d'une détente adiabatique ; l'origine des temps étant prise au point A_0, le point représentatif du système est à l'instant τ au point $A_1 \ldots$ puis à l'instant $n\tau$ au point A_n.

a) retrouver l'expression de l'entropie d'un gaz parfait en fonction des variables N, P et T (N est le nombre total de molécules).

b) calculer la température T_1, atteinte après la première détente adiabatique réversible, en fonction de T_0, P_1 et P_0. Calculer ensuite T_n, température atteinte après la n^{ème} détente adiabatique réversible, en fonction de T_{n-1}, P_1 et P_0 ; en déduire l'expression de T_n en fonction de T_0, P_1, P_0, n, k et C_P.

c) l'expression trouvée pour T_n définit la variation de la température en fonction de n, c'est-à-dire en fonction du temps $t = n\tau$. Représenter cette fonction en fonction de t dans le cas d'un gaz parfait diatomique ; pour y parvenir on pourra, soit calculer quelques valeurs, soit passer par l'intermédiaire de la fonction $\ln T(t)$.

d) quelle est alors la différence d'entropie entre l'état A_n et l'état A_0 ? Comment cette différence d'entropie varie-t-elle lorsque n tend vers l'infini ? Est-ce que ce résultat a un sens si on le rapporte à la définition de l'entropie de Boltzmann ?

Corrigé :

a) l'égalité thermodynamique fondamentale peut s'écrire $dS = \frac{dU}{T} + \frac{P}{T}dV$ avec, pour un gaz parfait, $dU = Nc_V dT$ où N est le nombre total de molécules et c_V la chaleur spécifique moléculaire à volume constant.

$$PdV + VdP = NkdT \qquad \text{et} \quad V = \frac{NkT}{P} \text{ entraînent}$$

$$dS = Nc_P\frac{dT}{T} - Nk\frac{dP}{P} \Longrightarrow \boxed{S = Nk\ln\left(\frac{T^{c_P/k}}{P}\right) + \text{cte}}$$

b) pour une transformation adiabatique réversible $\Delta S = 0$ et l'équation ci-dessus conduit à $T^{c_P/k}/P$=cte, qui, pour la détente adiabatique B_0A_1, donne $T_1 = T_0\left(\frac{P_0}{P_1}\right)^{k/c_P}$.

Après la n^{ème} détente adiabatique réversible, $T_n = T_{n-1}\left(\frac{P_0}{P_1}\right)^{k/c_P}$.

d'où $$\boxed{T_n = T_0\left(\frac{P_0}{P_1}\right)^{nk/c_P}}$$

Pour un gaz parfait diatomique $T_n = T_0\left(\frac{P_0}{P_1}\right)^{2n/7}$.

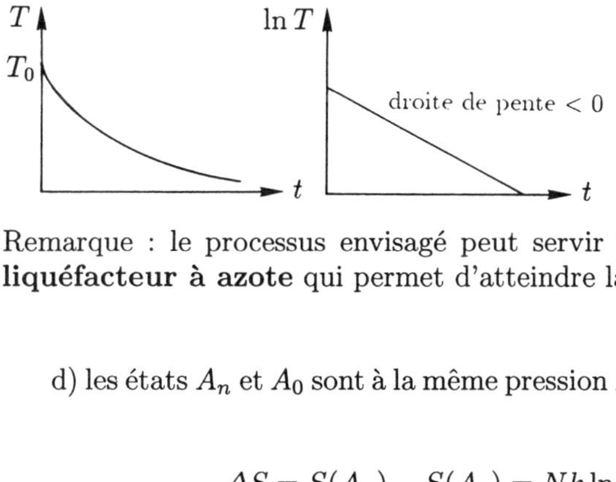

c) les représentations de $T = f(t)$ et de $\ln T = f(t)$ sont obtenues en remplaçant n par $\frac{t}{\tau}$ dans l'expression de T_n.

La température décroît d'autant plus vite que le rapport $\frac{P_1}{P_0}$ a une valeur élevée.

Remarque : le processus envisagé peut servir à refroidir un gaz, c'est le **principe du liquéfacteur à azote** qui permet d'atteindre la température de 77 K (-196°C).

d) les états A_n et A_0 sont à la même pression P_0. L'entropie $S(A_n) = Nk\ln\left(\frac{T_n^{\frac{c_P}{k}}}{P_0}\right)$+cte

$$\Delta S = S(A_n) - S(A_0) = Nk\ln\left(\frac{T_n}{T_0}\right)^{7/2} = Nk\ln\left(\frac{P_0}{P_1}\right)^n$$

$$\frac{P_0}{P_1} < 1 \Longrightarrow \quad \text{lorsque} \quad n \to \infty \qquad \left(\frac{P_0}{P_1}\right)^n \to 0 \quad \text{et} \quad \Delta S \to -\infty$$

Dans ce modèle, l'entropie tend donc vers $-\infty$ quand $n \to \infty$.

Revenons à la définition de Boltzmann de l'entropie : $S = k\ln\Omega$, Ω est le nombre d'états microscopiques possibles du système. Le résultat, que nous avons trouvé, impliquerait dans ce cadre que Ω (nombre d'états microscopiques du système) soit un nombre relatif inférieur à 1. Ce qui n'a manifestement aucun sens. Les états quantiques, dans lesquels on peut trouver le système, sont dénombrables et le minimum de Ω est 1 : par suite le minimum de l'entropie est égal à 0.

La raison de cette difficulté réside dans le fait que le **modèle** de gaz parfait, développé au début de cet ouvrage (chapitre 3), n'est plus valable à **basse température lorsque les effets quantiques deviennent importants**.

Chapitre 9

Cycles thermodynamiques et machines thermiques

CHAPITRE 9

I. Transformations cycliques d'un système

1. *Définition et propriétés fondamentales*
2. *Représentation graphique du travail reçu par un système au cours d'un cycle réversible*
3. *Représentation graphique de la quantité de chaleur reçue par un système au cours d'un cycle réversible*

II. Les moteurs thermiques

1. *Définition et propriété fondamentale*
2. *Cycles monothermes. Énoncé de Kelvin du second principe*
3. *Cycles dithermes - Rendement - Théorème de Carnot*
4. *Exemple : cycle de Carnot*

III. Autres machines thermiques : réfrigérateurs et pompes à chaleur

1. *Définition de l'efficacité (ou coefficient de performance) du réfrigérateur*
2. *La pompe à chaleur*

C.9. Compléments : cycle du moteur à explosion (Beau de Rochas) Cycle du moteur de Diesel

CYCLES THERMODYNAMIQUES ET MACHINES THERMIQUES

Ce sont des machines, moteurs thermiques, centrales thermiques, réfrigérateurs, pompes à chaleur qui échangent avec l'extérieur travail et chaleur en effectuant des transformations cycliques. La mise au point de ces machines, l'étude théorique de leur rendement maximal ont été les "moteurs" du développement de la thermodynamique durant le 19ème siècle*. Dans ce cours où nous sommes partis de l'énoncé moderne du $2^{\text{ème}}$ principe, nous allons retrouver comme théorèmes ce qui a initialement été posé en principes par Kelvin, Carnot et Clausius et qui sont les énoncés historiques du $2^{\text{ème}}$ principe.

Nous terminerons ce chapitre par l'étude de cycles réels, celui de Beau de Rochas réalisé par Otto pour le moteur à explosion (Otto sera dès la fin du XIXème siècle associé à Benz), celui de Diesel enfin.

I. Transformations cycliques d'un système

1. *Définition et propriétés fondamentales*

Définition : Un cycle est une succession de transformations au terme desquelles le système revient dans son état initial.

– Propriétés fondamentales : compte tenu de la définition du cycle la variation totale d'énergie interne, comme la variation totale d'entropie du système au cours du cycle sont nulles

$$\Sigma \Delta U = 0 \tag{9,1}$$

$$\Sigma \Delta S = 0 \tag{9,2}$$

---

* On trouvera un résumé fort intéressant du cheminement intellectuel sur le sujet dans l'article de A. Birembaut *Histoire de la Thermodynamique* in Encyclopædia Universalis.

– Exemple de cycle quasi-statique réversible (figure 47) :

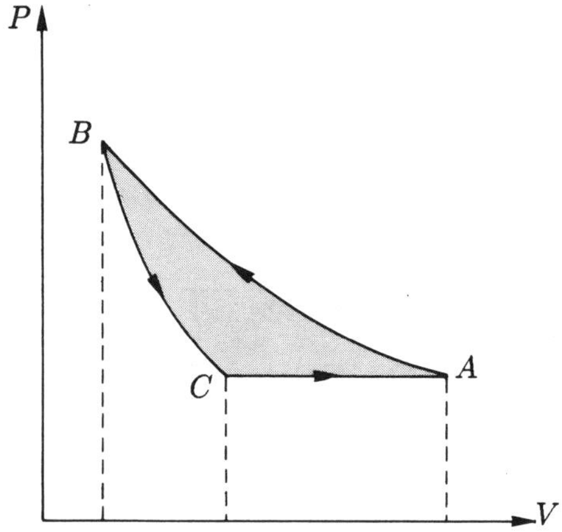

Figure 47

Le système est consitué de N molécules de fluide ; il est initialement dans l'état A (P_A, V_A, T_A).

On lui fait subir une compression isotherme jusqu'au point $B(P_B, V_B, T_A)$, puis une détente adiabatique réversible (isentropique) de B à $C(P_A, V_C, T_C)$ et on termine par un chauffage à pression constante de C à A.

L'ensemble des transformations $(ABCA)$ constitue un cycle. Dans ce cas précis les deux propriétés fondamentales s'écrivent :

$$(U_B - U_A) + (U_C - U_B) + (U_A - U_C) = 0$$

$$(S_B - S_A) + (0) + (S_A - S_C) = 0 \quad \text{car } S_B = S_C$$

– La description que nous venons de donner est celle d'un cycle théorique où toutes les transformations sont réversibles et comme telles peuvent être représentées soit sur un diagramme (P, V)*, soit comme nous le verrons plus tard sur un diagramme (T, S).

2. *Représentation graphique du travail reçu par un système au cours d'un cycle réversible*

Le travail reçu par le système au cours du cycle réversible est égal à l'aire intérieure à sa représentation dans le diagramme (P, V) (dans l'exemple précédent, il s'agit de l'aire grisée de la figure 47). **Elle doit être comptée positivement si le cycle est parcouru dans le sens direct (≡ inverse des aiguilles d'une montre), négativement dans le sens contraire.**

Ce résultat est la conséquence de l'expression du travail réversible

$$W = \int_{\text{transf}} -P\mathrm{d}V \qquad (9,3)$$

et de la signification géométrique de l'intégrale

$$W = \int_{A \to B} -P\mathrm{d}V \qquad (9,4)$$

$$= \int_{B \to A} P\mathrm{d}V \qquad (9,5)$$

= aire grisée sur la figure 48 (> 0)

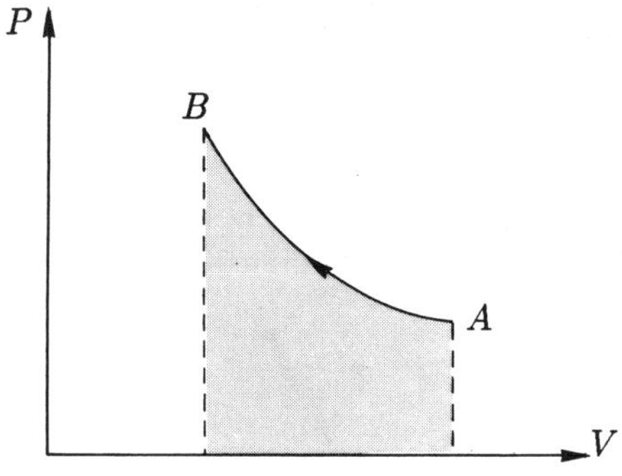

Figure 48

* Diagramme de Clapeyron

Pour le cycle ABC représenté en figure 47 $\quad W > 0$:

Le système a reçu du travail du milieu extérieur et donc cédé de la chaleur [$W + Q = 0$ d'après la propriété fondamentale]

- C'est très exactement l'inverse de ce que l'on espère pour un **moteur** pour lequel on veut transformer de la chaleur (donnée par le milieu extérieur) en travail récupérable.
- Par contre un tel cycle pourrait peut-être être utilisé comme pompe à chaleur.

3. *Représentation graphique de la quantité de chaleur reçue par un système au cours d'un cycle réversible*

Nous avons vu au chapitre 7 (équation (7,33)) que la chaleur reçue au cours d'une transformation **réversible** pouvait s'écrire sous la forme

$$Q_{\text{rév}} = \int_{\text{initial}}^{\text{final}} TdS \qquad (9,6)$$

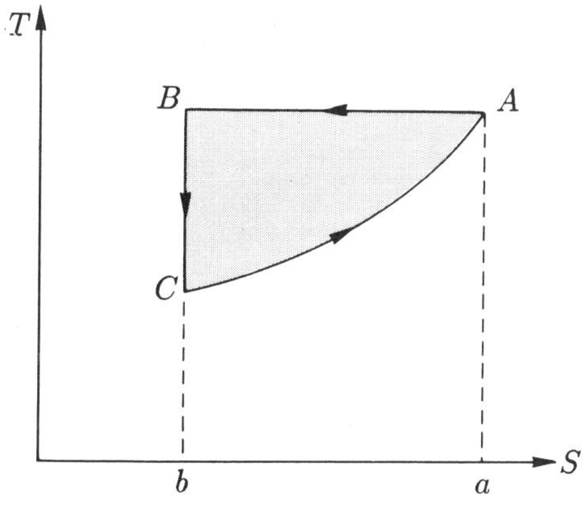

Figure 49

Un cycle **réversible** peut par ailleurs être représenté à l'aide de ses variables d'état que sont T et S. Reprenons l'exemple décrit dans le paragraphe I.1. Sa représentation en diagramme (T, S) est donnée sur la figure 49.

La compression isotherme AB (une diminution de volume entraîne une diminution d'entropie - voir par exemple résultat (7,22)) est suivie d'une détente adiabatique réversible (donc isentropique) BC où le gaz se refroidit ; puis d'un chauffage à pression constante CA (dont la courbe représentative étudiée en (7,26) est une portion d'exponentielle).

L'étude de la formule (9,6) montre que la chaleur reçue le long de (AB) est égale à l'opposé de l'aire $ABba$. La chaleur reçue le long de BC est nulle, celle le long de CA est égale à l'aire $ACba$. La chaleur totale reçue durant le cycle est donc égale à l'opposé de l'aire $ABCA$.

Conclusion : **la chaleur reçue durant le cycle réversible ABC est égale à l'aire intérieure au cycle représenté en variables (T, S). Elle doit être comptée positivement si ce cycle est parcouru dans le sens rétrograde (≡ sens de rotation des aiguilles d'une montre), négativement dans le cas contraire.**

II. Les moteurs thermiques

1. *Définition et propriété fondamentale*

Définition : un moteur thermique est un dispositif qui transforme de la chaleur (reçue du milieu extérieur) en travail récupérable par le milieu extérieur.

Dans la plupart des moteurs thermiques que nous étudierons, le système est une quantité déterminée de fluide qui effectue des transformations cycliques.

Le point de départ de nos démonstrations successives est la formule (8,19) qui, appliquée à un cycle du système (pour lequel $\Delta S_A = 0$), conduit à l'inégalité* de Clausius :

$$\boxed{\sum_i \frac{Q_i}{T_i} \leq 0} \qquad (9,7)$$

C'est l'étude des problèmes théoriques posés par la réalisation des moteurs thermiques qui a conduit les thermodynamiciens du 19ème siècle : Joule, Kelvin, Carnot et Watt à découvrir le deuxième principe. Nous allons maintenant parcourir le chemin inverse en commentant, à partir de l'énoncé **moderne** du 2e principe vu au chapitre 8 (et de sa conséquence (9,7)), les énoncés historiques successifs (ou concomittants) de ce principe.

2. *Cycles monothermes. Énoncé de Kelvin du second principe*

Si le système a été en contact avec une seule source de chaleur R_1 à la température T_1, l'inégalité (9,7) implique que $Q_1 \leq 0$ et la conservation de l'énergie interne (9,1) que $W \geq 0$. Le système ne peut fournir de travail moteur (pour lequel on aurait $W < 0$).

> C'est l'énoncé de Kelvin du second principe :
>
> "Il n'est pas de moteur qui puisse produire du travail à partir d'une **seule** source de chaleur".

3. *Cycles dithermes - Rendement - Théorème de Carnot*

Cette même inéquation (9,7) nous permet de calculer le rendement maximal d'un système disposant de deux sources de chaleur R_1 à la température T_1, et R_2 à la température T_2 : c'est le théorème de Carnot que nous allons étudier maintenant.

Problème : **Comment construire un moteur thermique en disposant de deux sources de chaleur ?**

Avec deux sources de chaleur, on peut échapper au "diktat" de Kelvin et concevoir un dispositif qui fournit du travail à l'extérieur (avec les conventions usuelles le travail reçu W est donc négatif) en ayant des échanges avec deux sources : une source chaude $R_1(T_1)$ qui cède par cycle la quantité de chaleur Q_1 au système, et une source froide $R_2(T_2)$ qui lui cède la quantité de chaleur Q_2 par cycle.

La conservation de l'énergie interne pour un cycle implique que

$$W + Q_1 + Q_2 = 0 \qquad (9,8)$$

* l'égalité ayant lieu pour un cycle réversible

Pour un moteur thermique cette égalité entraîne $Q_1 + Q_2 > 0$ puisque $W < 0$.

Déterminons graphiquement, sur un diagramme $Q_1 = f(Q_2)$ (diagramme de Raveau figure 50), les différentes situations compatibles ou non avec le 2e principe ;

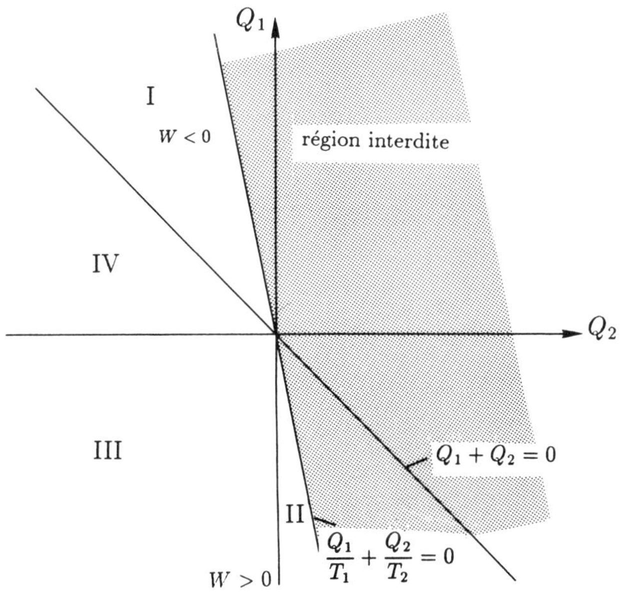

Figure 50

Ce principe formulé en (9,7) s'écrit ici :

$$\frac{Q_1}{T_1} + \frac{Q_2}{T_2} \leq 0 \tag{9,9}$$

L'inégalité (9,9) impose $Q_1 \leq -\dfrac{T_1}{T_2} Q_2$ (avec $T_1 > T_2$), c'est-à-dire que toute la région située au-dessus de la droite de pente $-\dfrac{T_1}{T_2} < 0$ (zone grisée) est **interdite** par le 2e principe.

La frontière entre le moteur et le récepteur ($W > 0$) est la droite $W = 0$, c'est-à-dire la 2e bissectrice $Q_1 + Q_2 = 0$.

La région I , dans laquelle Q_1 est supérieure à 0 et Q_2 inférieure à 0 et $W < 0$, est la seule qui convient pour un moteur ; un **moteur thermique** fonctionne donc en recevant de la chaleur de la source chaude et en cédant de la chaleur à la source froide, avec $Q_1 > |Q_2|$, (le système reçoit plus de chaleur de la source chaude qu'il n'en restitue à la source froide).

Dans la zone II, W est supérieur à 0 (cas d'un **récepteur**) avec $Q_1 < 0$ et $Q_2 > 0$, le réfrigérateur ou la pompe à chaleur reçoit du travail et fait passer de la chaleur de la source froide à la source chaude.

Définition :

Le rendement d'un moteur (noté ici η) est un nombre positif défini comme le quotient du travail fourni par le système ($\mathcal{T} = -W$) divisé par la chaleur reçue de la source chaude R_1 pendant un cycle :

$$\boxed{\eta = -\frac{W}{Q_1}} \tag{9,10}$$

L'utilisation de (9,8) conduit à

$$\eta = \frac{Q_1 + Q_2}{Q_1} = 1 + \frac{Q_2}{Q_1} \tag{9, 11}$$

Le deuxième principe sous sa forme (9,9) implique que

$$\boxed{\eta \leq 1 - \frac{T_2}{T_1}} \tag{9,12}$$

Ce résultat constitue le théorème de Carnot : le rendement d'un moteur ne peut atteindre 1, il est limité théoriquement par les valeurs respectives des températures des sources chaude et froide utilisées.

Le rendement réel d'un moteur atteindrait la valeur $1 - \frac{T_2}{T_1}$ si le fonctionnement était entièrement réversible, du fait des irréversibilités le rendement réel est toujours inférieur au rendement idéal de Carnot $\eta_C = 1 - \frac{T_2}{T_1}$.

4. *Exemple de cycle réversible ditherme : le cycle de Carnot*

Il est constitué d'une succession de transformations isothermes réversibles et adiabatiques réversibles (c'est-à-dire isentropiques) d'un gaz parfait. Dans les diagrammes (P, V) et (T, S), ce cycle a les représentations ci-contre (voir figures 51 et 52).

AB est une détente adiabatique réversible (isentropique),

BC est une compression isotherme réversible à la température T_2,

CD est une compression adiabatique réversible,

et DA une détente isotherme réversible à la température $T_1 > T_2$.

L'aire grisée dans le diagramme $ABCD$ en coordonnées P, V (figure 51) représente le travail reçu par le système au cours d'un cycle ($W < 0$) ; celle grisée dans le diagramme T, S (figure 52) représente la quantité de chaleur totale reçue par le système ($Q_1 + Q_2 > 0$).

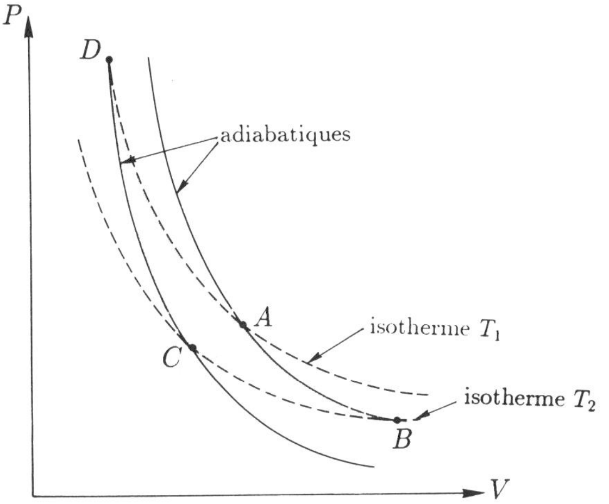

Figure 51

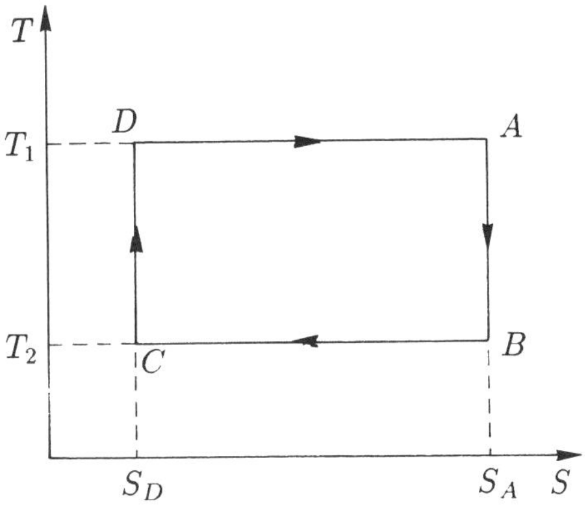

Figure 52

En effet, pour cette succession de transformations réversibles on a, d'après les résultats du chapitre 7

$$Q_2 = T_2(S_C - S_B) \tag{9,13}$$

et

$$Q_1 = T_1(S_A - S_D) \tag{9,14}$$

Remarquer que ces résultats proviennent de l'intégration de la formule (7,33) justifiée par le fait que les transformations ci-dessus sont isothermes réversibles.

Pour calculer le travail W reçu par le système au cours de ce cycle il suffit d'utiliser le premier principe (équation (9,1)), il vient

$$W + Q_1 + Q_2 = 0 \tag{9,15}$$

$$W = -Q_1 - Q_2 = T_1(S_D - S_A) + T_2(S_B - S_C) \tag{9,16}$$

Les transformations (AB) et (CD) sont, par hypothèse, adiabatiques et réversibles donc isentropiques

$$S_A = S_B \quad \text{et} \quad S_D = S_C \tag{9,17}$$

Le travail W reçu par le système s'écrit donc

$$W = (T_1 - T_2)(S_D - S_A) \tag{9,18}$$

et le rendement de ce cycle réversible vaut

$$\eta = -\frac{W}{Q_1} = \frac{T_1 - T_2}{T_1} = 1 - \frac{T_2}{T_1} \tag{9,19}$$

c'est le rendement maximal prévu par Carnot.

Remarques :

1) Dans ce problème, comme dans nombre de ceux qui font intervenir des transformations isentropiques, l'analyse à l'aide des variables (T, S) est beaucoup plus efficace que l'analyse à l'aide des variables mécaniques (P, V).

2) Les cycles utilisés industriellement sont le cycle du moteur à explosion de A. Beau de Rochas (1862), réalisé pour la première fois par N. Otto (1878) (qui s'associera plus tard à C. Benz) et le cycle du moteur de R. Diesel. Leur rendement théorique maximal est inférieur au rendement du cycle de Carnot mais ils permettent toutefois d'atteindre respectivement des rendements de l'ordre de 0,6 pour le moteur à explosion et 0,7 pour le moteur diesel. (Ils sont étudiés dans le complément à la fin de ce chapitre).

III. Autres machines thermiques : réfrigérateurs et pompes à chaleur

1. *Définition de l'efficacité (ou coefficient de performance) du réfrigérateur*

Les réfrigérateurs sont des machines dithermes qui absorbent de la chaleur de la source froide (à la température T_2) : c'est-à-dire $Q_2 > 0$ et cèdent de la chaleur à l'extérieur $Q_1 < 0$ (thermostat T_1) à l'aide du travail reçu $W > 0$.

Reprenons le diagramme (Q_1, Q_2) de la figure 50, la zone correspondant au fonctionnement des réfrigérateurs est la zone II.

Dans cette opération de réfrigération la quantité de chaleur cédée à l'extérieur n'est pas fondamentale ; ce qui est fondamental pour mesurer l'**efficacité** ou **coefficient de performance** du réfrigérateur c'est la quantité de chaleur Q_2 qu'il peut extraire de la source froide pour un travail donné W. Ce coefficient de performance est mesuré par le **nombre positif**

$$\rho = \frac{Q_2}{W} = -\frac{Q_2}{Q_1 + Q_2} \qquad (9,20)$$

L'inégalité (9,7) implique que l'efficacité du réfrigérateur est limitée par la valeur $\rho_{\max}$

$$\rho_{\max} = \frac{T_2}{T_1 - T_2} \qquad (9,21)$$

Remarques :

1) un coefficient de performance peut être supérieur à 1.

2) l'inégalité fondamentale pour les réfrigérateurs

$$\rho = \frac{Q_2}{W} \leq \frac{T_2}{T_1 - T_2}$$

implique qu'il faut fournir **un travail minimum**

$$W \geq \frac{Q_2(T_1 - T_2)}{T_2}$$

pour faire passer de la chaleur d'un corps froid vers un corps chaud, alors que le passage dans le sens contraire est spontané (cf. chapitre 8, § III.3).

> C'est ce résultat que Clausius avait posé a priori comme énoncé du 2e principe :
>
> "Il n'est pas de processus dont le **seul** effet serait de faire passer de la chaleur d'une source froide à une source chaude"

2. *La pompe à chaleur*

La pompe à chaleur est, du point de vue thermodynamique, l'instrument idéal de chauffage des immeubles : elle prélève une partie de l'énergie thermique de l'air extérieur (source froide) et en cède au local à chauffer (source chaude). La quantité d'énergie transférée à ce local est supérieure à la puissance mécanique dépensée par la pompe. Dans le diagramme (Q_1, Q_2) de la figure 50, la zone correspondant au fonctionnement des pompes à chaleur est la zone II.

Prenons comme exemple une pompe à chaleur idéale décrivant un cycle de Carnot. Lorsque la température extérieure est $-10°$C, un appartement nécessite la fourniture de 15 kW pour que sa température soit maintenue à 20°C ; calculons la puissance électrique minimale à fournir à la pompe dans cette opération.

La pompe à chaleur a un coefficient de performance défini par le rapport de la quantité de chaleur utile (celle fournie au local : $-Q_1$) à la valeur de l'énergie mécanique consommée W.

Si le cycle est un cycle de Carnot, l'inégalité (9,7) implique le rendement maximum :

$$\rho_{\max} = \frac{T_1}{T_1 - T_2} = \frac{293}{293 - 263} = \frac{293}{30} \simeq 9,8$$

Les différentes irréversibilités rencontrées au niveau d'une installation réelle conduisent à pondérer le coefficient de performance par un facteur voisin de 0,5 d'où $\rho_{\text{réel}} = 4,9$. La puissance électrique à fournir à la pompe serait donc

$$\mathcal{P} = \dot{W} = \frac{-\dot{Q}_1}{\rho_{\text{réel}}} = \frac{15}{4,9} \simeq 3 \text{ kW}$$

Cette faible valeur montre bien l'avantage de la pompe à chaleur : on fournit 15 kW à l'appartement tout en ne dépensant que 3 kW pour faire tourner la pompe.

Pour conclure revenons au diagramme de Raveau (figure 50). Les zones III et IV du diagramme Q_1, Q_2 sont permises par le 1er et le 2ème principes, mais :

a) dans la zone IV, $W > 0$ avec $Q_1 > 0$ et $Q_2 < 0$, le système reçoit du travail pour faire passer de la chaleur de la source chaude à la source froide (passage habituellement spontané), aucun intérêt pratique.

b) dans la zone III, $W > 0$ avec Q_1 et $Q_2 < 0$, une pompe à chaleur pourrait fonctionner dans ces conditions mais avec un coefficient de performance inférieur à celui obtenu dans la zone II.

Complément

Machines thermiques sans changement d'état

Nous avons déjà, au chapitre précédent, décrit un cycle idéal celui de Carnot constitué de 2 transformations isentropiques et de 2 isothermes. Nous allons examiner d'un peu plus près des cycles d'importance industrielle plus grande : le cycle du moteur à explosion, et le cycle du moteur diesel. Ce sont des machines thermiques sans changement d'état. Nous traiterons au chapitre 11 le cas des machines thermiques avec changement d'état ("machines à vapeur", réfrigérateurs).

1. Cycle du moteur à explosion : Beau de Rochas 1862, réalisé par Otto 1876

Dans le cas d'un moteur à explosion à 4 temps le cycle P, V (schématisé figure 53) est décrit par le mélange air-essence en 4 temps successifs (les déplacements correspondants du piston sont représentés figure 54).

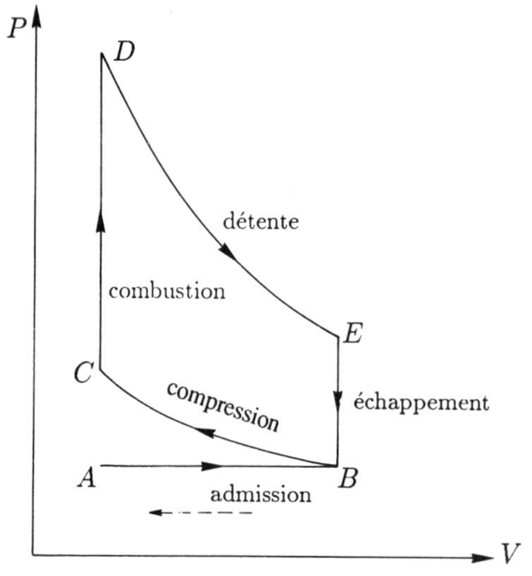

Figure 53

Pendant le premier temps (I) se produit l'admission du mélange air-essence (fourni par le carburateur) : portion AB du cycle (figure 53), dans le cylindre le piston descend (figure 54).

Pendant le temps (II) suivant, le piston remonte et comprime le mélange (portion BC du cycle) ; à la fin de cette compression, l'étincelle à la bougie déclenche la combustion brutale ("explosion") du mélange ce qui produit la brutale augmentation de pression CD.

L'étape suivante (III) est la détente DE, durant laquelle les gaz brûlés poussent fortement le piston vers le bas : c'est le **seul temps "moteur"**. A la fin de la détente s'ouvre la soupape d'échappement, durant le dernier temps (IV) le piston qui remonte chasse les gaz brûlés vers l'extérieur (échappement EBA).

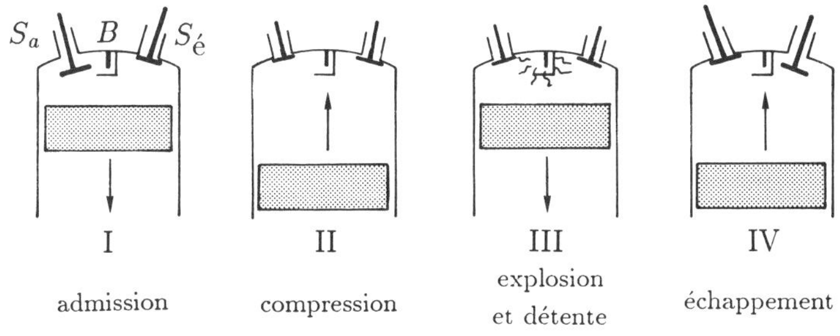

$$\begin{cases} S_a & = \text{soupape d'admission} \qquad B \text{ bougie} \\ S_é & = \text{soupape d'échappement} \end{cases}$$

Moteur à explosion à 4 temps

Figure 54

Nous allons définir le **rendement théorique** d'un tel moteur.

Durant le cycle les propriétés du fluide changent mais nous n'en tiendrons pas compte et assimilerons ici ce fluide à un gaz parfait.

Au cours du cycle fermé $BCDE$, nous considérerons la compression BC et la détente DE comme des transformations adiabatiques réversibles, c'est-à-dire des transformations isentropiques*

Le rendement théorique $\eta = -\dfrac{W}{Q_1} = \dfrac{Q_{CD} + Q_{EB}}{Q_{CD}}$; CD et EB sont des transformations isochores

$$Q_{CD} = nC_V(T_D - T_C) \qquad \text{et} \qquad Q_{EB} = nC_V(T_B - T_E)$$

d'où
$$\eta = 1 + \frac{T_B - T_E}{T_D - T_C}.$$

Pour les deux isentropiques BC et DE on a

$$T_B V_B^{\gamma-1} = T_C V_C^{\gamma-1} \qquad \text{avec} \quad V_C = V_A \Longrightarrow T_C = T_B \left(\frac{V_B}{V_A}\right)^{\gamma-1}$$

$$T_D V_D^{\gamma-1} = T_E V_E^{\gamma-1} \qquad \text{avec} \quad V_D = V_A \Longrightarrow T_D = T_E \left(\frac{V_B}{V_A}\right)^{\gamma-1}$$

* Supposer que les transformations BC ou DE sont adiabatiques est une hypothèse de travail raisonnable, car chacun de ces temps est très rapide, ce qui limite les flux de chaleur du milieu extérieur vers le système. Typiquement, un moteur d'automobile tourne à environ 4000 tours par minute ; le vilebrequin fait deux tours pendant un cycle thermodynamique de quatre temps (voir figure 54) ; il y a donc 2000 cycles par minute soit 1 cycle en $3\ 10^{-2}$ s. Les étapes BC ou DE durent donc de l'ordre de $1/100^e$ de seconde ce qui est un temps très court devant les temps caractéristiques de transfert de la chaleur par diffusion thermique ou conduction ! L'hypothèse d'adiabaticité est par suite raisonnable. En ce qui concerne l'hypothèse de réversibilité, elle est plus contestable dans la pratique, ce qui explique en partie que les moteurs réels n'atteignent pas le rendement idéal maximum que nous allons calculer dans ce qui suit.

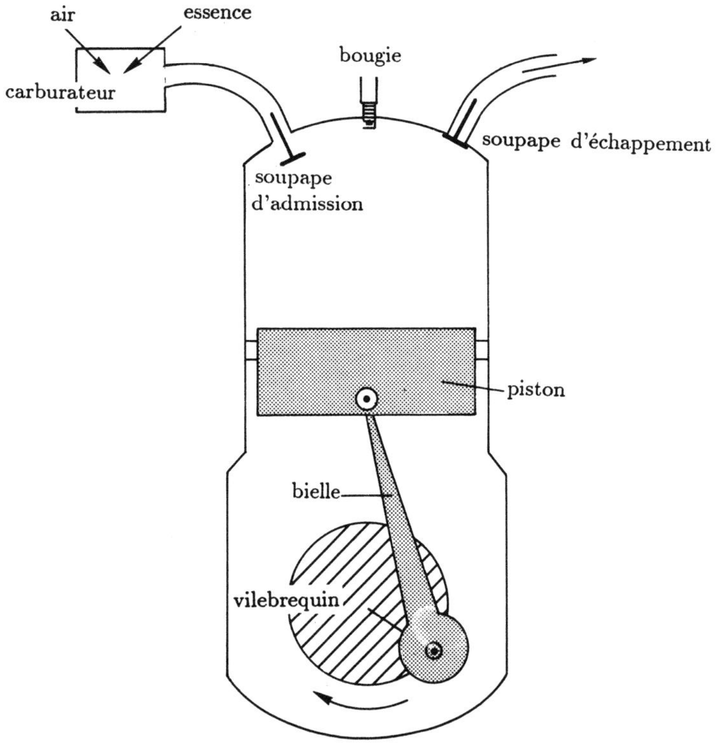

Schéma de principe d'un cylindre de moteur à explosion :
le vilebrequin transforme le mouvement rectiligne d'aller et retour du piston en mouvement circulaire de l'arbre moteur

Figure 55

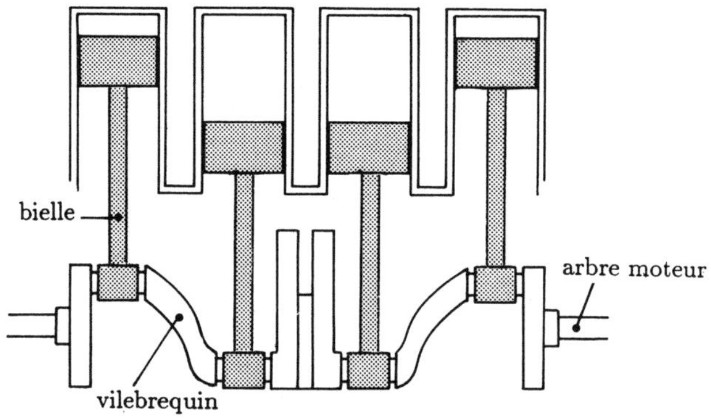

Moteur à explosion à 4 cylindres

Figure 56

Le rapport $\alpha = \dfrac{V_B}{V_A}$ est appelé **taux de compression**.

On en déduit $$\eta = 1 - \frac{1}{\alpha^{\gamma-1}}$$

Plus le taux de compression α est élevé, plus le rendement η est grand et voisin de 1.

Le taux de compression α est limité par les détonations du mélange (explosions spontanées ou autoallumage), ceci justifie l'emploi de "supercarburant" à haut indice d'octane (C_8H_{18}) : l'indice d'octane mesure la valeur antidétonante du carburant.

Avec ce type de carburant les moteurs de voiture de tourisme fonctionnent avec des taux de compression compris entre 8 et 10, soit pour un coefficient $\gamma = \dfrac{C_P}{C_V} \simeq 1,4$, des rendements de l'ordre de 0,56.

Remarque : pour que le cycle représenté figure 53 soit lisible, le diagramme a été très élargi (il en est de même dans les cycles de Carnot réels, voir exercice 23). Ici, avec un taux de compression $\alpha = \dfrac{V_B}{V_A} \simeq 10$ et un coefficient $\gamma = 1,4$, le rapport des pressions $\dfrac{P_C}{P_B} = \left(\dfrac{V_B}{V_A}\right)^{\gamma} \simeq 25$, ce qui donne un cycle réel très étroit.

2. Moteur Diesel

Le moteur de R. Diesel est un moteur à combustion interne. Il fonctionne par autoallumage du gazole que l'on injecte dans de l'air préalablement comprimé sous pression élevée. Cette forte compression appliquée à de l'air **seul** ne présente aucun risque d'inflammation : on peut donc utiliser dans ces moteurs des taux de compression de l'ordre de 20, supérieurs à ceux des moteurs à essence, pour un carburant qui nécessite un raffinage moins poussé que celui de l'essence et de ce fait est moins cher.

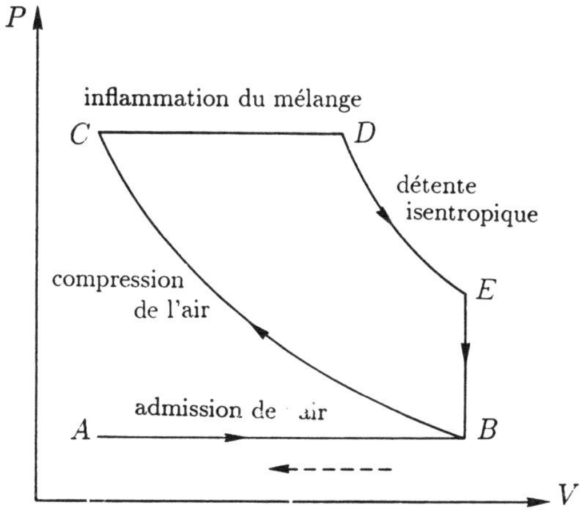

Figure 57

Les quatre temps sont les suivants (figure 57) :

Dans le premier temps (partie AB) l'air seul est admis ; $V_B \gg V_A$ permet d'avoir un fort taux de compression. Pendant le deuxième temps (BC) nous avons compression isentropique de l'air **seul** : sa température augmente.

Le troisième temps comporte deux parties : CD et DE. Au point C se produit l'injection du gazole pulvérisé en fines gouttelettes. La température est élevée, le mélange s'enflamme spontanément et se détend : d'abord à pression constante (partie CD) puis suivant une détente isentropique (partie DE). Ce troisième temps est le **temps moteur**.

Pendant le quatrième temps (partie EBA) se produit l'échappement.

Raisonnons sur un gaz parfait décrivant le cycle $BCDEB$. Le rendement est, comme précédemment :

$$\eta = \frac{Q_{CD} + Q_{EB}}{Q_{CD}}$$

avec ici
$$\begin{aligned} Q_{CD} &= nC_P(T_D - T_C) \\ Q_{EB} &= nC_V(T_B - T_E) \end{aligned} \Longrightarrow \eta = 1 + \frac{1}{\gamma}\frac{T_B - T_E}{T_D - T_C}$$

Le rapport de compression α est toujours défini par $\dfrac{V_B}{V_A}$, un deuxième rapport volumétrique important est $\beta = \dfrac{V_B}{V_D}$. L'isentropique BC permet d'écrire :

$$T_C V_A^{\gamma-1} = T_B V_B^{\gamma-1} \qquad \text{d'où} \quad T_C = T_B \alpha^{\gamma-1}$$

de même l'isentropique DE :

$$T_D V_D^{\gamma-1} = T_E V_B^{\gamma-1} \qquad \text{d'où} \quad T_D = T_E \beta^{\gamma-1}$$

De plus, l'équation du gaz parfait $PV = nRT$ donne :

$$\frac{T_D}{T_C} = \frac{V_D}{V_C} = \frac{V_D}{V_B}\frac{V_B}{V_A} = \frac{\alpha}{\beta}$$

Le rendement s'écrit alors :

$$\begin{aligned} \eta &= 1 + \frac{1}{\gamma}\left[\frac{T_C\alpha^{1-\gamma} - T_D\beta^{1-\gamma}}{T_D - T_C}\right] \\ &= 1 - \frac{1}{\gamma}\frac{\alpha^{1-\gamma} - \alpha\beta^{-\gamma}}{1 - \dfrac{\alpha}{\beta}} \end{aligned}$$

$$\eta = 1 - \frac{1}{\gamma}\frac{\alpha\beta^{1-\gamma} - \beta\alpha^{1-\gamma}}{\alpha - \beta}$$

Les rendements théoriques obtenus sont de l'ordre de 70%.

Moteur à explosion à essence et moteur diesel peuvent être tous deux équipés d'un **turbocompresseur**, qui augmente leur rendement sans trop augmenter leur poids. En fait, deux turbines sont couplées sur le même arbre : les gaz d'échappement entraînent la première, la seconde comprime alors le mélange air-essence à l'admission (ou l'air, dans le cas du diesel). Le taux de surcompression et le gain de puissance sont compris entre 40 et 60%.

3. Turbines à gaz

Un autre type de machine thermique est celui des turbines à gaz ; elles équipent des avions, turbotrains, etc. Le principe de ces turbines est l'utilisation de la détente de gaz chauds très rapides (voir complément C.6.).

Le schéma typique d'un turboréacteur est représenté sur la figure 58.

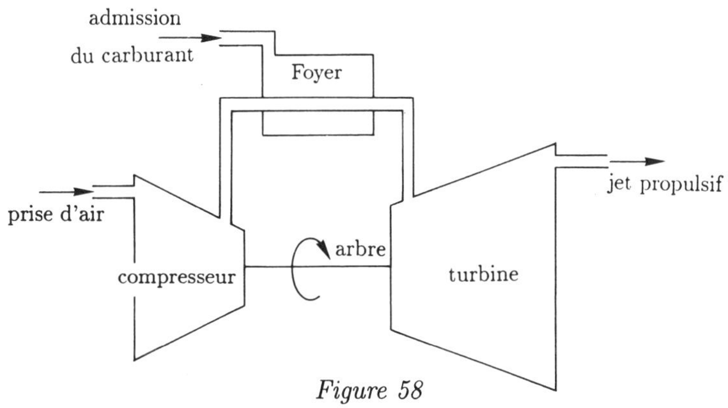

Figure 58

Le compresseur d'entrée destiné à alimenter le foyer en air frais est constitué d'une rangée d'ailettes alternativement fixes ou en rotation. Avec 10 à 20 étages, on réalise des rapports de compression de l'ordre de 15 à 30. Cet air "frais" comprimé est admis dans le foyer ou chambre de combustion, où il est porté à des températures très élevées ($\sim$ 1500 K). Le gaz à la sortie du foyer a une enthalpie massique très élevée. La détente dans la turbine est en partie utilisée pour fournir l'énergie nécessaire pour entraîner la rotation de l'arbre commun, le reste de l'énergie disponible est transmis sous forme d'énergie cinétique au jet propulsif.

Nous terminerons ce survol par quelques **ordres de grandeur de puissances**.

Calculons la puissance dépensée par un homme, dont la masse est 75 kg (poids 750 newtons), qui monte un escalier à la vitesse d'une marche par seconde (hauteur d'une marche = 16 cm). Cet homme développe une puissance $P = \frac{W}{t} = \frac{Fl}{t} = 750 \times 0,16 =$ 120 W, c'est-à-dire à peine plus que la puissance d'une ampoule électrique ordinaire.

Puissance d'une voiture de tourisme	$\simeq$ 75	kW
Voiture de Formule I	$\simeq 0,3$	MW
Locomotive 2D2-9100	3,7	MW
Rame moderne de métro	4,5	MW
Locomotive électrique BB-7200	5,1	MW
Locomotive électrique CC-6500	5,8	MW
Rame de TGV (Sud-est)	5,8	MW
Rame de TGV (Atlantique)	7,4	MW
Porte-avions FOCH	93	MW
Concorde en vol horizontal à 2100 km/h	$\simeq$ 450	MW
Centrale thermique à flamme	600	MW
Tranche de centrale nucléaire	900	MW
Interconnection France-Angleterre (IFA-2000)	2000	MW

La puissance moyenne reçue du soleil par la terre est de 10^{11} MW, alors que la puissance moyenne sur 1 siècle des séismes du XXème siècle est de 10^4 MW et que les puissances mises en jeu dans les processus géothermiques sont de l'ordre de 10^7 MW.

EXERCICES

(23) Un cycle de Carnot est une succession de transformations quasi-statiques réversibles au terme desquelles le système revient dans son état initial. Le cycle de Carnot étudié ci-dessous est la succession d'une compression isotherme AB (à T_2) suivi d'une compression adiabatique BC, puis d'une détente isotherme CD (à la température T_1) et terminé par une détente adiabatique DA.

$$\begin{cases} P_A = 1\,\text{atm. et} \quad T_2 = 20°\text{C} \\ V_C = 1\ \text{litre et} \quad P_C = 10\,\text{atm.}, \quad T_1 = 250°\text{C} \\ \text{gaz diatomique } \gamma = 1,4 \end{cases}$$

a) Déterminer la valeur de V_A et les coordonnées des points B et D du cycle.

b) Tracer le cycle sur papier millimétré dans le diagramme de Clapeyron (échelle : 1 cm pour 1 atm. et 2 cm pour 1 litre).

c) Calculer les quantités de chaleur Q_1 et Q_2 et le travail W reçus par le gaz au cours du cycle. Préciser leur signe. Le système effectue-t-il un travail moteur ou résistant? Comment doit-on mesurer l'efficacité du processus ? Donner le coefficient d'efficacité (appelé ici rendement en fonction de W, Q_1 et Q_2). Le calculer en fonction de T_1 et T_2.

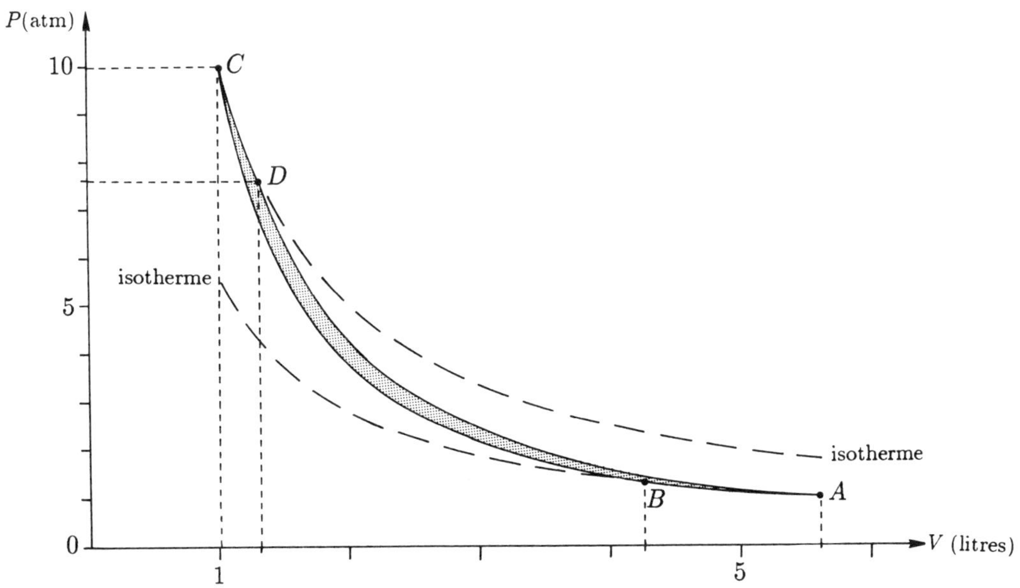

Corrigé :

a) $V_A = \left(\frac{T_2}{T_1}\right)\frac{P_C V_C}{P_A} = 5,6 \text{ l} \Longrightarrow V_D = V_A\left(\frac{T_2}{T_1}\right)^{1/(\gamma-1)} = 1,315 \text{ l}$

$$P_D = \frac{P_C V_C}{V_D} = 7,6 \text{ atm. } ; \; V_B = \frac{V_A V_C}{V_D} = 4,26 \text{ l et } P_B = \frac{P_A V_A}{V_B} = 1,315 \text{ atm}$$

c) sur l'isotherme T_1 : $Q_1 = nRT_1 \ln \frac{V_D}{V_C} = 277$ J> 0 chaleur reçue par le gaz de la source chaude.

Sur l'isotherme T_2 : $Q_2 = nRT_2 \ln \frac{V_B}{V_A} = -155$ J< 0 chaleur reçue par le gaz de la source froide (elle est négative parce que le flux d'énergie va du gaz vers la source). Remarquer que $\frac{Q_2}{Q_1} = -\frac{T_2}{T_1}$.

Au cours du cycle, $\Delta U = 0 = Q_1 + Q_2 + W$

d'où $W = -Q_1 - Q_2 = -122$ J travail moteur (le flux d'énergie va du gaz vers le milieu extérieur).

Rendement $\eta = \left|\frac{W}{Q_1}\right| = \frac{Q_1 + Q_2}{Q_1} = 1 + \frac{Q_2}{Q_1}$

donc $\eta = 1 - \frac{T_2}{T_1} = 1 - \frac{293}{523}$=44%

Remarque : ce diagramme correspond à celui d'un cycle industriel **réel**. Pour des raisons de commodité de lecture, les diagrammes tracés dans les ouvrages sont en général déformés (surtout élargis) et leur allure bien différente de celle des cycles réels. Par ailleurs il faut noter que dans les machines réelles, il existe des causes d'irréversibilité (frottements, fuites thermiques) qui font que le rendement est inférieur à celui calculé plus haut.

(24) On considère une mole de gaz carbonique initialement portée à la température T_1=100°C dans un récipient de volume V_1=1 litre sous une pression P_1 (état A). On effectue d'abord une détente adiabatique réversible qui amène le gaz à une température T_2 et un volume $V_2 = 10V_1$ (état B). On effectue ensuite une compression isotherme réversible qui amène le gaz à la pression P_1 (état C : P_1, T_2). On réchauffe ensuite le gaz jusqu'à la température T_1 à pression constante. On assimilera le gaz carbonique à un gaz parfait de rapport des chaleurs spécifiques $\gamma = 4/3$.

a) Tracer le cycle correspondant dans le diagramme de Clapeyron.

b) Calculer la pression initiale P_1.

c) Calculer la température T_2 de la source froide.

d) Calculer les quantités de chaleur reçues par le gaz au cours des transformations AB, BC et CA respectivement. Faire le bilan des quantités de chaleur reçues. Établir ensuite le bilan entropique : discussion.

e) Calculer le travail mécanique total fourni par les agents extérieurs au cours du cycle $ABCA$. Calculer le rendement thermodynamique de ce cycle.

f) Comparer ce rendement à celui du cycle de Carnot fonctionnant entre T_1 et T_2.

Réponses :

a)

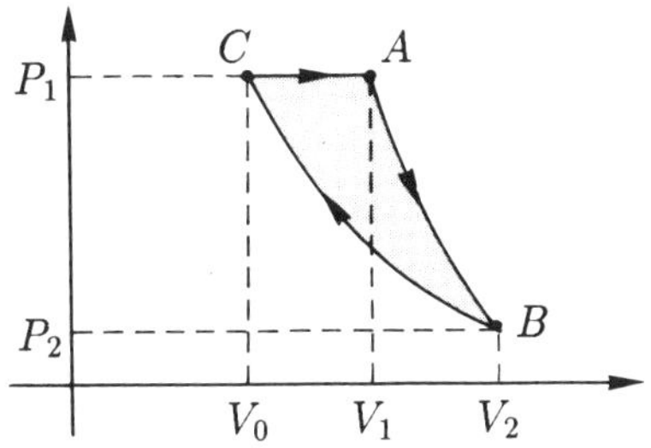

b) $\begin{cases} n = 1 \text{ mole} \\ P_1 = \dfrac{nRT_1}{V_1} \simeq 31 \text{ atm} \end{cases}$

c) $T_2 = T_1\left(\dfrac{V_1}{V_2}\right)^{\gamma-1} = 173$ K

d) $Q_{AB} = 0$; $Q_{BC} = RT_2 \ln \dfrac{V_0}{V_2} = -4415$ J < 0

$Q_{CA} = C_p(T_1 - T_2) = 6648$ J > 0.

$Q_{AB} + Q_{BC} + Q_{CA} > 0$ comme on pouvait le lire sur le diagramme (voir paragraphe I.2, chapitre 9)

Entropie : au cours de l'adiabatique réversible (isentropique) $\Delta S_{AB} = 0$,

au cours de l'isobare, $\Delta S_{CA} = C_p \ln \dfrac{T_1}{T_2} = +25,5$ J·K^{-1}

et pendant la compression isotherme $\Delta S_{BC} = R \ln \dfrac{V_0}{V_2} = -25,5$ J·K^{-1}

On retrouve bien pour 1 cycle : $\Delta S_{\text{total}} = \Delta S_{AB} + \Delta S_{BC} + \Delta S_{CA} = 0$

e) $W = -Q_{BC} - Q_{CA} = -2233$ J < 0,

le système fournit un travail moteur.

Rendement $\eta = \left|\dfrac{W_{\text{total}}}{Q_{CA}}\right|$=34%

f) Rendement théorique de Carnot : $\eta_C = 1 - \dfrac{T_2}{T_1}$ =54%.

Le cycle de Carnot est plus favorable que le cycle étudié pour fournir du travail. Dans le cas présent la partie défavorable est le chauffage à pression constante, très coûteux en chaleur pour un travail fourni minime.

(25)

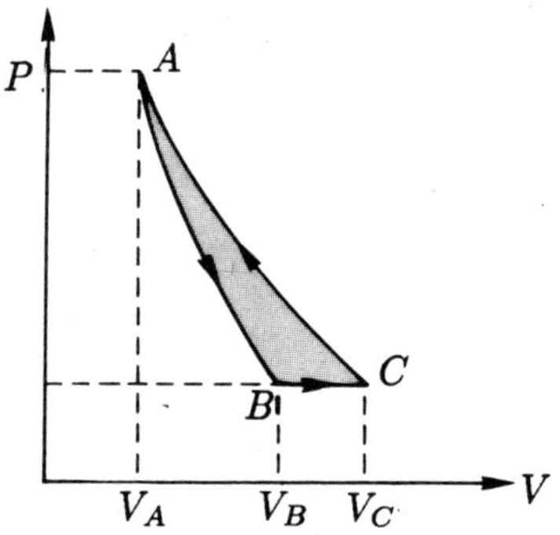

Une mole d'un gaz parfait décrit, dans le sens direct, un **cycle** comportant successivement une adiabatique réversible, une isobare et une isotherme réversibles.

On part de A à la température T_A, la mole occupant le volume V_A, pour arriver en B où la mole occupe le volume V_B.

On désignera par P_A, V_A, T_A (respectivement P_B, V_B, T_B et P_C, V_C, T_C) les pression, volume et température du point A (respectivement B et C).

1) Calculer P_A, puis T_B, P_B, T_C, V_C et P_C en fonction des données T_A, V_A, V_B et γ.

2) Calculer, pour chacune des trois branches du cycle, le travail et la chaleur reçus par le gaz. Donner les signes de ces six grandeurs.

3) Le système fonctionnant comme une **pompe à chaleur**, sur quelle branche du cycle pompe-t-il de la chaleur ? Où en cède-t-il ?

4) Quel est le travail total reçu par le gaz lors **du cycle** ? On exprimera le résultat en fonction de C_P, T_A et T_B.

5) Définir un **coefficient de performance** pour cette machine et le calculer.

Résultats :

1) $P_A = \dfrac{RT_A}{V_A}$ et $T_B = T_A\left(\dfrac{V_A}{V_B}\right)^{\gamma-1}$

$$P_B = P_C = RT_A\frac{V_A^{\gamma-1}}{V_B^{\gamma}} \qquad T_C = T_A \qquad V_C = \frac{V_B^{\gamma}}{V_A^{\gamma-1}}$$

2) $W_{CA} = \gamma RT_A \ln\dfrac{V_B}{V_A} > 0$ et $Q_{CA} = -W_{CA} < 0$

$$W_{AB} = \frac{RT_A}{\gamma-1}\left[\left(\frac{V_A}{V_B}\right)^{\gamma-1} - 1\right] < 0 \qquad \text{et} \quad Q_{AB} = 0$$

$$W_{BC} = RT_A\left[\left(\frac{V_A}{V_B}\right)^{\gamma-1} - 1\right] < 0 \qquad \text{et} \quad Q_{BC} = C_P(T_C - T_B) > 0$$

3) Le système pompe (reçoit) de la chaleur sur l'isobare BC, et cède de la chaleur sur l'isotherme CA.

4) Lors du cycle, le travail total reçu par le gaz est

$$W = \gamma RT_A\left\{\ln\frac{V_B}{V_A} + \frac{1}{\gamma-1}\left[\left(\frac{V_A}{V_B}\right)^{\gamma-1} - 1\right]\right\} = C_PT_A\left\{\ln\frac{T_A}{T_B} + \left(\frac{T_B}{T_A} - 1\right)\right\}$$

5) La pompe est d'autant plus performante que la quantité de chaleur fournie à la source chaude (par exemple l'appartement chauffé) est plus élevée par rapport au travail reçu ; d'où un coefficient de performance :

$$\rho = \frac{-Q_{CA}}{W_{\text{reçu}}} = \frac{C_P T_A \ln \dfrac{T_A}{T_B}}{C_P T_A \left[\ln \dfrac{T_A}{T_B} + \left(\dfrac{T_B}{T_A} - 1 \right) \right]} = \frac{\ln \dfrac{T_A}{T_B}}{\ln \dfrac{T_A}{T_B} + \left(\dfrac{T_B}{T_A} - 1 \right)}$$

L'analyse des variations du dénominateur en fonction de T_A et T_B peut être réalisée comme dans l'exercice 16 : si $T_A > T_B$ dénominateur et numérateur sont positifs. Le coefficient de performance est d'autant plus grand que T_A tend vers T_B. Sa limite quand $T_A - T_B \ll T_B$ vaut $\rho \sim \dfrac{2T_B}{T_A - T_B}$.

Chapitre 10

Description des propriétés thermoélastiques d'un système quelconque ; utilisation des diverses fonctions d'état

CHAPITRE 10

I. Les coefficients calorimétriques : leur intérêt et leur usage

1. *Rappels concernant les transferts de chaleur dans différents types de transformations*

2. *Détermination des fonctions d'état à partir de mesures calorimétriques :*
les coefficients calorimétriques dérivées partielles de diverses fonctions d'état.
Le problème de la détermination de l et h - "relations magiques" de la thermodynamique

II. Les différentielles des fonctions d'état.
Variables naturelles et "relations magiques"
- application au cas du gaz parfait
- l'intérêt pour des corps réels

DESCRIPTION DES PROPRIÉTÉS THERMOÉLASTIQUES D'UN SYSTÈME QUELCONQUE UTILISATION DES DIVERSES FONCTIONS D'ÉTAT

I. Les coefficients calorimétriques : leur intérêt et leur usage

1. *Rappels concernant les transferts de chaleur dans différents types de transformations*

Nous avons dans les chapitres 6, 7 et 8 étudié le problème des échanges de chaleur entre un système A et le milieu extérieur et recensé les cas où ces échanges de chaleur peuvent être évalués à partir des paramètres d'équilibre du système A dans l'état initial (c'est-à-dire avant l'échange) et dans l'état final (à l'équilibre de A après l'échange). Pour mémoire rappelons les cas généraux les plus importants :

• la chaleur reçue dans une transformation à **volume constant** :

$$Q_V = \Delta U = U^F - U^I \qquad (10,1)$$

où U^F représente l'énergie interne dans l'état final (respectivement U^I état initial)

• la chaleur reçue dans une transformation à **pression constante** :

$$Q_P = \Delta H = H^F - H^I \qquad (10,2)$$

• la chaleur reçue dans une transformation **réversible** pouvant être déterminée grâce à la formule particulière :

$$Q_{\text{réversible}} = \int_{\text{initial}}^{\text{final}} T dS \qquad (10,3)$$

Cette dernière formule démontrée au chapitre 7, § V fait intervenir l'intégrale d'une fonction de deux variables le long du chemin suivi par le système dans la transformation réversible considérée. Prenons quelques exemples :

• transformation réversible à volume constant

Rappelons l'égalité thermodynamique fondamentale (7,6)

$$dS = \frac{1}{T}dU + \frac{P}{T}dV \qquad (10,4)$$

le long de ce chemin particulier $dV = 0$ et en reportant dans (10,3)

$$Q_{\text{rev},V=\text{cte}} = \int_{\text{init}}^{\text{final}} T(\frac{1}{T}dU) = U^{\text{final}} - U^{\text{initial}} \tag{10,5}$$

On retrouve ainsi le résultat (10,1). Ne pas oublier toutefois que (10,1) est plus générale que (10,5) puisqu'elle s'applique également aux transformations irréversibles.

• **transformation réversible à pression constante**

On utilise toujours l'égalité thermodynamique fondamentale (7,6). La nouvelle hypothèse introduite ici (P=cte) implique que le long de ce chemin

$$dH = d(U + PV) = dU + PdV + VdP = TdS \tag{10,6}$$

car $dP = 0$

Par suite

$$dS_{P=\text{cte}} = \frac{1}{T}dH_{P=\text{cte}} \tag{10,7}$$

et la chaleur reçue dans une telle transformation **réversible** calculée à partir de (10,3) redonne le résultat général (10,2).

• **transformation réversible isotherme**

Dernier cas particulier important, pour les transformations réversibles et isothermes la formule (10,3) conduit à l'expression

$$Q_{\text{rev},T=\text{cte}} = T(S^{\text{final}} - S^{\text{initial}}) \tag{10,8}$$

Dans les cas particuliers que nous venons de rappeler **la chaleur reçue par un système s'exprime donc à l'aide des accroissements de diverses fonctions d'état de ce système.**

Ces résultats théoriques peuvent être exploités de diverses façons :

i) pour **calculer** la chaleur reçue par un **système modèle** (par exemple : le gaz parfait ou le solide incompressible à capacité calorifique indépendante de la température) à partir des fonctions d'état U, H ou S, fonctions qui sont elles-mêmes calculables à partir des premiers principes (à cause des hypothèses sur lesquelles repose le modèle). C'est ce que nous avons essentiellement fait jusqu'ici.

ii) pour les **systèmes réels** la démarche est généralement inverse, on mesure Q_V ou Q_P et on en déduit ΔU_V ou ΔH_P et par suite les fonctions d'état du système. L'objet du paragraphe suivant est de montrer de manière un peu plus précise comment ce résultat peut être atteint.

2. *Détermination des fonctions d'état à partir de mesures calorimétriques :*

L'idée de la méthode repose d'abord sur l'hypothèse (amplement vérifiée par l'expérience) que pour un corps pur les fonctions d'état **sont des fonctions de deux variables indépendantes**.

La complexité du problème repose sur le fait que l'on peut faire de multiples choix concernant le couple de variables indépendantes en fonction desquelles on souhaite exprimer ces différentes fonctions.

Comme exemple de cette **indétermination dans le choix de variables** reportez-vous au chapitre 7 et à l'expression de l'entropie d'un gaz parfait pour lequel nous avons déterminé trois formes fonctionnelles différentes en fonction successivement des variables (T, V), (P, T) et (P, V). Ces trois expressions (7,22) (7,26) et (7,30) ont le même contenu physique et on passe de l'une à l'autre par utilisation de l'équation d'état du gaz parfait $(PV = nRT)$.

Ceci étant, pour exploiter les résultats résumés par les formules (10,1), (10,2), et (10,3) il faut choisir un couple de variables.

Dans les trois types de transformations étudiées ci-dessus une des variables à choisir semble "naturelle" * : il s'agit du volume pour les transformations à volume constant de la pression pour les transformations isobares et de la température pour les transformations isothermes réversibles :

$$Q_V = U(V, x^f) - U(V, x^i) \tag{10,9}$$
$$Q_P = H(P, y^f) - H(P, y^i) \tag{10,10}$$
$$Q_{rev,T} = T[S(T, z^f) - S(T, z^i)] \tag{10,11}$$

Vues sous cet angle, les quantités de chaleur reçues par le système apparaissent comme associées à l'accroissement d'une fonction d'état du système accompagnant la variation **d'une seule** variable x, y ou z.

Du point de vue théorique le choix de la deuxième variable permettant de déterminer l'état du système est très largement arbitraire; exemple :

• pour la transformation à volume constant on pourrait choisir comme "x" la température, l'entropie, voire la pression du système à l'équilibre,

• pour la transformation à pression constante, "y" pourrait être indifféremment T, S voire V,

• pour la transformation isotherme réversible on peut choisir indifféremment "z" $=V$ ou P voire U.

Du point de vue pratique certains choix s'imposent : par exemple pour les échanges thermiques à volume constant ou pression constante, la température du système est facile à mesurer, c'est donc la variation de l'énergie interne ou de l'enthalpie par rapport à la température que l'on retient comme paramètre caractéristique du système. On mesure ainsi les chaleurs spécifiques à volume (respectivement pression) constant introduites au chapitre 6.

$$nC_V(T, V) = \lim_{\Delta T \to 0} \frac{U(V, T + \Delta T) - U(V, T)}{\Delta T} \tag{10,12}$$
$$= \left(\frac{\partial U}{\partial T}\right)_V \tag{10,13}$$

* Si le mot "naturel" ne vous semble pas bien choisi, la comparaison avec d'autres choix montre bien que c'est sinon naturel du moins économique !

$$nC_P(T,P) = \left(\frac{\partial H}{\partial T}\right)_P \tag{10,14}$$

(Rappelons que C_V et C_P sont également des fonctions de 2 variables comme les fonctions U (et H) dont elles sont les dérivées partielles respectives).

Dans le cas de **transformations isothermes réversibles** le choix de "z" est plus indifférent.

On peut choisir de déterminer le volume du système, et la chaleur réversible mise en jeu permet alors de déterminer la variation de l'entropie du système en fonction du volume via l'équation (10,11)

$$\lim_{\Delta V \to 0} \frac{Q_{\text{rev},T}}{\Delta V} = T \lim_{\Delta V \to 0} \frac{S(T, V + \Delta V) - S(T,V)}{\Delta V} \tag{10,15}$$

$$= T\left(\frac{\partial S}{\partial V}\right)_T = l \tag{10,16}$$

Le coefficient calorimétrique l introduit dans les équations (7,4) et (7,11) apparaît donc bien comme relié à la quantité de chaleur reçue par le système considéré dans une transformation **isotherme et réversible**.

Le coefficient calorimétrique h (formule (7,13)) est relié à la quantité de chaleur reçue par le système dans le même type de transformation isotherme et réversible mais il est rapporté non plus à la variation du volume, mais à la variation de la pression du système

$$\lim_{\Delta P \to 0} \frac{Q_{\text{rev},T}}{\Delta P} = T \lim_{\Delta P \to 0} \frac{S(T, P + \Delta P) - S(T,P)}{\Delta P} \tag{10,17}$$

$$= T\left(\frac{\partial S}{\partial P}\right)_T = h \tag{10,18}$$

Contrairement à ce que la nomenclature usuelle des physiciens laisserait penser, les "coefficients calorimétriques" l et h **sont des fonctions de deux variables, comme les chaleurs spécifiques.**

Ceci étant quoique la connaissance de $Q_{\text{rev},T}$ soit souvent très utile en pratique (voir le problème des machines thermiques) sa détermination expérimentale n'est pas très simple (discussion du paragraphe 7.I). A l'inverse la détermination théorique de l et h n'est possible que dans quelques cas modèles particuliers (exemple le cas du gaz parfait où $l = P$; $h = -V$) mais pas pour les systèmes réels.

Or cette difficulté peut être surmontée grâce à l'existence d'identités thermodynamiques permettant de récrire l et h sous les formes respectives suivantes

$$l = \underset{\text{définition}}{T\left(\frac{\partial S}{\partial V}\right)_T} = T\left(\frac{\partial P}{\partial T}\right)_V \tag{10,19}$$

et

$$h = T\left(\frac{\partial S}{\partial P}\right)_T = -T\left(\frac{\partial V}{\partial T}\right)_P \tag{10,20}$$

ce qui permet de déterminer les coefficients calorimétriques l et h à partir de mesures "élastiques" (ou mécaniques) de la variation de la pression ou du volume de l'échantillon sous l'influence de la température.

Les relations (10,19) et (10,20) font partie des relations "magiques" de la thermodynamique permettant de rattacher les phénomènes entre eux. Toutes ces relations "magiques" sont des conséquences de l'identité fondamentale (7,6). On peut remarquer sur (10,19) et (10,20) que les identités qu'il nous faut démontrer sont des égalités de dérivées partielles de fonctions construites avec le même couple de variables :

$$(V,T) \qquad \text{pour} \qquad \left(\frac{\partial S}{\partial V}\right)_T = \left(\frac{\partial P}{\partial T}\right)_V \tag{10,21}$$

$$(P,T) \qquad \text{pour} \qquad \left(\frac{\partial S}{\partial P}\right)_T = -\left(\frac{\partial V}{\partial T}\right)_P \tag{10,22}$$

Cette remarque est à la base de la démonstration la plus rapide et la plus efficace de ces identités qui repose sur la propriété mathématique d'égalité des dérivées secondes croisées d'une fonction de 2 variables. Le but du prochain paragraphe est donc de faire le recensement des différentielles des diverses fonctions d'état.

II. Les différentielles des fonctions d'état. Variables "naturelles" et "relations magiques"

L'égalité thermodynamique fondamentale

$$\mathrm{d}U = T\mathrm{d}S - P\mathrm{d}V \tag{10,23}$$

implique que les variables "naturelles simples" de U sont S et V. Certes on peut récrire U et dU en fonction d'autres variables par exemple T et V (formule (7,3))

$$\mathrm{d}U = nC_V\mathrm{d}T + (l - P)\mathrm{d}V \tag{10,24}$$

mais la formule est plus complexe et fait intervenir des quantités C_V et l qui ne sont pas des grandeurs premières.

De l'égalité thermodynamique fondamentale nous pouvons déduire l'expression des différentielles des autres fonctions d'état.

• **La différentielle de l'énergie libre** est, par définition de l'énergie libre F (cf. chapitre 8), égale à :

$$\mathrm{d}F = \mathrm{d}(U - TS) = \mathrm{d}U - T\mathrm{d}S - S\mathrm{d}T \tag{10,25}$$

d'où en substituant (10,23) dans (10,25)

$$\boxed{\mathrm{d}F = -S\mathrm{d}T - P\mathrm{d}V} \tag{10,26}$$

Cette expression fait intervenir **les variables naturelles** T et V. C'est donc à partir de (10,26) que nous chercherons à démontrer toutes les expressions faisant intervenir des fonctions et dérivées de fonctions de T et V.

De (10,26) nous déduisons que

$$\left(\frac{\partial F}{\partial T}\right)_V = -S(T,V) \qquad (10,27)$$

$$\left(\frac{\partial F}{\partial V}\right)_T = -P(T,V) \qquad (10,28)$$

L'égalité des dérivées secondes croisées conduit alors à

$$\left(\frac{\partial^2 F}{\partial V \partial T}\right) = \left(\frac{\partial^2 F}{\partial T \partial V}\right) \qquad (10,29)$$

Soit en utilisant (10,27) et (10,28)

$$-\left(\frac{\partial S}{\partial V}\right)_T = -\left(\frac{\partial P}{\partial T}\right)_V \qquad (10,30)$$

Ce qui n'est rien d'autre que la relation "magique" (10,21).

Une autre relation "magique" en variables V, T

$$\frac{1}{T}\left(\frac{\partial C_V}{\partial V}\right)_T = \left(\frac{\partial^2 P}{\partial T^2}\right)_V \qquad (10,31)$$

est la conséquence directe de (10,30). Dérivons en effet les deux membres de (10,30) par rapport à la température, il vient :

$$\left(\frac{\partial^2 P}{\partial T^2}\right)_V = \frac{\partial^2 S}{\partial T \partial V} \qquad (10,32)$$

puis en utilisant la propriété des dérivées croisées :

$$= \frac{\partial}{\partial V}\left(\frac{\partial S}{\partial T}\right) \qquad (10,33)$$

D'après (7,10)

$$\left(\frac{\partial S}{\partial T}\right)_V = \frac{C_V}{T} \qquad (10,34)$$

La dérivée partielle de cette quantité par rapport à la variable V vaut donc

$$\frac{\partial}{\partial V}\left(\frac{\partial S}{\partial T}\right)_V = \frac{\partial}{\partial V}\left(\frac{C_V}{T}\right)_T = \frac{1}{T}\left(\frac{\partial C_V}{\partial V}\right)_T \qquad (10,35)$$

ce qui démontre l'identité (10,31).

- **la différentielle de l'enthalpie**

$$dH = d(U + PV) = dU + PdV + VdP \qquad (10,36)$$

Réécrite en utilisant (10,23) elle devient :

$$dH = TdS + VdP \qquad (10,37)$$

Les variables naturelles de H sont l'entropie et la pression. Les relations que l'on pourra tirer de (10,37) ne sauraient caractériser que des phénomènes isentropiques : c'est le cas du son par exemple. Leur utilisation est rare.

• **la différentielle de l'enthalpie libre**

$$\begin{aligned} dG &= d(U + PV - TS) \\ &= dU + PdV + VdP - TdS - SdT \end{aligned} \qquad (10,38)$$

s'écrit en utilisant (10,23) sous la forme

$$\boxed{dG = -SdT + VdP} \qquad (10,39)$$

Les variables "naturelles" de l'enthalpie libre sont la température et la pression.

C'est à partir de cette relation que nous chercherons à démontrer les relations mettant en jeu des dérivées par rapport à ces deux variables.

L'égalité des dérivées secondes croisées de G

$$\frac{\partial^2 G}{\partial P \partial T} = \frac{\partial^2 G}{\partial T \partial P} \qquad (10,40)$$

conduit à

$$\frac{\partial}{\partial P}\Big(- S\Big)_T = \Big(\frac{\partial V}{\partial T}\Big)_P \qquad (10,41)$$

qui n'est rien d'autre que l'égalité (10,22) ci-dessus.

En dérivant (10,41) par rapport à la température on obtient une autre relation entre les propriétés thermoélastiques :

$$\begin{aligned} \Big(\frac{\partial^2 V}{\partial T^2}\Big)_P &= -\frac{\partial}{\partial T}\Big(\frac{\partial S}{\partial P}\Big)_T && (10,42) \\ &= -\frac{\partial}{\partial P}\Big(\frac{\partial S}{\partial T}\Big)_P && (10,43) \\ &= -\frac{\partial}{\partial P}\Big(\frac{C_P}{T}\Big)_T && \text{d'après (7,12)} \end{aligned}$$

d'où
$$\Big(\frac{\partial^2 V}{\partial T^2}\Big)_P = -\frac{1}{T}\Big(\frac{\partial C_P}{\partial P}\Big)_T \qquad (10,44)$$

Il faut remarquer que tous les calculs entre (10,40) et (10,44) portent explicitement ou implicitement sur les fonctions de T et P nommées ci-dessus.

Conséquences : cas du gaz parfait

→ La relation (10,19) prouve que

$$l = T\Big(\frac{\partial P}{\partial T}\Big)_V = T \times \Big(\frac{nR}{V}\Big) = P$$

l, comme P, est une fonction de V et T ; ce que nous aurions pu démontrer directement en utilisant la relation générale (10,25) et la forme particulière de U dans le cas du gaz parfait.

→ La relation (10,31) conduit à

$$\frac{1}{T}\left(\frac{\partial C_V}{\partial V}\right)_T = \frac{\partial}{\partial T}\left(\frac{\partial P}{\partial T}\right)_V = \frac{\partial}{\partial T}\left(\frac{nR}{V}\right)_V = 0$$

La chaleur spécifique à volume constant du gaz parfait ne dépend pas du volume du gaz.

→ La relation (10,20) montre que

$$h = T\left(\frac{\partial S}{\partial P}\right)_T = -T\left(\frac{\partial V}{\partial T}\right)_P = -T \times \frac{nR}{P} = -V$$

→ La relation (10,44) prouve que

$$-\frac{1}{T}\left(\frac{\partial C_P}{\partial P}\right)_T = \frac{\partial}{\partial T}\left(\frac{nR}{P}\right)_P = 0$$

C_P pour le gaz parfait ne dépend pas de la pression.

Dans ce cas particulier du gaz parfait, les résultats obtenus à partir des formules "magiques" sont académiques et on aurait pu les démontrer plus simplement.

Dans le cas d'un corps pur réel ces formules "magiques" sont fondamentales puisqu'elles nous permettent de **déterminer indirectement** des quantités d'intérêt physique majeur (comme l'entropie, ou la chaleur reçue dans une transformation isotherme réversible), que l'on ne saurait pas obtenir autrement. Plus que les résultats, il faut avoir compris la méthodologie permettant d'aboutir aux résultats.

Terminons par une remarque : il existe des identités thermodynamiques qui ne proviennent pas de l'égalité de dérivées secondes ! Nous en avons vu dans le chapitre 3 qui concernaient les propriétés thermoélastiques (éq (3,17)). Il en existe une autre concernant les coefficients calorimétriques C_P et C_V, elle s'écrit :

$$n(C_P - C_V) = T\left(\frac{\partial P}{\partial T}\right)_V \left(\frac{\partial V}{\partial T}\right)_P \qquad (10,45)$$

Pour démontrer une telle relation il est exclu de faire appel au théorème sur les dérivées secondes croisées car cette relation mélange les variables T, V et P. A l'examen, on remarque que la formule (10,45) est un assemblage de dérivées partielles de S, cf. (10,19) et (10,20), ce qui conduit à la méthode suivante.

Exprimons la différentielle de S en variables (T, V) et (T, P) :

$$dS = n\frac{C_V}{T}dT + \frac{l}{T}dV \qquad (10,46)$$

ce qui d'après (10,19) se réécrit

$$dS = n\frac{C_V}{T}dT + \left(\frac{\partial P}{\partial T}\right)_V dV \qquad (10,47)$$

En variables (T, P) il vient de même :

$$dS = n\frac{C_P}{T}dT + \frac{h}{T}dP \tag{10,48}$$

$$dS = n\frac{C_P}{T}dT - \left(\frac{\partial V}{\partial T}\right)_P dP \tag{10,49}$$

La comparaison des expressions (10,47) et (10,49) passe par la réécriture de (10,49) en variables (T, V). Pour ce faire, on utilise le fait que P est fonction de V et T pour écrire :

$$dP = \left(\frac{\partial P}{\partial T}\right)_V dT + \left(\frac{\partial P}{\partial V}\right)_T dV \tag{10,50}$$

En reportant dans (10,49) il vient

$$dS = \left[n\frac{C_P}{T} - \left(\frac{\partial P}{\partial T}\right)_V \left(\frac{\partial V}{\partial T}\right)_P\right] dT - \left(\frac{\partial V}{\partial T}\right)_P \left(\frac{\partial P}{\partial V}\right)_T dV \tag{10,51}$$

L'identification des deux expressions de la dérivée partielle $\left(\frac{\partial S}{\partial T}\right)_V$ issues de (10,47) et (10,51) conduit à

$$n\frac{C_P}{T} - \left(\frac{\partial P}{\partial T}\right)_V \left(\frac{\partial V}{\partial T}\right)_P = n\frac{C_V}{T} \tag{10,52}$$

Ce qui est bien l'expression (10,45) cherchée.

L'identification des dérivées par rapport au volume à température constante donne :

$$\left(\frac{\partial P}{\partial T}\right)_V = -\left(\frac{\partial V}{\partial T}\right)_P \left(\frac{\partial P}{\partial V}\right)_T$$

ce qui peut se réécrire :

$$\left(\frac{\partial P}{\partial T}\right)_V \left(\frac{\partial T}{\partial V}\right)_P \left(\frac{\partial V}{\partial P}\right)_T = -1$$

(relation circulaire déjà vue au chapitre 3, équation (3,12)).

Photo : la centrale géothermique de Bouillante en Guadeloupe
© E.D.F. Philippe Jaud

Chapitre 11

Changements d'état d'un corps pur

CHAPITRE 11

I. Diagramme des phases d'un corps pur

II. Chaleur latente de changement d'état et condition d'équilibre des phases

III. Courbes de coexistence de phases et relation de Clapeyron

1. *Courbes de coexistence de phases*

2. *Relation de Clapeyron*

IV. Application aux machines thermiques

1. *Réfrigérateur à fluide condensable*

2. *Centrale thermique*

Compléments :

C.1. Évaporation de l'eau à volume fixé et température fixée

C.2. Équilibre d'un corps pur liquide avec un mélange de gaz à température fixée et évaporation

C.3. Ébullition

C.4. États métastables

CHANGEMENTS D'ÉTAT D'UN CORPS PUR

I. Diagramme des phases d'un corps pur

Nous avons jusqu'ici essentiellement étudié des corps purs (c'est-à-dire des systèmes contenant une seule espèce chimique) sous une seule phase (gaz ou liquide ou solide). Dans ces conditions la pression P du corps est fonction de son volume V et de sa température T, qui sont **deux variables indépendantes**. Un état du système est défini par un point dans le système d'axes (P, V, T), l'ensemble des états d'un corps pur étant défini par une surface $P = \varphi(V, T)$ (relire le chapitre 3).

Si le système est très peu dense (ce qui est le cas à très faible pression, pour des températures pas trop basses) le comportement de tous les gaz réels tend vers celui du gaz parfait (cf. figure 20 chapitre 2 et figure 59)

Le comportement du gaz réel s'éloigne de celui du gaz parfait lorsqu'on augmente la pression. L'explication en est microscopique : une augmentation de pression à température constante implique une augmentation du nombre de molécules par unité de volume, les molécules sont donc en moyenne plus proches les unes des autres et par suite l'effet de leurs interactions mutuelles croît.

Selon la température (c'est-à-dire selon l'énergie cinétique des particules – chap.2 § II) l'effet moyen de ces interactions est différent.

A haute température ($T = T_1$, figure 59), ce sont les interactions répulsives qui l'emportent : la valeur du produit $\dfrac{PV}{Nk}$ est supérieure à la valeur calculée pour le gaz parfait, les molécules à une pression donnée occupent un plus grand volume que le gaz parfait.

A basse température ($T = T_3$), la situation est inversée : l'effet moyen des interactions est attractif, ce qui conduit à la **liquéfaction du gaz**.

Suivons les caractéristiques de cette transition de phase à la fois dans le diagramme d'Amagat (figure 59) et dans celui de Clapeyron (figure 60). Considérons une compression isotherme du gaz à la température T_3 : partant d'un état gazeux du corps pur représenté dans les deux diagrammes par le même point A, on fait subir au système une compression isotherme. En B, il apparaît une première goutte de liquide en équilibre avec la vapeur. Si l'on poursuit l'effort pour diminuer le volume du système, le volume diminue

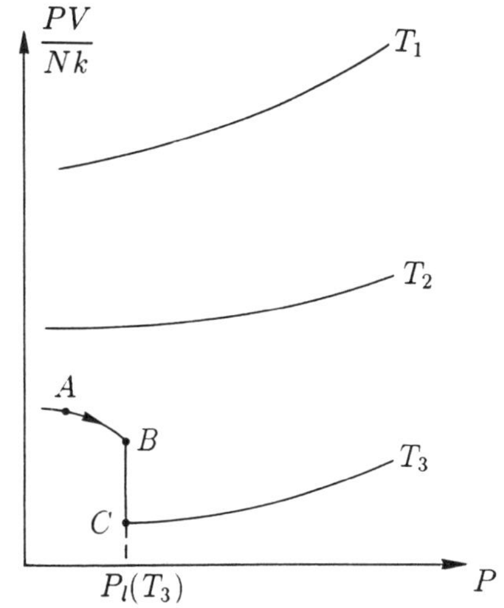

Diagramme d'Amagat
$T_1 \gg T_2 \gg T_3$

Figure 59

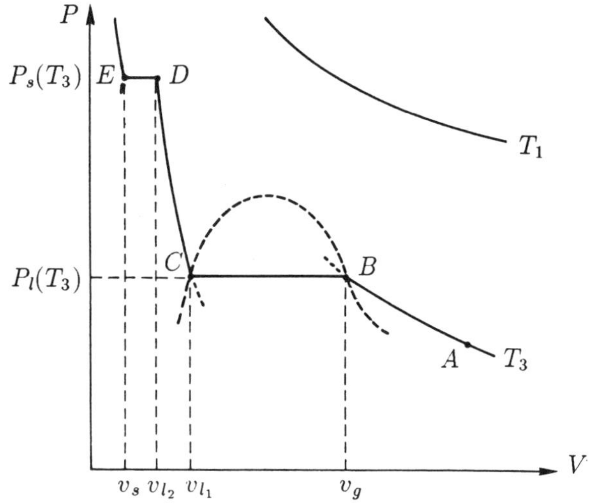

Isothermes d'un corps pur dans le diagramme de Clapeyron (lignes continues). La courbe en tireté est la courbe de saturation de l'équilibre liquide-vapeur, les courbes en pointillés représentent les branches "métastables" du corps

Figure 60

mais la **pression reste fixée à** $P_l(T_3)$: la diminution de volume est liée au passage de molécules de la phase gazeuse où elles occupent le volume molaire v_g (voir figure 60) à la phase liquide plus dense où elles occupent le volume molaire v_l $(v_l < v_g)$.

Tant qu'il y a coexistence du gaz et du liquide, la pression reste fixée à la valeur $P_l(T_3)$ appelée pression (ou encore tension) de vapeur saturante à la température T_3 ; le volume molaire v_g du gaz, comme celui v_l du liquide en coexistence restent également inchangés. P_l, v_g et v_l ne dépendent que de la nature chimique du corps considéré et de la température.

Le phénomène que nous venons de décrire s'appelle **la liquéfaction**, (l'inverse est l'évaporation) c'est un phénomène **réversible***.Si l'on inverse la cause extérieure qui lui a donné naissance, c'est-à-dire si l'on augmente le volume offert au système on observe l'évaporation du liquide. En fait liquéfaction ou évaporation sont des exemples parfaits

* Le phénomène est exceptionnellement irréversible lorsqu'il y a passage brutal à l'état liquide d'un gaz qui était métastable (voir exercice 26 et complément C.4.) : c'est le cas dans les chambres à brouillard.

de successions d'états d'équilibre. Dans un système où les phases gazeuses et liquides coexistent il y a passage incessant de molécules du liquide vers le gaz et réciproquement, l'évaporation (ou inversement la liquéfaction) correspond à une situation où le nombre de molécules qui passent du liquide au gaz par unité de temps est supérieur au nombre de celles qui passent du gaz au liquide (et inversement pour la liquéfaction).

Si l'on continue à diminuer le volume toutes les molécules passent à l'état liquide, c'est le cas au point C. Alors la pression redevient fonction du volume **et** de la température (branche CD). En poursuivant la compression jusqu'en D, on atteint l'état d'équilibre liquide-solide à la pression $P_s(T_3)$ où on observe un palier de solidification DE qualitativement identique à celui que nous venons de décrire pour la liquéfaction.

Dans le diagramme de Clapeyron le lieu des points de liquéfaction (B) s'appelle courbe de rosée, le lieu des points (C) courbe d'ébullition : d'une manière générale la courbe représentant les ensembles de points tels B, C s'appelle **courbe de saturation.**

Les points à l'intérieur de la courbe de saturation (droite BC) ne représentent pas des états du système à proprement parler (ce sont tout au plus une symbolisation d'un état mélange de deux phases) : cf. chapitre 3 page 46). En réalité lorsque par compression on arrive au point B, on n'assiste pas à une évolution douce du système, mais à une transition franche et caractéristique : la phase de masse volumique v_g donnant naissance, à P et T constants, à une phase différente de masse volumique v_l plus dense qui se condense dans le fond du récipient.

États métastables

Ceci appelle toutefois une réserve : il est possible, dans des conditions très spéciales, d'obtenir à la température T_3 un gaz sous une pression supérieure à $P_l(T_3)$ et un volume inférieur au volume molaire v_g : on dit qu'on a obtenu le système dans **un état métastable** (voir figure 60, courbes en pointillés). Un tel état n'est pas un état d'équilibre et n'importe quelle perturbation est susceptible de provoquer **brutalement** et **irréversiblement** la liquéfaction ; c'est le phénomène utilisé dans les chambres à brouillard où on utilise un gaz **sursaturé** (c'est-à-dire métastable) : les particules à détecter déclenchent la liquéfaction sur leur passage (à cause du champ électrique qu'elles produisent).

Les chambres à bulles utilisent un liquide métastable pris en deça du point C à l'intérieur de la courbe de saturation.

Point critique

Il y a lieu de remarquer (par exemple sur le diagramme de Clapeyron figure 60) que, lorsque la température croît, le palier de liquéfaction est de plus en plus court : ce qui signifie que le volume molaire du liquide v_l se rapproche du volume molaire du gaz v_g, liquide et gaz en coexistence se "ressemblent" de plus en plus.

Il existe en fait une température limite T_C appelée température critique, à partir de laquelle on ne peut plus faire de distinction entre les deux phases fluides. Pour les températures supérieures à T_C, lorsque la pression augmente il n'y a plus de séparation entre une phase gazeuse et une phase liquide : il ne se produit qu'une modification continue des propriétés du corps observé.

Les propriétés du point critique sont extrêmement spectaculaires, par exemple "l'opalescence" critique (diffusion anormalement élevée de lumière par un fluide proche de son point critique). La théorie des transitions critiques a fait l'objet de très nombreux travaux dans les vingt cinq dernières années*. (K. Wilson a reçu en 1980 le prix Nobel pour une importante contribution à la solution de ce problème).

Transitions du premier ordre

Les transitions gaz-liquide (en dehors du point critique) et liquide-solide sont des transitions accompagnées d'une chaleur latente de changement de phase (voir ci-dessous) ; on les appelle traditionnellement transitions du premier ordre. Il n'y a pas de "continuité" entre les deux phases en coexistence. En particulier, il n'y a pas de point critique sur la courbe d'équilibre liquide-solide : un système solide est caractérisé par l'existence d'un réseau géométrique sur lequel les molécules sont régulièrement disposées. Cette propriété est vraie ou fausse : un système ne peut pas être à la fois solide et liquide pour des molécules au même endroit de l'espace : nécessairement il y a une séparation géométrique entre les régions solides et les régions liquides, et il ne peut y avoir de point critique sur la courbe d'équilibre liquide-solide.

II. Chaleur latente de changement d'état et condition d'équilibre des phases

Jusqu'ici nous avons décrit le système dans des diagrammes (P, V), mais on peut aussi à l'aide des mesures des coefficients calorimétriques et thermoélastiques reconstituer l'entropie du système et tracer par exemples des isochores ou des isobares du système dans le diagramme T, S. L'on sait aussi dans le diagramme T, S représenter les courbes de saturation (coexistence gaz-liquide, voir figure 61).

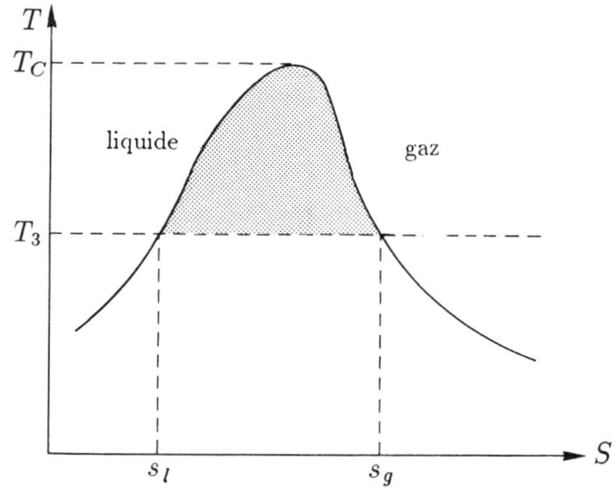

Figure 61

Qualitativement la courbe de saturation a la même allure en diagramme T, S qu'en diagramme P, V ; elle sépare une région où l'entropie est grande qui est celle du gaz, de

* Les valeurs des coordonnées critiques (P_C et T_C) font l'objet de déterminations de plus en plus précises, certaines récemment, par exemple celles du césium en novembre 1985.

la région d'entropie plus faible qui est celle du liquide. (Pour des entropies encore plus faibles on verrait apparaître le solide). Sur ce diagramme, nous voyons que ce changement d'état s'accompagne nécessairement d'un dégagement ou d'une absorption de chaleur par le système : c'est la manifestation de l'existence **d'une chaleur latente de changement d'état**, grandeur que nous avons déjà définie au chapitre 6.

Reprenons le raisonnement fait au chapitre 6, il porte sur une masse m du corps dans la phase I (dans l'exemple présent la phase I est gazeuse), transformée en une masse m dans la phase II (dans ce même exemple la phase II est liquide). Dans cette transformation **à pression constante**, le système (masse m du corps) a reçu du milieu extérieur la quantité de chaleur

$$Q_P = H_{\mathrm{II}} - H_{\mathrm{I}} \tag{11,1}$$

proportionnelle à sa masse m. Ceci nous a conduits à définir la chaleur latente de changement de phase

$$L_{\mathrm{I}\to\mathrm{II}} = \frac{H_{\mathrm{II}} - H_{\mathrm{I}}}{m} \qquad (\mathrm{J}\cdot\mathrm{kg}^{-1}) \tag{11,2}$$

En observant maintenant que la transformation subie par ce système est **réversible et isotherme**, nous pouvons utiliser la formule (7,34) donnant la chaleur réversible reçue par un système

$$Q_{\mathrm{rev},T} = T(S_{\mathrm{II}} - S_{\mathrm{I}}) \tag{11,3}$$

La cohérence de ce résultat avec le précédent implique que

$$H_{\mathrm{II}} - H_{\mathrm{I}} = T(S_{\mathrm{II}} - S_{\mathrm{I}}) \tag{11,4}$$

$$H_{\mathrm{II}} - TS_{\mathrm{II}} = H_{\mathrm{I}} - TS_{\mathrm{I}} \tag{11,5}$$

Or $H_{\mathrm{II}} - TS_{\mathrm{II}}$ n'est rien d'autre que l'enthalpie libre G de la masse m de corps dans la phase II.

L'enthalpie libre (introduite au chapitre 8, § V.2 et étudiée au chapitre 10, § II)) est le potentiel thermodynamique du système à P et T fixés. Il est défini par

$$G = U + PV - TS \tag{11,6}$$

L'équilibre entre les phases I et II implique donc que, dans les conditions T et $P_l(T)$ de la coexistence,

$$\boxed{G_{\mathrm{II}}(T, P_l) = G_{\mathrm{I}}(T, P_l)} \tag{11,7}$$

L'équation (11,7), condition de coexistence des deux phases I et II, est une équation implicite qui détermine la fonction $P_l(T)$. Du point de vue mathématique, l'existence de cette relation supplémentaire implique que le système d'équations thermodynamiques n'a plus deux variables indépendantes mais une seule.

Signe des chaleurs latentes

La formule (11,3) nous indique qu'il faut fournir de la chaleur au système ($Q > 0$) pour le faire passer d'une phase d'entropie plus faible à une phase d'entropie supérieure.

En nous rappelant le lien un peu subjectif entre entropie et désordre nous retraduisons ceci sous la forme suivante : il faut fournir de la chaleur au système pour le faire passer d'une phase ordonnée (par exemple le solide) à une phase plus désordonnée (le gaz ou le liquide).

On déduit de (11,7) et de (11,2) une nouvelle expression de la chaleur latente et son signe :

$$L_{s\to l} = T(s_l - s_s) > 0 \quad \text{fusion} \qquad (11,8)$$
$$L_{s\to g} = T(s_g - s_s) > 0 \quad \text{sublimation} \qquad (11,9)$$
$$L_{l\to g} = T(s_g - s_l) > 0 \quad \text{vaporisation} \qquad (11,10)$$

où les s_i représentent l'entropie par unité de masse dans la phase i.

Nous aurons les signes contraires pour les phénomènes de solidification et liquéfaction.

Ordres de grandeur. Comme il apparaît clairement sur la figure 61, la chaleur latente **dépend de la température.** La chaleur latente de vaporisation tend vers 0 quand la température tend vers la température critique T_C.

chaleurs latentes :	fusion glace	$3,3\ 10^5$ J·kg^{-1}	(0,01°C)
	vaporisation eau	$2,5\ 10^6$ J·kg^{-1}	(0,01°C)
	vaporisation eau	$2,25\ 10^6$ J·kg^{-1}	(100°C)

III. Courbes de coexistence de phases et relation de Clapeyron

1. *Courbes de coexistence de phase*

Il est souvent utile de représenter dans le diagramme (P, T) les caractéristiques des états de coexistence de phases, c'est-à-dire les lignes où se produisent les changements d'état. Ce type de diagramme a l'allure représentée sur la figure 62.

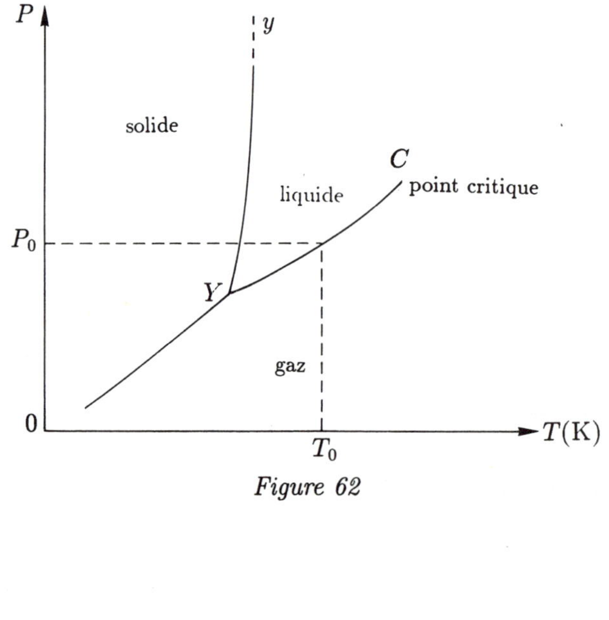

Figure 62

La connaissance d'un tel diagramme permet immédiatement de savoir quelle(s) phase(s) existe(nt) dans des conditions de pression et température données : la ligne YC représente l'ensemble des conditions dans lesquelles on peut observer la coexistence d'un liquide et de sa vapeur (phénomènes de **liquéfaction** et **évaporation**).

Pour une température T_0 donnée

si $P < P_0$, le système à l'équilibre est gazeux
si $P > P_0$, le système à l'équilibre est liquide
si $P = P_0$, gaz et liquide coexistent.

Le point C appelé point critique est le point d'arrêt de la courbe de coexistence liquide-vapeur. Au delà de ce point, on peut passer de manière continue du gaz au liquide. La branche Yy sépare le liquide du solide. Il n'y a pas de point critique sur cette branche qui décrit les conditions de solidification $\rightleftharpoons$ fusion. Ceci signifie que quelle que soit la pression le passage du liquide au solide se fait toujours par une transition discontinue. Le solide (où les atomes sont régulièrement disposés aux nœuds d'un réseau) est toujours différent du liquide qui est une phase dense mais désordonnée. Par contre, la différence entre liquide et gaz n'est pas qualitative, elle est uniquement quantitative (liquide et gaz sont deux phases désordonnées qui ne diffèrent que par leur densité) ce qui explique que l'on puisse passer continûment de l'une à l'autre.

La branche OY décrit les conditions de coexistence du gaz et du solide (à l'exception de l'hélium qui est liquide à T=0 K). Aux très basses températures proches du 0 absolu (0 de l'échelle Kelvin) le solide est, en général, directement en équilibre avec un gaz très raréfié.

Le passage solide $\rightarrow$ gaz s'appelle la sublimation, le passage gaz $\rightarrow$ solide est une condensation. Par exemple, la neige à température inférieure à 0°C est en équilibre direct avec la vapeur d'eau : elle se sublime sans fondre.

Point triple : au point triple Y, les trois phases sont en coexistence. Pour un corps pur donné, **la pression et la température de ce point sont des constantes** pouvant servir de points fixes pour une échelle de pression ou de température (voir table).

Table des points fixes de température et pression

	T(K)	P(mm Hg)	T(K)	P (atm)
Exemples	Point triple		Point critique	
Eau	273,16	4,6	647,5	218,5
Oxygène	54,4	1,1	154,6	49,8
N_2	63,2	94,0	126,2	33,5
H_2	13,9	53,9	33,2	12,8
He			5,2	2,3

2. *Relation de Clapeyron*

Nous avons vu dans ce qui précède que la coexistence de deux phases en équilibre thermodynamique impliquait l'existence d'une condition d'équilibre (équation (11,7)) et que le changement de phase était une transformation réversible (exception faite des situations de métastabilité).

Nous allons utiliser cette idée pour démontrer que la pente d'une courbe de coexistence de phases représentée dans le diagramme $(P,\, T)$ est donnée par la formule de Clapeyron :

$$\boxed{\frac{dP}{dT} = \frac{s_{\mathrm{II}} - s_{\mathrm{I}}}{v_{\mathrm{II}} - v_{\mathrm{I}}} = \frac{L_{\mathrm{I}\to\mathrm{II}}}{T(v_{\mathrm{II}} - v_{\mathrm{I}})}} \qquad (11{,}11)$$

$L_{\mathrm{I}\to\mathrm{II}}$ est la chaleur latente de transformation de la phase I vers la phase II, $s_{\mathrm{I\ (respectivement\ II)}}$ est l'entropie par unité de masse de la phase I (II), $v_{\mathrm{I(II)}}$ est le volume de l'unité de masse du système dans la phase I (II), $\frac{dP}{dT}$ est la dérivée de la fonction $P(T)$, pression de coexistence de la phase I avec la phase II ; c'est donc la pente de la courbe de coexistence des phases I et II (représentée sur la figure 62) et T est la température à laquelle on détermine toutes ces quantités.

Les résultats déjà démontrés dans le cours nous permettent de donner deux démonstrations de cette formule que nous exposerons l'une après l'autre.

1re démonstration : nous avons déjà insisté sur le fait que la coexistence de phases traduisait un équilibre thermodynamique entre les deux phases. Nous allons utiliser cette idée pour imaginer un cycle ditherme réversible fonctionnant entre deux thermostats aux températures T_0 et $T_0 + \Delta T$ et en tirer les conclusions nécessaires en ce qui concerne les courbes de coexistence.

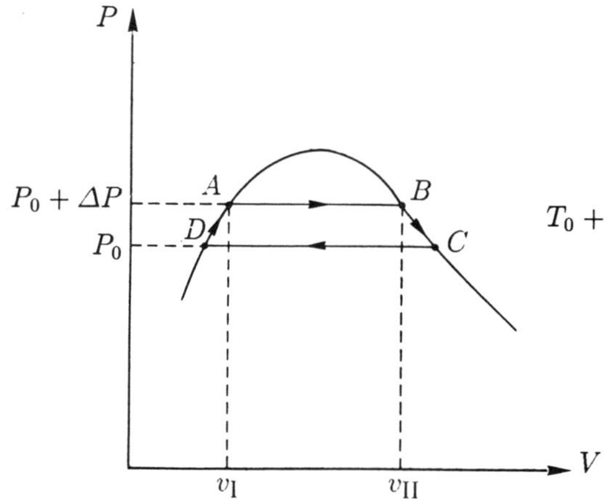

Figure 63

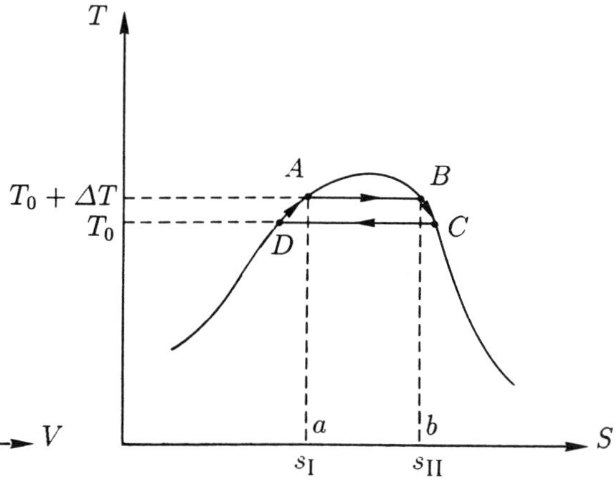

Figure 64

Supposons qu'un moteur thermique fonctionne sur **1 unité de masse** au voisinage de l'équilibre gaz $\rightleftharpoons$ liquide entre deux sources aux températures $T_0 + \Delta T$ et T_0. Il est représenté dans les deux diagrammes $(P,\, V)$ et $(T,\, S)$ ci-dessus (figures 63 et 64).

On part en A d'une unité de masse liquide à $T_0 + \varDelta T$ et on la détend (on augmente son volume) de A à B provoquant l'évaporation : la source chaude fournit réversiblement la quantité de chaleur (cf éq. (7,34))

$$Q_1 = (T_0 + \varDelta T)(S_B - S_A) \simeq T_0(s_{\mathrm{II}} - s_{\mathrm{I}}) \qquad (11,12)$$

Le système est alors refroidi le long de BC, puis liquéfié à la température T_0 (jusqu'en D) et ensuite réchauffé jusqu'en A. Comme toutes ces transformations sont faites de manière réversible le rendement de ce moteur est, d'après le théorème de Carnot,

$$\eta = -\frac{W}{Q_1} = 1 - \frac{T_0}{T_0 + \varDelta T} \qquad (11,13)$$

$$\eta = \frac{\varDelta T}{T_0} \qquad (\text{au } 1^{\text{er}} \text{ ordre en } \frac{\varDelta T}{T_0}) \qquad (11,14)$$

Le calcul direct de $-W/Q_1$ se fait facilement grâce aux diagrammes (63, 64)

$$\eta = -\frac{W}{Q_1} = \frac{\text{aire } ABCD}{\text{aire } ABba} \simeq \frac{\varDelta P \times (v_{\mathrm{II}} - v_{\mathrm{I}})}{T_0 \times (s_{\mathrm{II}} - s_{\mathrm{I}})} \qquad (11,15)$$

L'identification de (11,14) et (11,15) implique à la limite où $\varDelta T$ tend vers 0 que :

$$\boxed{\frac{dP}{dT} = \frac{s_{\mathrm{II}} - s_{\mathrm{I}}}{v_{\mathrm{II}} - v_{\mathrm{I}}}} \qquad (11,16)$$

Ce que l'on peut écrire en introduisant la chaleur latente de passage de la phase I à la phase II

$$L_{\mathrm{I}\to\mathrm{II}} = T(s_{\mathrm{II}} - s_{\mathrm{I}}) \qquad (11,17)$$

$$\boxed{\frac{dP}{dT} = \frac{L_{\mathrm{I}\to\mathrm{II}}}{T(v_{\mathrm{II}} - v_{\mathrm{I}})}}$$

Nous avons décrit le raisonnement ci-dessus en l'illustrant sur l'équilibre liquide-vapeur. Mais il existe une relation de cette sorte pour chaque équilibre de phase dit "de premier ordre" : c'est le cas de l'équilibre liquide $\rightleftharpoons$ vapeur loin du point critique (au point critique la forme (11,16) serait indéterminée car alors $s_{\mathrm{II}} = s_{\mathrm{I}}$ et $v_{\mathrm{II}} = v_{\mathrm{I}}$), c'est également le cas de l'équilibre liquide $\rightleftharpoons$ solide et de l'équilibre solide $\rightleftharpoons$ gaz.

Commentaires sur les signes :

• La pente de la courbe d'équilibre liquide $\rightleftharpoons$ vapeur est toujours positive parce que $s_g > s_l$ **et** $v_g > v_l$.

• Par contre il existe deux corps purs : l'eau et le bismuth pour lesquels $v_{\text{solide}} > v_{\text{liquide}}$ et par suite la pente de la courbe d'équilibre liquide $\rightleftharpoons$ solide est négative puisque

$$\frac{dP}{dT} = \frac{s_l - s_s}{v_l - v_s} < 0 \qquad (\text{cf. figure 71})$$

2e démonstration

La deuxième démonstration de la relation de Clapeyron repose sur la condition de coexistence de phases (11,7) qui traduit le fait que deux phases peuvent coexister si et seulement si l'enthalpie libre spécifique du corps pur est la même dans chaque phase. (La relation (11,7) est écrite pour une masse $m = 1$ d'un corps pur dans la phase I ou II ; elle est, bien sûr, également valable pour l'enthalpie libre spécifique par particule.

Décrit à l'aide des enthalpies libres spécifiques du corps pur dans les différentes phases le diagramme de coexistence correspond au découpage ci-dessous (figure 65).

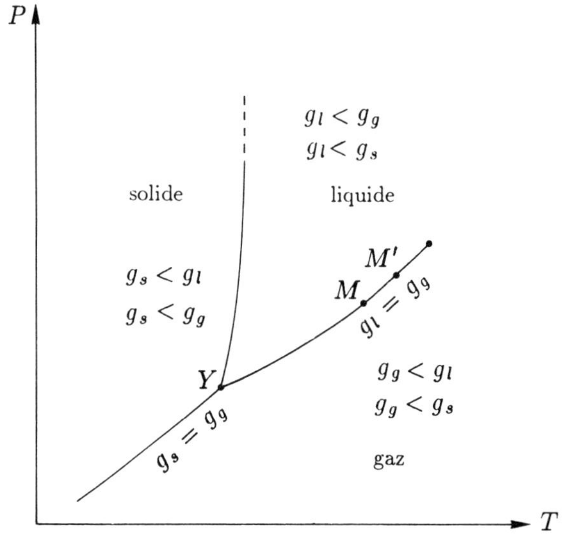

Figure 65

En dehors des courbes de coexistence les enthalpies libres des différentes phases ne sont plus égales.

Le second principe appliqué à un système dont la température et la pression sont fixées (chapitre 8, § V) permet d'ailleurs de savoir comment les égalités observées lors de la coexistence de deux phases se transforment en inégalités lorsqu'une seule phase est stable. Ainsi, dans la région du solide (III), dire que le solide est le plus stable à T et P fixé est équivalent aux deux conditions :

$$\begin{cases} g_s(T,P) & < g_l(T,P) \\ g_s(T,P) & < g_g(T,P) \end{cases}$$

Pour ces conditions de T, P, minimiser l'enthalpie libre du système se fait par passage de toutes les molécules dans la phase solide.

Dans la région I (gaz) :

$$\begin{cases} g_g(T,P) & < g_l(T,P) \\ g_g(T,P) & < g_s(T,P) \end{cases}$$

Dans la région II (liquide) :

$$\begin{cases} g_l(T,P) & < g_s(T,P) \\ g_l(T,P) & < g_g(T,P) \end{cases}$$

Les frontières de ces régions (courbes de coexistence) correspondent à l'apparition des égalités rapportées sur la figure 65.

Considérons maintenant, sur une de ces courbes de coexistence (par exemple l'équilibre liquide $\rightleftharpoons$ gaz) deux points infiniment voisins M et M' d'abscisses respectives T_0 et $T_0+\Delta T$.

L'équilibre à la température T_0 implique

$$g_l(T_0, P_0) = g_g(T_0, P_0) \tag{11,18}$$

Celui à la température $T_0 + \Delta T$

$$g_l(T_0 + \Delta T, P_0 + \Delta P) = g_g(T_0 + \Delta T, P_0 + \Delta P) \tag{11,19}$$

En faisant un développement limité de (11,19) au 1er ordre et en soustrayant (11,18) de (11,19), il vient :

$$\frac{\partial g_l}{\partial T}\Delta T + \frac{\partial g_l}{\partial P}\Delta P = \frac{\partial g_g}{\partial T}\Delta T + \frac{\partial g_g}{\partial P}\Delta P \tag{11,20}$$

Utilisons maintenant l'expression (10,39) de la différentielle de l'enthalpie libre pour les quantités massiques :

$$\mathrm{d}g = -s\mathrm{d}T + v\mathrm{d}P \tag{11,21}$$

on obtient :

$$\left(\frac{\partial g}{\partial T}\right)_P = -s \quad \text{et} \quad \left(\frac{\partial g}{\partial P}\right)_T = v \tag{11,22}$$

soit en reportant les équations (11,22) dans (11,20)

$$(v_l - v_g)\Delta P = (s_l - s_g)\Delta T \tag{11,23}$$

ce qui, à la limite où ΔT tend vers 0, redonne la formule de Clapeyron (11,11).

Remarque et approfondissement : l'enthalpie libre spécifique par particule sur laquelle nous venons de raisonner n'est rien d'autre que le potentiel chimique μ du corps pur, introduit au chapitre 8. En effet, en utilisant l'expression (8,46) pour le cas d'un seul composant, on obtient :

$$\mathrm{d}S = \frac{1}{T}\mathrm{d}U + \frac{P}{T}\mathrm{d}V - \frac{\mu_{\mathrm{I}}}{T}\mathrm{d}N_{\mathrm{I}} - \frac{\mu_{\mathrm{II}}}{T}\mathrm{d}N_{\mathrm{II}}$$

et (8,38) devient alors :

$$\mathrm{d}G^* = (T - T_0)\mathrm{d}S - (P - P_0)\mathrm{d}V + \mu_{\mathrm{I}}\mathrm{d}N_{\mathrm{I}} + \mu_{\mathrm{II}}\mathrm{d}N_{\mathrm{II}}$$

μ_{I} et μ_{II} sont respectivement les potentiels chimiques du corps pur dans les phases I et II.

Comme le système est fermé $dN_I + dN_{II} = 0$, ce qui implique que :

$$dG^* = (T - T_0)dS - (P - P_0)dV + (\mu_I - \mu_{II})dN_I$$

L'équilibre thermodynamique implique que :

$$T = T_0 \; ; P = P_0 \; ; \mu_I = \mu_{II}$$

Par ailleurs l'enthalpie libre de N particules dans une phase quelconque (phase I, par exemple) obéit à l'équation différentielle

$$dG = -SdT + VdP + \mu dN$$

Ses variables naturelles sont les variables intensives T et P, et N seule variable extensive. G, fonction intensive, est donc de la forme

$$G = Ng(T, P)$$

L'utilisation de l'équation différentielle ci-dessus implique que $\mu \equiv g(T, P)$.

De fait, dans les cours approfondis, vous trouverez, le plus souvent, la relation (11,21) sous la forme :

$$d\mu = -sdT + vdP$$

Cette relation porte le nom de relation de Gibbs-Duhem.

IV. Application aux machines thermiques

Les changements d'état ont été amplement utilisés dans de nombreuses machines thermiques : réfrigérateur, machines dites "à vapeur" (D. Papin), centrales thermiques, liquéfacteurs à azote ou à hélium.

Nous allons sommairement étudier, dans ce paragraphe, le problème des réfrigérateurs à fluide condensable et celui des centrales thermiques.

1. *Réfrigérateur à fluide condensable*

Le principe du réfrigérateur usuel ("à fluide condensable") est le suivant : le système est constitué de N molécules de dichlorofluorométhane CCl_2F_2 un des chlorofluorocarbones (C.F.C.) appelé communément fréon, dont les propriétés physiques sont les suivantes :

sous la pression atmosphérique sa température de liquéfaction est de -29,8°C, il est utilisé dans les congélateurs sous une pression réduite, sa chaleur latente de vaporisation est de 129 kJ/kg à - 40°C et de 169 kJ/kg à - 35°C.

Le cycle effectué est le suivant (voir figures 66, 67, 68) :

Dans le condenseur (serpentin à l'extérieur du réfrigérateur – source chaude à T_1), le fréon passe de l'état gazeux à l'état liquide ($A \to B$). Le passage à travers un tube capillaire produit une dépressurisation que l'on peut considérer comme **isentropique** ($B \to C$) ; le système pénètre alors dans l'évaporateur (point froid du réfrigérateur à T_2) dans lequel il continue à se détendre et à se vaporiser ($C \to D$) en recevant la quantité de chaleur Q_2 (venant des aliments conservés et de l'air intérieur au réfrigérateur).

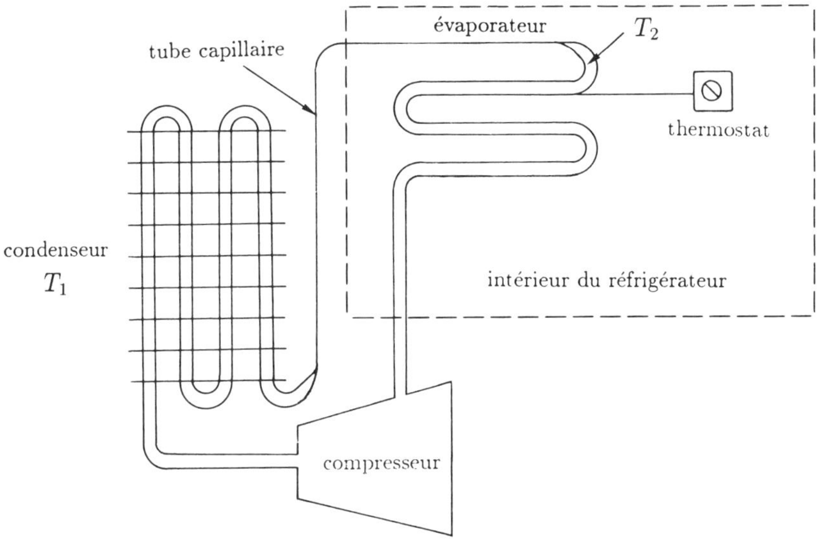

Figure 66 : Schéma de principe d'un réfrigérateur

La dernière étape du cycle est une compression (à l'aide d'un compresseur) qui ramène le fréon à la température T_1 de la source chaude, à l'état gazeux. Cette compression sera également considérée comme **isentropique**.

Le cycle effectué constitué de deux transformations isothermes réversibles et de deux transformations isentropiques est donc un cycle de Carnot.

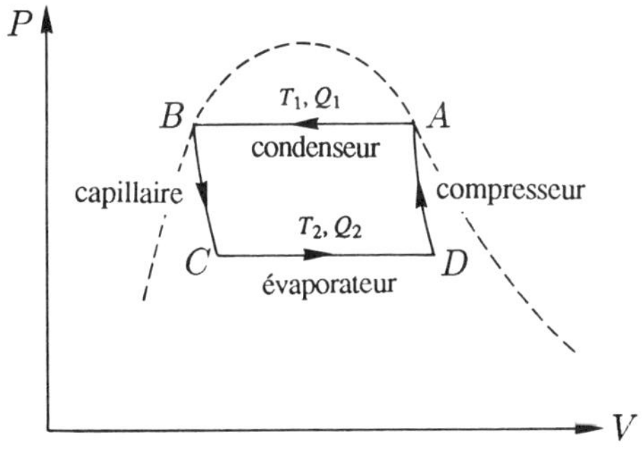

En pointillé la courbe de saturation du fréon qui délimite la région de coexistence gaz-liquide Le cycle décrit dans le sens direct est tel que $W > 0$

Figure 67

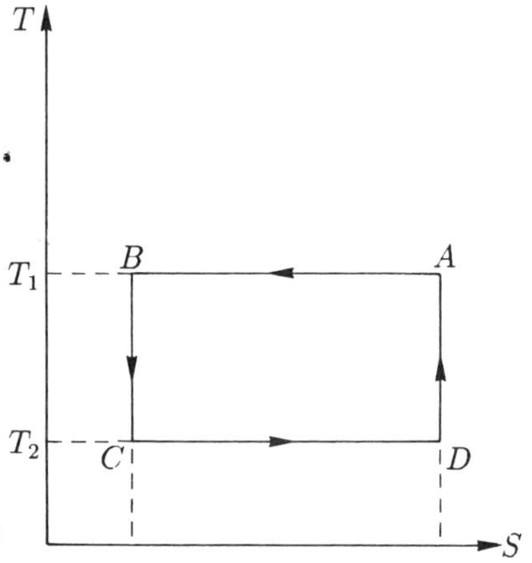

Figure 68

Il est représenté dans les diagrammes usuels (figures 67 et 68) par le cycle $ABCD$. Les calculs seront faits pour une masse unité. Dans les transformations isothermes réversibles :

$$Q_1 = T_1(s_B - s_A) \qquad (11,24)$$

$$Q_2 = T_2(s_D - s_C) = T_2(s_A - s_B) \qquad (11,25)$$

Le coefficient de performance de ce réfrigérateur idéal vaut :

$$\boxed{\rho = \frac{Q_2}{W} = \frac{-Q_2}{Q_1 + Q_2} = \frac{T_2}{T_1 - T_2}} \qquad (11,26)$$

c'est le maximum autorisé par le deuxième principe.

A titre d'exercice, calculons la fraction du système vaporisée dans l'évaporation. Remarquons que :

$$Q_1 = -L(T_1) \qquad (11,27)$$

Sur la partie CD l'évaporation du fluide n'est pas totale. Soit x_C (resp. x_D) la proportion de vapeur au point C (resp. D)

$$x_C = \frac{m_v(C)}{m_v + m_l} = \frac{m_v(C)}{1} \qquad (11,28)$$

Entre C et D, la masse de liquide qui s'est vaporisée vaut $m_v(D) - m_v(C) = (x_D - x_C)$; Q_2 est donc égal à

$$Q_2 = L(T_2)[x_D - x_C] \qquad (11,29)$$

Utilisons, par ailleurs, le fait que dans ce cycle réversible

$$\frac{Q_2}{T_2} + \frac{Q_1}{T_1} = 0 \qquad (11,30)$$

(propriété générale démontrée au chapitre 8 et que l'on retrouve immédiatement sur (11,24), (11,25)). On en déduit, par utilisation de (11,27) et (11,29), que la fraction vaporisée dans l'évaporateur s'exprime en fonction des températures T_1 et T_2 par la relation

$$x_D - x_C = \frac{T_2}{T_1} \times \frac{L(T_1)}{L(T_2)}$$

2. *Centrale thermique*

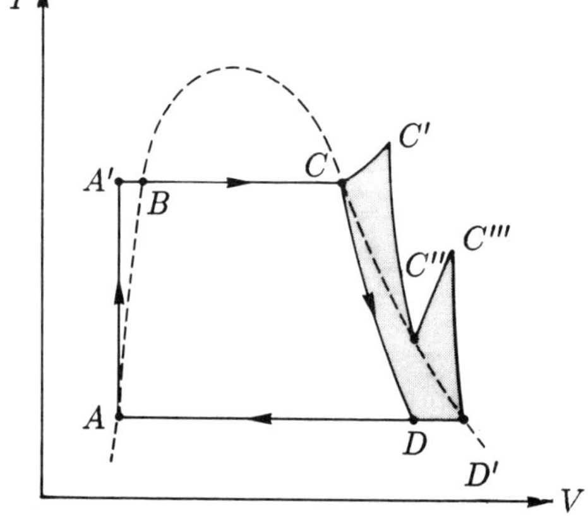

Figure 69

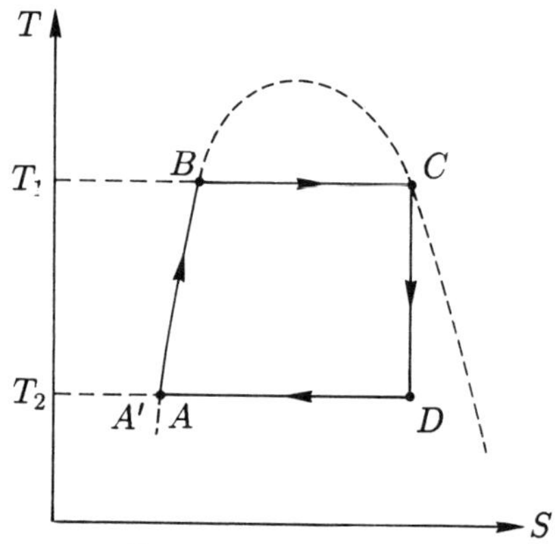

Figure 70

Le système est généralement de l'eau (ou du sodium dans le surgénérateur). L'eau liquide, récupérée au condenseur (T_2), est comprimée grâcc à une pompe (phase AA' des diagrammes ci-dessus). Cette compression augmente considérablement la pression du liquide, mais modifie peu sa température et son entropie. Dans la chaudière à **pression constante** l'eau est **chauffée** ($A'B$) puis **vaporisée** (BC). Elle se **détend adiabatiquement** dans la turbine à vapeur (CD) ($\simeq$ isentropique). Enfin, elle se recondense à l'état liquide dans le condenseur (DA).

Calcul du rendement :

Ici, les calculs sont faits sur une masse totale de fluide

$$M = m_l + m_v \tag{11,31}$$

La concentration en vapeur au point D est $x_D = \dfrac{m_v(D)}{M}$ et la chaleur reçue lors de la condensation

$$Q_{DA} = -Mx_D L(T_2) \tag{11,32}$$

Dans la chaudière, la quantité de chaleur reçue par le système est la somme de la chaleur reçue dans le chauffage AB

$$Q_{AB} = MC(T_1 - T_2) \tag{11,33}$$

C : chaleur spécifique du liquide
et de la chaleur reçue pendant l'évaporation

$$Q_{BC} = ML(T_1) \tag{11,34}$$

Le rendement de cette centrale est

$$\eta = -\frac{W}{Q_{AB} + Q_{BC}} \tag{11,35}$$

D'après le 1er principe,

$$W + Q_{AB} + Q_{BC} + Q_{DA} = 0 \tag{11,36}$$

D'où le rendement

$$\eta = 1 + \frac{Q_{DA}}{Q_{AB} + Q_{AC}} \tag{11,37}$$

$$\boxed{\eta = 1 - \frac{x_D L(T_2)}{C(T_1 - T_2) + L(T_1)}} \tag{11,38}$$

Comment augmenter le rendement ? Il faudrait augmenter T_1 (et le dénominateur de la fraction) et diminuer T_2 (et le numérateur).

Mais T_2 est généralement imposé par la température de la source froide disponible (rivière par exemple ou air atmosphérique), on ne peut songer à modifier artificiellement cette température, avec un prix économiquement raisonnable !

L'augmentation de la température de la chaudière ne peut pas se faire n'importe comment : nous expliquons, dans le complément à ce chapitre, que la pression de vapeur saturante de l'eau croît approximativement selon une loi en $(T - 273)^4$: elle croît très vite avec la température et imposerait des contraintes mécaniques insupportables à la chaudière. La solution utilisée est un ou plusieurs cycles de **resurchauffe de la vapeur sèche** (dont la pression croît comme T seulement) ce qui accroît le travail fourni (aire hachurée $CC'C''C'''D'D$ figure 69) avec des pertes faibles (car l'essentiel du travail est fourni par de la vapeur sèche).

Quelques chiffres tirés du fascicule *Les centrales thermiques classiques*, (EDF déc. 1980) :

Le rendement des centrales thermiques, très faible au début du siècle (13%), atteint aujourd'hui 40% (dans le meilleur des cas) ; en 1920 la pression de la vapeur n'était que de 12 bars et sa température de 300°C, ces valeurs en 1980 étaient passées respectivement à 165 bars et 565°C (centrale de Porcheville). Les progrès de la métallurgie ont rendu possible l'amélioration du cycle thermodynamique par cet accroissement de la pression et de la température de la vapeur à son admission dans la turbine, et depuis 1951 la technique de resurchauffe décrite ci-dessus a été généralisée.

Compléments

Évaporation - Ébullition - États métastables

Les phénomènes d'évaporation et d'ébullition sont des phénomènes qu'on observe dans la vie de tous les jours. Nous nous proposons dans ce complément de les redécouvrir et de les analyser à la lumière de ce que nous avons étudié dans ce cours.

Les exemples choisis concerneront exclusivement l'équilibre liquide $\rightleftharpoons$ gaz de **l'eau**, dans un domaine de températures de 50 à 150°C. Dans ce domaine de températures la courbe de coexistence de l'eau pure sous formes liquide et vapeur est assez bien décrite par une loi empirique dite loi de Duperray

$$P_l(T) = P_0\left(\frac{T-273}{100}\right)^4 = P_0\left(\frac{t}{100}\right)^4 \qquad (C,1)$$

où P_0 est la pression atmosphérique normale (1 atm), T est mesuré en K (ou t en °C).

D'après la formule de Duperray

$$P_l(50°\mathrm{C}) = 0,063 \text{ atm}$$

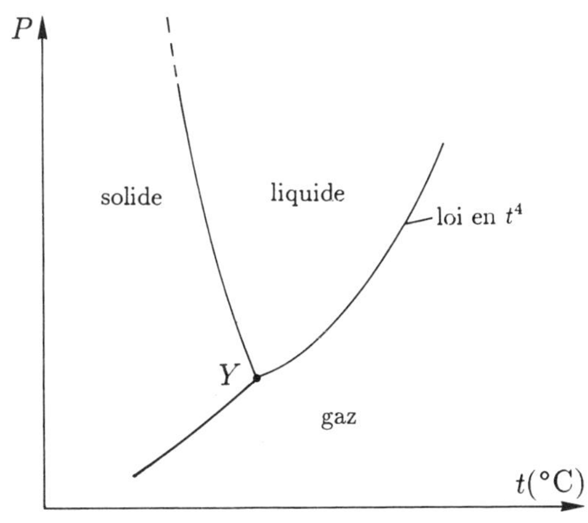

Figure 71 : diagramme des phases de l'eau

Les phénomènes d'ébullition et d'évaporation que nous voulons étudier ne se passent pas dans les conditions introduites jusqu'ici. Nous allons donc étudier plusieurs situations intermédiaires pour arriver enfin à l'étude du phénomène habituel.

C.1. Évaporation de l'eau à volume et température fixés

On introduit une goutte d'eau liquide à $t = 50°C$ dans un récipient **vide** de 1 litre ; que se passe-t-il ?

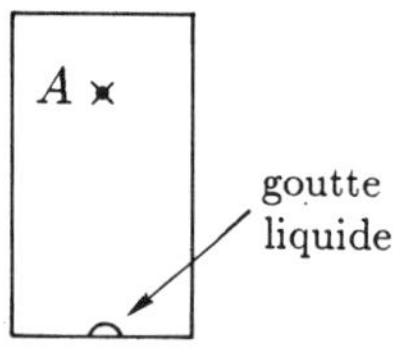

Figure 72

1) la situation à l'instant $t = 0$ n'est pas une situation d'équilibre car au-dessus de la goutte de liquide (en A figure 72), la pression des molécules d'eau est nulle (il n'y a pas encore de molécules en phase gazeuse). Or à 50°C la pression de coexistence de l'eau liquide et de la vapeur d'eau est de 6 10^{-2} atm. En conséquence, des molécules vont passer de la phase liquide vers la phase vapeur.

A chaque instant t, dans la phase vapeur, la pression $P(t)$ est reliée au nombre de moles $n(t)$ dans la vapeur par la relation des gaz parfaits

$$P(t)V = n(t)RT \qquad (C,2)$$

$P(t)$ et $n(t)$ croissent corrélativement.

Deux cas peuvent alors se présenter

a) **ou bien** le nombre total de moles d'eau n_{tot} introduites dans la goutte initiale est tel que la pression

$$P = n_{\text{tot}}RT/V \qquad (C,3)$$

est inférieure à la pression de vapeur saturante à la température T soit

$$n_{\text{tot}} < \frac{VP_l(T)}{RT} \qquad (C,4)$$

alors, toute l'eau passe à l'état gazeux.

Cette situation d'équilibre est une situation dite **de vapeur sèche** où la pression de la vapeur est donnée par la formule (C,3).

b) **ou bien** le nombre de moles à l'état liquide est supérieur au seuil donné par (C,4)

$$n_{\text{tot}} \geq \frac{VP_l(T)}{RT} \qquad (C,5)$$

La pression $P_l(T)$ est atteinte avant que tout le liquide ne se soit évaporé, le système est alors en équilibre à la pression $P_l(T)$: **l'évaporation s'arrête**. Le nombre de moles en phase gazeuse culmine à

$$n_{\text{gaz}} = \frac{VP_l(T)}{RT} \qquad (C,6)$$

le nombre de moles restant en phase liquide est :

$$\begin{aligned} n_{\text{liq}} &= n_{\text{tot}} - n_{\text{gaz}} \\ &= n_{\text{tot}} - \frac{VP_l(T)}{RT} \end{aligned} \qquad (C,7)$$

Question : comment réagissent les deux systèmes si on cherche à diminuer le volume à température constante ?

Dans le cas a) : la pression du gaz augmente selon la loi $P = \dfrac{n_{\text{tot}}RT}{V}$ jusqu'à ce que P atteigne $P_l(T)$; à ce moment la pression se bloque à $P_l(T)$ et la 1ère goutte de liquîde apparaît.

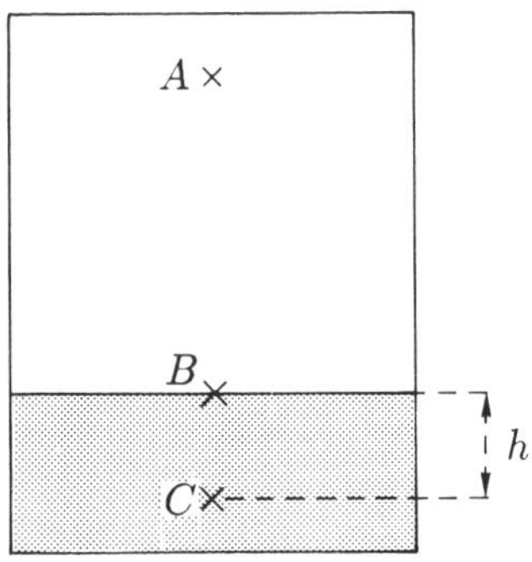

Figure 73

Dans le cas b) : la température étant constante, la pression dans l'atmosphère gazeuse ne varie pas, mais le nombre de molécules du gaz décroît conformément à (C,6). Comme le volume spécifique du liquide est inférieur à celui du gaz, ceci réalise l'ajustement du système à la diminution globale de volume.

Dans le cas b) (figure 73) la répartition des pressions dans le volume est la suivante :

dans le gaz,

$$P_A \simeq P_B \qquad (C,8)$$

dans le liquide,

$$P_C = P_B + \rho_l g h \qquad (C,9)$$

C.2. Équilibre d'un corps pur liquide avec un mélange de gaz à température fixée, et évaporation

C'est la situation habituelle, lorsque de l'eau est en présence d'air atmosphérique. Considèrons les molécules d'eau qui passent de la **phase liquide** à la phase **gazeuse** ; en première approximation, la présence d'air au-dessus du liquide ne change rien à l'équilibre thermodynamique de l'eau : **l'équilibre de l'eau entre les phases gazeuse et liquide est obtenu lorsque la pression partielle de la vapeur d'eau dans la phase gazeuse est égale à la pression de vapeur saturante de l'eau** (formule (C,1)).

Tous les résultats obtenus dans le paragraphe C.1. restent valables en remplaçant partout "pression" de la vapeur par "pression partielle" de la vapeur. C'est la raison pour laquelle les flaques d'eau s'évaporent et le linge sèche facilement dans nos conditions climatiques où la **pression partielle de la vapeur d'eau** dans l'atmosphère reste toujours inférieure à la pression de vapeur saturante*.

Le quotient de la pression partielle de l'eau par la pression de vapeur saturante à la température considérée s'appelle **le degré hygrométrique**. Sous nos latitudes il peut varier de 40 à 90% au cours d'une journée. Plus le degré hygrométrique est faible, plus l'évaporation est intense.

---

* Cette situation est, bien sûr, une situation hors d'équilibre

Dans les pays du sud asiatique en période de mousson humide le degré hygrométrique peut avoisiner les 100% : l'eau liquide est alors en équilibre thermodynamique avec l'eau à l'état de vapeur. Ce n'est jamais le cas sous nos latitudes où quelle que soit la température, il y a une évaporation plus ou moins rapide mais continue de l'eau liquide.

Quel paramètre contrôle l'évaporation et comment l'accélérer ?

Il résulte de ce qui précède que c'est **l'écart** ΔP entre la pression de vapeur saturante à la température considérée et la pression partielle de l'eau P^{eau} dans l'atmosphère gazeuse, qui contrôle l'évaporation.

$$\Delta P = P_l(T) - P^{\text{eau}} \qquad (C,10)$$

Pour accélérer l'évaporation il faut accroître ΔP. Ceci peut manifestement se faire de plusieurs façons :

i) en accroissant la température, on augmente $P_l(T)$

ii) en éliminant la vapeur d'eau au-dessus de l'eau liquide, pour diminuer la pression partielle de l'eau.

C'est ce deuxième mécanisme qui est réalisé par les vents secs dans l'atmosphère. Dans les sèche-cheveux et sèche-mains électriques, dans les machines à laver la vaisselle, les deux mécanismes concourent à l'évaporation.

C.3. Ébullition

Le dernier phénomène courant que nous étudierons est celui de l'ébullition.

Spontanément associé à l'idée de la transition de phase liquide-gaz, il est cependant beaucoup plus spécifique : dans les conditions normales de pression atmosphérique sous nos latitudes et au niveau de la mer **l'ébullition de l'eau ne se produit qu'à 100°C alors que nous venons de voir qu'il y a évaporation à toute température**. Bien plus, dans un autocuiseur fermé, il n'y a **jamais** d'ébullition quelle que soit la température !

L'ébullition, comme son nom l'indique, est l'apparition de bulles au sein d'un liquide. Dans le cas de l'eau, qui nous intéresse ici, les bulles qui se forment au sein du liquide ne peuvent contenir que de la vapeur d'eau, à la pression $P_l(T)$ où T est la température du liquide autour de la bulle.

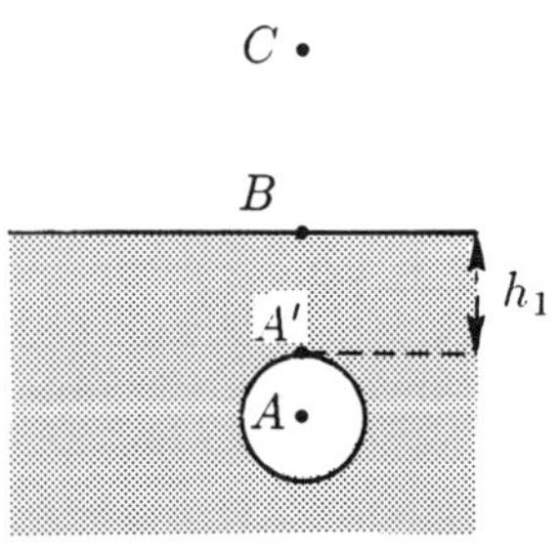

Figure 74

A l'extérieur de la bulle, la pression totale qui règne en A' vaut

$$P_{A'} = \rho g h_1 + P_B \qquad (C,11)$$
$$\simeq \rho g h_1 + P_C \qquad (C,12)$$

où P_C est la somme de la pression partielle de l'air P^{air} et de la pression partielle de l'eau en C.

$$P_{A'} = \rho g h_1 + P_C^{\text{air}} + P_C^{\text{eau}}$$

Du point de vue mécanique, la bulle ne peut exister que si la pression intérieure égale ou dépasse la pression extérieure* (dans le cas contraire la bulle est écrasée) :

$$P_A \geq P_{A'} \tag{C,14}$$

c'est-à-dire

$$P_l(T) \geq \underbrace{P_C^{\text{air}} + P_C^{\text{eau}}}_{\text{Pression atm.}} + \rho g h_1 \tag{C,15}$$

Cette inégalité explique que, dans les conditions de pression atmosphérique normale, l'ébullition de l'eau n'apparaisse qu'à la température de 100°C (température où $P_l(T) = P_{\text{atm}}$). L'inégalité (C,15) laisserait penser que l'ébullition est plus précoce en surface qu'au fond du récipient. Expérimentalement c'est rarement le cas, parce que la surchauffe du fond du récipient permet aisément d'équilibrer l'effet de la pression hydrostatique.

Pourquoi n'y a-t-il pas ébullition dans l'autocuiseur ?

L'autocuiseur est fermé à 20°C, la pression qui y règne est d'une atmosphère. On chauffe ensuite le système, la pression dans la phase gazeuse augmente considérablement car la vapeur y devient rapidement saturante :

$$P_{\text{tot}}(T) \qquad = \underbrace{n\frac{RT}{V}}_{n \text{ nb de moles d'air}} \qquad + \qquad \underbrace{P_l(T)}_{\text{pression de vapeur saturante de l'eau}}$$

A cause de la présence initiale d'air sous une pression de l'ordre d'une atmosphère, la pression totale du gaz sera **toujours** supérieure à la pression de vapeur saturante à la température considérée et il ne pourra jamais y avoir ébullition ... Par contre, si on relâche brutalement la pression par la soupape de sécurité à haute température, on déclenche une ébullition extrêmement violente. Par ailleurs, l'augmentation de pression à volume constant permet d'augmenter la température donc de diminuer le temps de cuisson sans évaporer toute l'eau de cuisson.

* Cette affirmation néglige l'existence d'une force de surface appelée tension superficielle. Mais cette approximation n'enlève rien à l'explication qualitative du phénomène.

C.4. États métastables

L'eau liquide à -10°C sous pression atmosphérique normale n'est pas dans l'état d'équilibre thermodynamique de l'eau dans ces conditions de température et de pression : l'état d'équilibre de l'eau à P=1 atm et T=263 K est la glace, point D du diagramme d'équilibre thermodynamique figure 75. Cependant on peut observer, au laboratoire, de l'eau à l'état liquide à une température très inférieure à 0°C. Il faut, pour produire cet état exceptionnel, que l'on appelle **métastable***, refroidir de l'eau exceptionnellement pure, très lentement et en l'absence de poussières et de vibrations. En opérant dans de telles conditions on peut observer une évolution continue de la température sans phénomène de congélation à 0°C à la traversée de la courbe de coexistence liquide solide (point B du diagramme des phases).

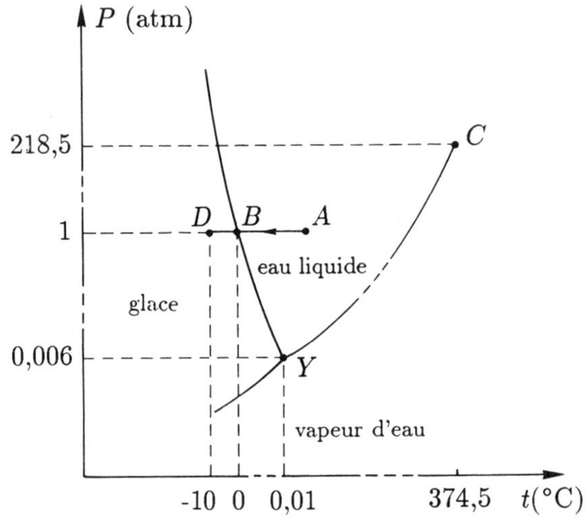

Figure 75 : diagramme d'équilibre thermodynamique de H_2O

Ce processus semble violer le deuxième principe de la thermodynamique (cf. chapitre 8, § V) : nous avons ainsi créé un système dans un état thermodynamique qui n'évolue pas, mais cet état n'est pas l'état qui minimise G^* (potentiel thermodynamique relatif à cette situation où P et T sont fixés). En effet, l'état qui minimise G^* de l'eau à P=1 atm, T=263 K est la glace (point D du diagramme des phases de l'eau figure 75). Sommes-nous face à une contradiction inadmissible ?

* Cet état est dit métastable (c'est-à-dire au-delà du stable d'après l'origine éthymologique du préfixe méta en grec) parce que de l'eau liquide à pression atmosphérique en dessous de 0°C n'est plus dans le domaine de stabilité thermodynamique.

Il n'en est rien : si nous étudions le potentiel thermodynamique de l'eau (H_2O) à cette pression et à cette température nous constatons que cette fonction G^* a l'allure décrite sur le diagramme (figure 76).

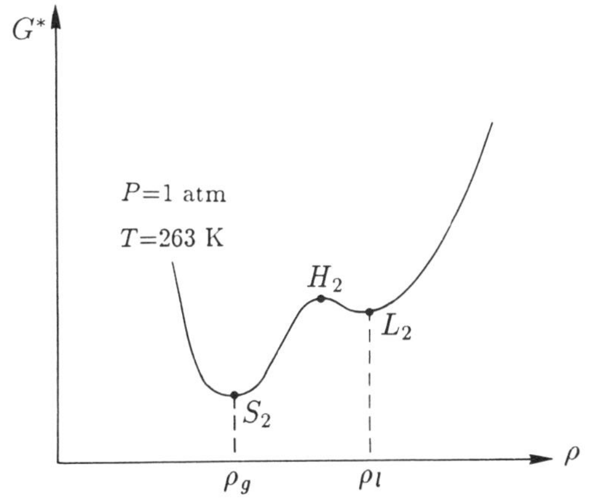

Figure 76 : variations du potentiel thermodynamique de l'eau en fonction de la masse volumique à P=1 atm, T=263 K

Le minimum absolu de G^* est obtenu pour la masse volumique ρ égale à la densité de la glace ρ_g : c'est bien la glace qui est la phase stable conformément au 2e principe. **Mais** il existe un minimum relatif L_2 correspondant à une densité plus grande : celle de l'eau liquide métastable ρ_l. Si à cause de circonstances spéciales (que nous discuterons plus loin), on réussit à orienter l'évolution du système, et à l'amener à P=1atm, T=263K à l'état L_2 (liquide métastable) alors **spontanément** le système ne peut plus évoluer car pour passer de L_2 vers S_2, il lui faudrait franchir le col H_2 ce qui serait contraire au 2e principe (cf. chap 8, § V). Ce principe nous dit que spontanément le système ne peut évoluer que dans le sens qui diminue son potentiel thermodynamique (en termes "géographiques" le système ne peut pas spontanément gravir une côte de G^*, il ne peut que dévaler les descentes !).

En **l'absence** de **perturbations extérieures** cet état métastable peut durer pendant des temps indéfinis. En pratique la barrière de potentiel thermodynamique entre L_2 et H_2 n'est pas très élevée et il suffit de très peu d'apport d'énergie extérieure (introduction d'un germe de glace, vibration) pour que la barrière L_2H_2 soit franchie et que le système dévale inexorablement et irréversiblement vers la situation représentée par le point S_2 de la figure 76.

A ce point de la discussion la dernière question qui subsiste est : pourquoi dans l'immense majorité des refroidissements le système évolue-t-il suivant le trajet ABD de la figure 75 qui l'amène au minimum absolu S_2 ? Ou encore comment peut-on arriver au point L_2 ?

Pour répondre à cette question il faut comprendre comment évolue la courbe $G^*(\rho)$ dans le domaine de température compris entre 283 K et 263 K et en particulier au voisinage du point fatidique de 273 K. Cette évolution est représentée sur la figure 77. A la température T_0 (283 K) le système est dans l'état d'équilibre absolu L_0 (à l'état liquide) ; il existe peut-être un très léger minimum relatif S_0 qui correspondrait à du solide métastable (situation très fragile que l'on ne rencontre jamais). On baisse la température : la courbe représentant très fragile que l'on ne rencontre jamais). On baisse la température : la courbe représentant la fonction $G^*(\rho)$ se déforme, le minimum en S devient de plus en plus marqué et **à T=273K les deux minima sont à la même profondeur** avec une barrière de potentiel encore assez marquée entre les deux. Le système peut se présenter aussi bien sous forme liquide que solide, et il peut passer de manière réversible de l'une à l'autre phase. Si l'on abaisse encore la température, le minimum pour le solide devient le minimum absolu tandis que le minimum pour le liquide n'est plus qu'un minimum relatif.

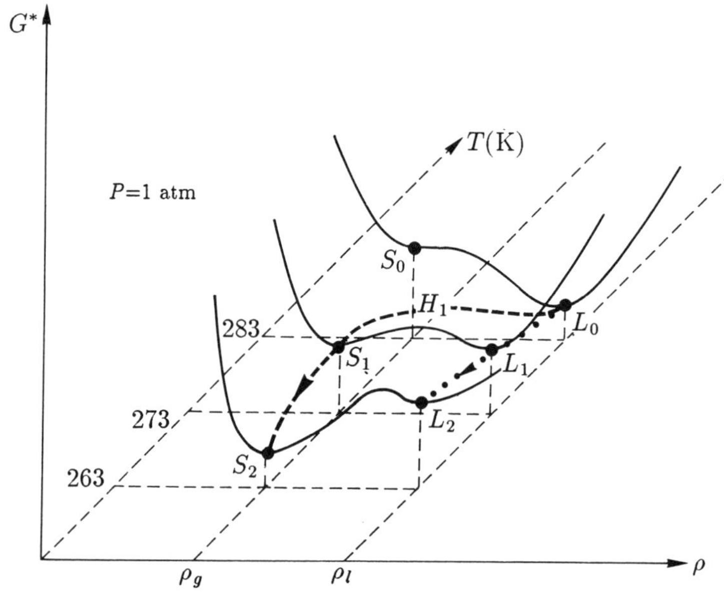

Évolution du potentiel thermodynamique G^* de l'eau en fonction de sa masse volumique, à différentes températures en tireté le chemin usuellement suivi dans un refroidissement en pointillé la voie de la transformation vers l'état métastable.

Figure 77

Si à chaque étape, le système a réussi à minimiser son potentiel thermodynamique (et c'est le cas usuel) on le retrouve donc dès que $T < 273$ K sous la forme de glace (trajet fléché tireté $L_0S_1S_2$ sur la figure 77). Au contraire si on opère durant ce refroidissement avec énormément de précautions pour ne pas apporter la moindre parcelle d'énergie de l'extérieur, il n'est pas impossible que le système initialement dans le minimum absolu L_0 ne puisse pas en sortie à T_1=273 K, parce qu'il ne dispose pas de l'énergie nécessaire pour franchir le col H_1 ; on retrouve alors en refroidissant en-dessous de T_1 un liquide métastable (trajet pointillé $L_0L_1L_2$ de la figure 77).

EXERCICES

(26) Une masse d'eau de 1 kg se trouve à l'état liquide dans un thermostat à -10°C, sous la pression atmosphérique normale. On fait cesser cet état d'équilibre **métastable** en ajoutant un germe de glace à l'eau.

1) Calculer la variation d'entropie de l'eau.

2) Calculer la variation d'entropie du thermostat.

3) Calculer la variation d'entropie du système isolé constitué par l'eau et son thermostat.

On fera l'approximation que l'eau et la glace ont même volume molaire et sont incompressibles. On donne :

- chaleur latente de fusion de la glace à 0°C : $L = 336\ 10^3$ J·kg^{-1}
- chaleur massique de l'eau à pression constante : $c_e = 4,2\ 10^3$ J·kg^{-1}·K^{-1}
- chaleur massique de la glace à pression constante : $c_g = 2,1\ 10^3$ J·kg^{-1}·K^{-1}

Corrigé :

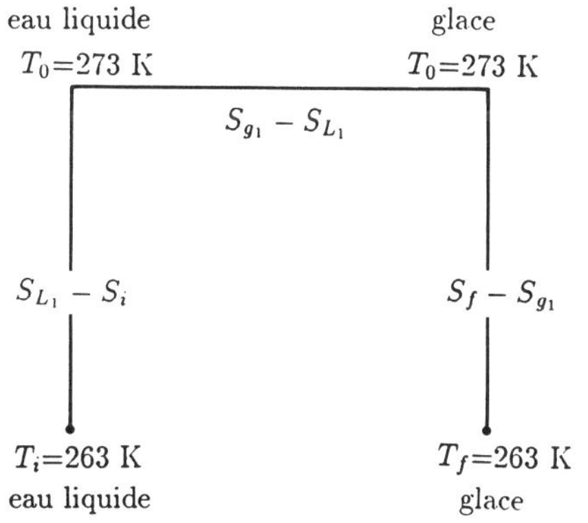

1) L'entropie est une fonction d'état : on peut donc calculer sa variation, entre l'état initial (S_i) et l'état final (S_f), le long de n'importe quel chemin thermodynamique défini réversible menant de l'état initial i à l'état final f.

La suite de transformations réversibles est la suivante :

α) partant de l'eau surfondue à 263 K on la réchauffe très doucement jusqu'à T_0=273 K, de telle sorte qu'elle suive le chemin thermodynamique inverse de celui qu'elle a emprunté lors de sa fabrication (voir chapitre 11, figure 77, trajet $L_2 \rightarrow L_1$).

$$S_{L_1} - S_i = \int \frac{\delta Q}{T} = \int_{T_i}^{T_0} m\frac{c_e}{T}dT = mc_e \ln \frac{T_0}{T_i}$$

(voir l'exercice 20).

β) à T_0 on congèle l'eau : cette opération est alors réversible (voir chapitre 11, complément C.4)

$$S_{g_1} - S_{L_1} = \int \frac{\delta Q}{T_0} = \frac{m(-L)}{T_0} \qquad \text{(voir paragraphe II, chapitre 11)}$$

γ) la glace obtenue à 273 K est alors refroidie jusqu'à 263 K (voir la figure précédente) :

$$S_f - S_{g_1} = mc_g \ln \frac{T_f}{T_0}$$

La variation d'entropie totale de l'eau entre l'état initial et l'état final s'écrit

$$S_f - S_i = m(c_e - c_g)\ln(\frac{T_0}{T_i}) - \frac{mL}{T_0}$$

soit $$S_f - S_i = 78,4 - 1230,7 = -1152 \text{ JK}^{-1}$$

2) Variation d'entropie du thermostat :

Par définition, le thermostat reste à température constante $T = T_i = T_f$. L'identité fondamentale (chapitre 7.VI) s'écrit dans ce cas

$$dS_{th} = \frac{1}{T_i} dU_{th}$$

La variation d'énergie interne du thermostat se réduit à la chaleur qu'il reçoit du système, soit Q_{th} cette quantité ; l'équation ci-dessus conduit après intégration à

$$S^f_{th} - S^i_{th} = Q_{th} \times \frac{1}{T_i}$$

Par ailleurs, cette quantité de chaleur reçue par le thermostat est cédée par le système. Il nous faut donc calculer la quantité de chaleur **cédée** par le système au cours des étapes α, β, γ précédemment explicitées :

$$\left.\begin{array}{ll} Q^{th}_\alpha & = -mc_e(T_0 - T_i) \\ Q^{th}_\beta & = -(-mL) = mL \\ Q^{th}_\gamma & = -mc_g(T_f - T_0) \end{array}\right\} \Longrightarrow Q_{th} = Q^{th}_\alpha + Q^{th}_\beta + Q^{th}_\gamma$$

Le thermostat reçoit donc la quantité de chaleur totale

$$Q_{th} = -m(c_e - c_g)(T_0 - T_f) + mL \qquad \text{car} \quad T_i = T_f$$

et la variation d'entropie du thermostat est

$$\Delta S_{th} = \frac{Q_{th}}{T_f} = 1200 \text{ JK}^{-1}$$

3) La variation d'entropie du système total isolé est par suite

$$\begin{aligned} \Delta S_{\text{syst. isolé}} &= \Delta S_{\text{eau}} + \Delta S_{th} \\ &= 48 \text{ JK}^{-1} \end{aligned}$$

C'est une quantité positive, ce qui est conforme au deuxième principe pour un système isolé.

A titre de contre-exemple remarquez, dans cette opération, le signe de la variation d'entropie du thermostat et celui de la variation d'entropie de l'eau.

La variation d'entropie du thermostat est positive (alors que, vue du thermostat, il n'y a dans le processus aucune irréversibilité) ; et celle de l'eau est négative, alors que, manifestement, c'est au niveau de l'eau que le passage de l'état initial à l'état final est irréversible. Mais, bien sûr, ces deux variations, envisagées séparément, ne rentrent pas dans le cadre de l'énoncé du principe de maximisation de l'entropie, puisque l'eau (ou le thermostat) pris séparément ne sont pas des systèmes isolés.

(27) Équilibre liquide-vapeur

Un récipient contient n moles d'eau à la température 20°C : suivant la pression régnant dans ce récipient peut-on déterminer la (ou les) phase(s) sous laquelle (lesquelles) on peut trouver l'eau ?

Nous rappelons qu'il y a équilibre entre un liquide pur et sa vapeur lorsque la pression partielle de cette vapeur (dans la phase gazeuse qui surmonte le liquide) est égale à la pression P de la courbe de coexistence liquide-vapeur : $P = f_s(T)$; la vapeur, en équilibre avec le liquide qui lui a donné naissance, est appelée "vapeur saturante".

Pour l'eau nous prendrons, comme approximation de la pression de vapeur saturante, la formule de Duperray $P = f_s(T) = P_0(t/100)^4$ où P_0=1 atm et t est la température en °C.

1) Tracer la portion de la courbe $P = f_s(T)$ comprise entre les températures 10 et 40°C.

2) Repérer, sur le diagramme, les points correspondants à la même température 20°C et aux 3 pressions successives : 50 Pa, 162 Pa, 1500 Pa.

Sous quelle forme trouve-t-on l'eau en ces points ?

3) A quelle température observe-t-on l'ébullition de l'eau sous une pression de 0,5 atm?

Corrigé :

1) L'application de la formule de Duperray aux températures allant de 10 à 40°C donne les valeurs de pression ci-dessous, d'où nous déduisons la courbe de pression de vapeur saturante (ou courbe de coexistence liquide-vapeur) qui est la frontière entre les 2 phases de l'eau.

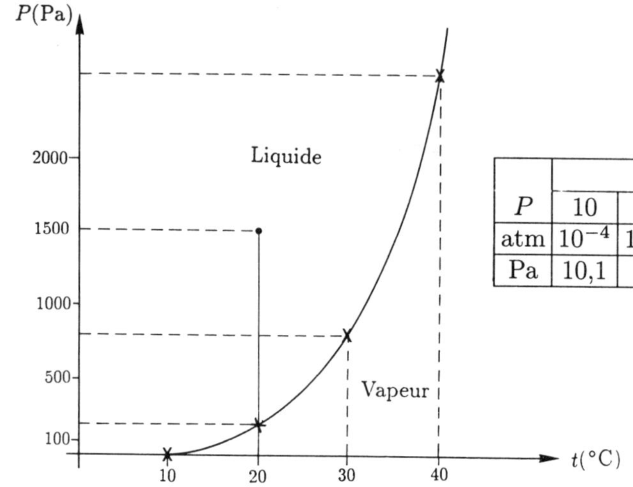

P	t en °C			
	10	20	30	40
atm	10^{-4}	$1,6\ 10^{-3}$	$8,1\ 10^{-3}$	$2,56\ 10^{-2}$
Pa	10,1	162	820	2590

2) Traçons la verticale d'abscisse $t = 20°C$: elle coupe la courbe de coexistence au point d'ordonnée $P = 162$ Pa ; pour cette pression il y a coexistence liquide-vapeur.

Pour la pression inférieure 50 Pa (à la même température) c'est-à-dire en dessous de la courbe, l'eau est à l'état de vapeur : la vapeur est dite "sèche" lorsqu'elle existe seule.

A la température 20°C et sous la pression 1500 Pa, seule la phase liquide de l'eau existe.

3) L'ébullition d'un liquide n'est possible que lorsque la pression totale au-dessus du liquide est égale à sa pression de vapeur saturante (elle est impossible lorsque $P_{\text{ext}} > P_{\text{sat}}$).

Sous une pression de 0,5 atm l'ébullition de l'eau se produira pour $P_{\text{ext}} = P_{\text{sat}}$, c'est-à-dire pour la température t telle que $0,5 = \left(\frac{t}{100}\right)^4$

$$t = 100\sqrt[4]{0,5} = 84°C$$

Ceci explique pourquoi en altitude l'eau bout à une température inférieure à 100°C.

(28) 1a) 1 litre d'eau liquide est introduit dans une enceinte vide de 5 m^3. La température est fixe et vaut 50°C. Que se passe-t-il ?

b) En admettant que la vapeur d'eau se comporte comme un gaz parfait, combien y a-t-il d'eau vaporisée à l'équilibre ?

2) On introduit un litre d'eau dans un récipient clos de 5 m^3 où règne initialement une pression d'air de 0,8 atm. à la température de 50°C.

a) Que se passe-t-il ? En supposant que la température est maintenue fixe, quelles sont à l'équilibre les valeurs de la pression partielle de l'air, de l'eau vaporisée, de la pression totale ? Quelle est la quantité d'eau vaporisée ?

b) On chauffe le système. Comment évoluent avec la température : la pression partielle de l'air, de la vapeur d'eau, le nombre de moles d'eau vaporisées (on négligera les variations de volume de l'eau liquide dans un premier temps, puis on évaluera l'erreur relative ainsi commise) ?

A.N. La température s'élève de 20°C. Calculer la pression finale partielle de l'air, de la vapeur d'eau et le nombre de moles d'eau vaporisées.

Corrigé :

1a) Comme dans l'exercice précédent, utilisons la formule de Duperray

$$P_S = f_S(T) = P_0\left(\frac{t}{100}\right)^4 \qquad (P_0 = 1 \text{ atm et } t°\text{C})$$

pour calculer la pression de vapeur saturante de l'eau.

Pour $t = 50°\text{C}$, $P_S = 0,062$ atm $= 6331$ Pa.

L'eau, introduite dans l'enceinte vide, va commencer à se vaporiser jusqu'à ce que la pression de la vapeur produite devienne égale à cette valeur de pression de vapeur saturante.

b) A l'équilibre, on peut supposer que l'eau vaporisée occupe tout le volume de l'enceinte, c'est-à-dire 5 m^3. On suppose que cette vapeur d'eau (à P_S=6331 Pa) se comporte comme un gaz parfait ; le nombre de moles vaporisées est alors $n = \dfrac{P_S V}{RT} = \dfrac{6331 \times 5}{8,31 \times 323} \simeq 11,8$ moles, ce qui correspond à $m = nM = 11,8 \times 18 = 212$ g d'eau.

2a) Dans un récipient clos de 5 m^3, où la pression initiale d'air est 0,8 atm à 50°C, l'eau introduite va s'évaporer jusqu'à ce que la pression partielle de l'eau atteigne la pression de vapeur saturante (calculée en 1a).)

A l'équilibre, la pression partielle de l'air est 0,8 atm ; la pression de l'eau vaporisée 0,062 atm et la pression totale vaut 0,862 atm.

Pour l'évaporation seule compte la pression partielle de vapeur (qui est la même que précédemment) : la quantité d'eau vaporisée sera donc la même, soit 212 g.

b) Évolution avec la température ?

n_{air} moles sont liées à la pression partielle d'air

$$P_{\text{air}} = \frac{n_{\text{air}} RT}{V} \Longrightarrow \frac{dP_{\text{air}}}{P_{\text{air}}} = \frac{dT}{T} \qquad \text{car} \quad V = \text{cte}$$

Pour $dT > 0$ on aura $dP_{\text{air}} > 0$, c'est-à-dire P_{air} augmente avec T.

La pression de vapeur saturante est $P_S = P_0\left(\dfrac{T-273}{100}\right)^4$,

d'où $\dfrac{dP_S}{P_S} = 4\dfrac{dT}{T-273}$, donc P_S augmente avec T.

Enfin, le nombre n de moles d'eau vaporisées est

$$n_{\text{vap}} = \frac{P_S V}{RT} \qquad \text{d'où} \quad \frac{dn_{\text{vap}}}{n_{\text{vap}}} = \frac{dP_S}{P_S} - \frac{dT}{T} \text{ puisque } V = \text{cte}$$

$$= \left(\frac{4}{T-273} - \frac{1}{T}\right)dT = \frac{(3T+273)dT}{T(T-273)} > 0$$

Le nombre de moles d'eau vaporisées augmente en même temps que la température.

Application numérique : la température s'élève de 20°C, V =cte$\Longrightarrow$ la nouvelle pression de l'air est alors :

$$P' = P_{\text{air}}\frac{T'}{T} = 0,8\frac{343}{323} = 0,85 \text{ atm}$$

A 70°C, la pression de vapeur saturante devient

$$P'_S = \left(\frac{70}{100}\right)^4 = 0,24 \text{ atm}$$

et le nombre n' de moles de vapeur produites sera

$$n' = \frac{P'_S V}{RT} = \frac{(0,24 \times 1,013 \times 10^5)5}{8,31 \times 343} = 42,6 \text{ moles}$$

d'où une masse d'eau vaporisée $m' = 42,6 \times 18 = 767$ g ; il reste donc 233 g c'est-à-dire 0,23 litre d'eau liquide.

Si nous ne négligeons plus ce volume par rapport au volume total, le volume occupé par la vapeur est alors $V_{\text{total}} - V_{\text{eau}} = 5 \text{ m}^3 - 0,23\ 10^{-3} = 4,99977 \text{ m}^3$; d'où une erreur relative commise $\frac{\Delta V}{V} = 4,6\ 10^{-5}$, c'est-à-dire une erreur tout à fait négligeable devant 1.

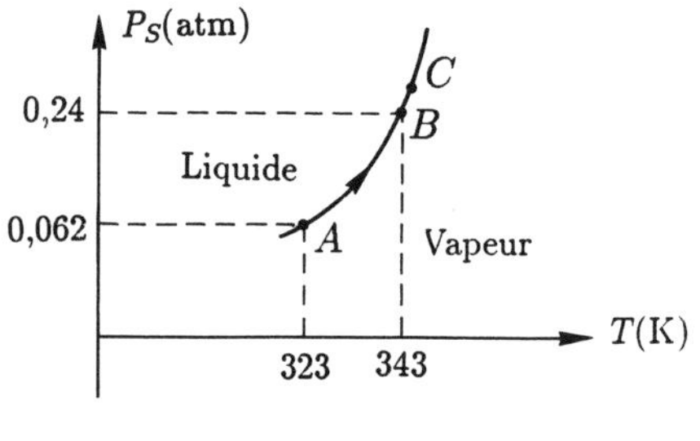

Sur le diagramme (P, T) une montée en température se fera suivant la courbe de coexistence AB.

Pour une certaine température T_1 toute l'eau introduite dans le récipient clos sera vaporisée, nous aurons alors :

$$PV = nRT_1 \qquad \text{avec} \quad P = P_0\left(\frac{T_1 - 273}{100}\right)^4$$

et $P_0 = 1,013\ 10^5$ Pa.

$$n = \frac{1000}{18}\text{moles et } V = 5 \text{ m}^3 \qquad \text{d'où} \quad t_1 = 75,05 \simeq 75°\text{C}$$

En dessous du point C, correspondant à la température T_1, la courbe $P = f(T)$ varie en T^4 ; à partir du point C la variation de pression devient linéaire en fonction de la température.

(29) Une **centrale géothermique** dispose d'une chaudière naturelle : une nappe souterraine d'eau chaude sous forte pression. A la centrale de **Bouillante en Guadeloupe***, le puits d'extraction fournit 150 tonnes par heure d'un mélange compressible "eau-vapeur saturante". De ce mélange sont extraites, dans un séparateur, 30 tonnes par heure de vapeur à la pression P_i=6,2 bar et à la température t_i=158°C ; la détente de cette vapeur jusqu'à l'état final P_f=75 mbar et $t_f = 45$°C a lieu dans les tuyères d'une turbine à vapeur qui entraîne un alternateur (figure A)**.

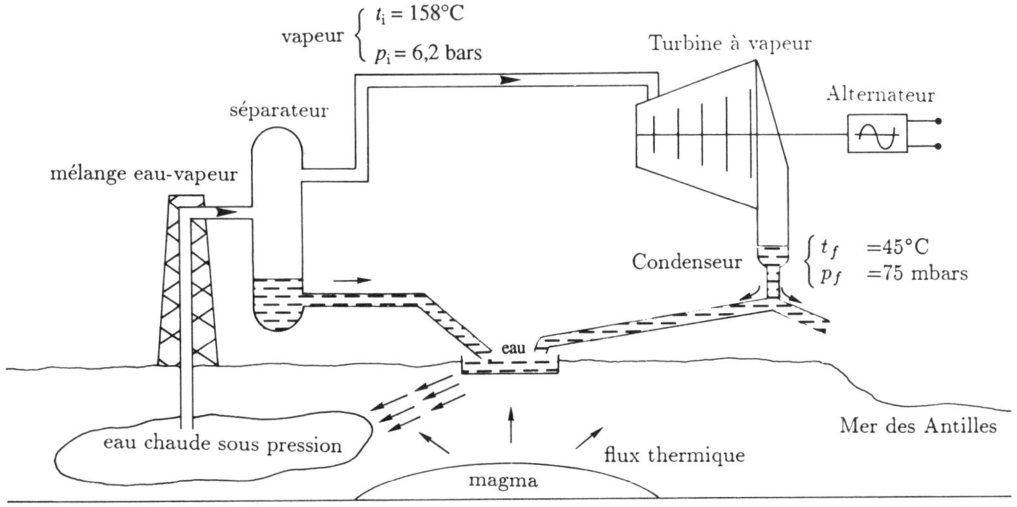

Figure A

On traitera la vapeur comme un gaz parfait de coefficient $\gamma = \dfrac{C_p}{C_v} \approx 1,35$ dans notre domaine de températures. On admettra que la pression de vapeur saturante de la vapeur d'eau varie selon la loi de Duperray :

$$P_{\text{sat}} = f(t) = P_0\left(\frac{t}{100}\right)^4$$

où P_0=1 atm et t température en °C, et que la chaleur latente de vaporisation de l'eau suit la loi empirique $L = 2535 - 2,9\,t$ avec L en Jg^{-1} et t la température en °C du changement de phase.

N.B. : dans les calculs, on assimilera 1 bar à 1 atmosphère et on fera les applications numériques avec une précision du même ordre. Les différentes questions sont presque toutes indépendantes les unes des autres.

1) Calculer, en **moles/seconde**, le débit n de la vapeur arrivant à la turbine.

---

* Photo page 190

** Le sujet de ce problème est tiré de l'article de M. Philippe Jaud : *Géothermie haute énergie, la centrale de Bouillante*, paru dans EPURE n°10, avril 1986, revue publiée par la Direction des Études et Recherches d'EDF.

2) Évaluer les volumes occupés par ces n moles de vapeur à l'entrée de la turbine (volume V_i) et à la sortie (volume V_f).

3) Examinons les transformations successives subies par ce fluide dans une telle centrale (voir figure B).

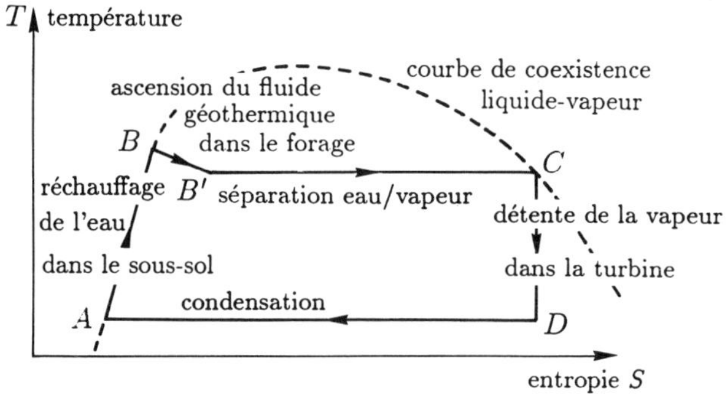

Figure B

Le réchauffage sous pression de l'eau dans le sous-sol est représenté par la portion AB du cycle. Puis, l'ascension du fluide géothermique (mélange "eau+vapeur saturante") dans le forage est représentée par la portion décroissante BB' : pour quelle raison la température du mélange constituant ce fluide décroît-elle lors de son ascension (hauteur totale du forage $h \approx 300$ m) ?

4) La détente du mélange "eau+vapeur saturante" a lieu dans le séparateur : c'est la première portion horizontale $B'C$ du cycle. Sachant que ce séparateur fonctionne à la température $t_f = 158°\text{C}$, en déduire la pression de la vapeur P_v à sa sortie ; justifier la réponse.

5) La vapeur seule entre alors dans la turbine où elle subit la détente isentropique CD, qui l'amène à la température finale $t_f = 45°\text{C}$; nous faisons, dans cette question, l'hypothèse que cette détente est celle d'un gaz parfait. Calculer le travail W_1 effectué dans cette détente isentropique par 1 mole de vapeur passant de $t_i = 158°\text{C}$ à $t_f = 45°\text{C}$ (on donnera la formule en fonction de R, T_i, T_f et γ). Évaluer la puissance $\mathcal{P}_1$ correspondant au débit de vapeur, calculer ensuite sa valeur numérique.

6) En fait, à la fin de cette détente (point D du diagramme, figure B) une fraction x de cette vapeur est condensée ; on admet que cette condensation partielle s'est effectuée essentiellement à la température $t_f = 45°\text{C}$. Quelle a été la puissance $\mathcal{P}_2$ libérée lors de la condensation de nx moles de vapeur par seconde ? Exprimer $\mathcal{P}_2$ en fonction de L, n et x ; puis, faire l'application numérique pour $x = 15\%$. La puissance $(\mathcal{P}_1 + \mathcal{P}_2)$ représente approximativement la puissance totale délivrée par ce dispositif.

Corrigé :

1) 30 tonnes de vapeur d'eau (masse molaire 18 g) arrivent chaque heure à la turbine, ce qui correspond à un débit :

$$n = \frac{30\ 10^6}{3600 \times 18} = 463 \text{ moles/s}$$

2) Ces n moles/s de vapeur occupent des volumes $V = n\dfrac{RT}{P}$ c'est-à-dire des volumes initial et final par seconde :

$$V_i = \frac{463}{6,2\ 10^5} \times 8,31 \times 431 = 2,67\ \mathrm{m^3/s} \qquad \text{à l'entrée de la turbine}$$

$$V_f = \frac{463 \times 8,31 \times 318}{(75\ 10^{-3})10^5} = 163,1\ \mathrm{m^3/s} \qquad \text{à la sortie.}$$

3) Lors de l'ascension du fluide "eau+vapeur" dans le forage (figure B, portion BB' décroissante du cycle) la pression hydrostatique décroît (relation fondamentale de l'hydrostatique $\Delta P = \rho g h$). Dans la mesure où le système est toujours constitué d'un mélange liquide-vapeur, l'équilibre thermodynamique implique que la pression au sein de ce fluide est égale à la pression de vapeur saturante. Sachant que cette pression de vapeur saturante obéit à la loi de Duperray

$$P_{\text{sat}} = P_0\left(\frac{t}{100}\right)^4$$

où t représente la température en °C, si la pression diminue la température diminue également. La diminution de pression totale dans le fluide ne peut se faire que par condensation de vapeur d'eau ; ce mécanisme, à cause de l'existence de la chaleur latente, prélève de l'énergie thermique au système et conduit à l'ajustement de sa température.

4) Dans le séparateur la détente du mélange "eau+vapeur saturante" a lieu à $t_i = 158$°C. La pression de vapeur à la sortie sera

$$P_v = \left(\frac{158}{100}\right)^4 \approx 6,2\ \text{atm} \approx 6,2\ \text{bars}$$

qui est bien la pression P_i indiquée dans le texte.

5) Dans la turbine, pendant la détente isentropique CD, une mole de gaz parfait effectue le travail :

$$W_1 = -\int PdV = -P_i V_i^\gamma \int \frac{dV}{V^\gamma} = \frac{[P_f V_f - P_i V_i]}{\gamma - 1}$$
$$= \frac{R}{\gamma - 1}[T_f - T_i] = -2,69\ 10^3\ \text{J}$$

463 moles/s développeront une puissance :

$$\mathcal{P}_1 = \text{débit} \times \text{travail molaire} = 463 \times 2,69\ 10^3 = 1,24\ \text{MW}$$

6) La condensation de nx moles/s de vapeur (masse molaire M) a libéré la puissance $\mathcal{P}_2 = nxML(t)$

$L(t)$ est la chaleur de vaporisation de l'eau

$L(t) = 2535 - 2,9\,t$ avec t en °C, L en $\mathrm{Jg^{-1}}$, d'où

$\mathcal{P}_2 = 463 \times 0,15 \times 18[2535 - 2,9 \times 45] = 3$ MW

Problèmes corrigés d'examen

Les problèmes suivants ont été donnés comme problèmes d'examen ou de partiel en première année* de premier cycle, le temps imparti variant entre 1 et 2h.

Thermodynamique (Septembre 1989)

Un cylindre fermé est divisé en deux compartiments A et B, initialement de même volume V_0, par un **piston qui peut coulisser librement**. A et B contiennent chacun une mole de gaz parfait monoatomique à la pression $P_0 = 10^5$ Pa et à la température $T_0 = 0°\mathrm{C}$.

Le piston, la paroi latérale et la paroi verticale gauche du cylindre (voir figure) sont imperméables à la chaleur : adiabatiques ; la paroi verticale droite permet des échanges thermiques : paroi diatherme. Le compartiment A est porté très lentement à la température T_A à l'aide d'une résistance chauffante ; son état final est décrit par P_A, V_A et $T_A = 300$ K. Le compartiment B reste à la température $T_B = T_0$ par contact thermique avec la glace fondante (à la pression atmosphérique) placée le long de la paroi diatherme ; son état final est repéré par P_B, V_B et $T_B = T_0$.

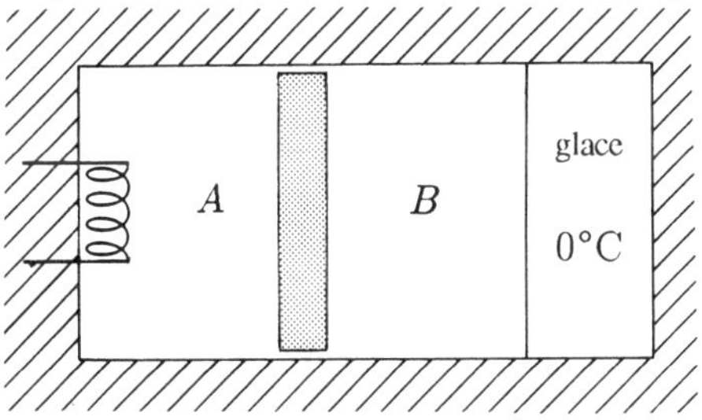

1) Quelle est la condition d'équilibre du piston ?

2) Exprimer le volume V_A du compartiment A en fonction de T_A, T_0 et V_0. Calculer numériquement V_0 et V_A.

3) Quelle est la variation d'énergie interne du gaz à l'intérieur de A et celle du gaz à l'intérieur de B ? En déduire la variation d'énergie interne du système $(A + B)$.

4) Quelle est la nature de la transformation subie par le gaz contenu en B ? Quel est le travail W_1 reçu par B ? En déduire la quantité de chaleur Q_1 **reçue** par le thermostat ? (c'est-à-dire par la glace dont une certaine partie fond).

5) En considérant soit le système $(A + B)$, soit le système A, quelle est la quantité de chaleur Q_2 **fournie** par la résistance chauffante ?

6) Sachant que la chaleur latente de fusion de la glace est de 334,8 J· g^{-1}, calculer la masse de glace fondue dans l'opération.

---

* Cette première année est le D.E.U.G. IST-P1, c'est-à-dire la première année préparatoire à l'école d'ingénieurs de l'Institut de Sciences et Technologies (IST) de l'Université Pierre et Marie Curie (Paris VI).

Corrigé

1) Le piston est adiabatique, on peut donc avoir $T_A \neq T_B$; il est mobile, donc sera en **équilibre mécanique** lorsqu'il y a équipression entre les compartiments A et B, c'est-à-dire $\underline{P_A = P_B}$.

2) Dans chaque compartiment le nombre de moles est $n = 1$, l'équation des gaz parfaits donne $\dfrac{P_A V_A}{T_A} = \dfrac{P_0 V_0}{T_0} = \dfrac{P_A V_B}{T_0} = R$, d'où

$$V_A = V_B \frac{T_A}{T_0} = (2V_0 - V_A)\frac{T_A}{T_0} \Longrightarrow V_A(1 + \frac{T_A}{T_0}) = 2V_0 \frac{T_A}{T_0}$$

$$V_A = \frac{2T_A}{T_0 + T_A} V_0 \qquad \text{et} \quad V_B = \frac{2T_0}{T_0 + T_A} V_0$$

A.N. : $\quad V_0 = \dfrac{RT_0}{P_0} = 22,7\ 10^{-3}\ \text{m}^3 = \underline{22,7\ \text{l}}$

$$V_A = \frac{2T_A V_0}{T_0 + T_A} = 23,8\ 10^{-3}\ \text{m}^3 = \underline{23,8\ \text{l}}$$

3) Pour un gaz parfait l'énergie interne ne dépend que de la température et pas du volume, ce qui entraîne

$$\underline{\Delta U_A} = C_V \Delta T = \frac{3}{2} R(T_A - T_0) = \frac{3}{2} 8,31(300 - 273) \simeq \underline{337\ \text{J}}$$

Le gaz du compartiment B reste à la même température T_0 d'où

$$\Delta U_B = 0 \qquad \text{et} \quad \Delta U_{A+B} = 337\ \text{J}$$

4) Le gaz B subit une **compression isotherme**, qui est **réversible** parce que le chauffage est lent, qu'il n'y a pas d'échange de chaleur entre A et B et qu'à chaque instant le gaz B se met en équilibre avec la glace fondante. Calculons W_1 travail reçu par le gaz B :

$$W_1 = -\int_{V_0}^{V_B} P\mathrm{d}V = -nRT_0 \int_{V_0}^{V_B} \frac{\mathrm{d}V}{V} = RT_0 \ln \frac{V_0}{V_B}$$

L'énergie interne du gaz contenu en B étant constante, on a

$$\Delta U_B = 0 = W_1 - Q_1 \Longrightarrow Q_1 = RT_0 \ln \frac{V_0}{V_B} = \underline{RT \ln \frac{T_0 + T_A}{2T_0}}$$

Cette quantité de chaleur a été reçue par la glace.

5) Le système $A + B$ a reçu de la résistance chauffante la quantité de chaleur Q_2 ($Q_2 > 0$) et cédé la quantité de chaleur $-Q_1$ ($Q_1 > 0$) à la glace. Aucun travail n'a été fourni à ce système ; son énergie interne a varié parce que l'énergie interne de A a changé, ce qui entraîne :

$$\Delta U_{A+B} = \Delta U_A = \frac{3}{2}R(T_A - T_0) \quad \text{et} \quad \Delta U_{A+B} = Q_2 - Q_1 \text{ d'où } \underline{Q_2} = Q_1 + \frac{3}{2}R(T_A - T_0)$$

La chaleur fournie par la résistance chauffante a donc servi à augmenter l'énergie interne du compartiment A et à faire fondre la glace du thermostat.

6) L étant la chaleur latente de fusion de la glace, la masse m de glace fondue est donnée par $Q_1 = Lm$ d'où $m = \dfrac{RT_0 \ln \dfrac{T_0 + T_A}{2T_0}}{L} = \underline{0,33\text{ g}}$

Thermodynamique (Juin 1990)

Problème 1

Les océans occupent 70% de la surface de la Terre, leur masse totale est de l'ordre de 10^{21} kg.

1) Calculez la quantité de chaleur dégagée par un abaissement de 10^{-3} degré de leur température moyenne.

2) Devant ce colossal stock d'énergie, un non physicien pourrair rêver de propulser les navires grâce à un moteur utilisant l'énergie thermique de l'eau qui les entoure. Qu'en pensez-vous ? Donnez la démonstration de votre affirmation à partir des deux principes de la thermodynamique.

3) De manière plus élaborée, on peut envisager d'utiliser la différence de température entre les eaux de surface et les eaux de profondeur pour construire un moteur thermique. Dans les mers tropicales, les eaux de surface peuvent atteindre 26°C et les eaux à 1000 m de profondeur sont à 4°C.

Calculez le rendement théorique maximal d'une machine thermique fonctionnant entre ces deux réservoirs de chaleur, en les supposant à la même altitude.

4) Le rendement global du système **réel** est beaucoup plus faible. Quelle en est la raison principale ?

A.N. : la capacité calorifique de l'eau de mer est peu différente de celle de l'eau douce ; on prendra dans les calculs la valeur $c = 4\ \text{J}\cdot\text{g}^{-1}\cdot\text{K}^{-1}$.

Problème 2

On dispose de 2 masses d'eau égales à M, respectivement aux températures $T_{1,\text{in}}$ et $T_{2,\text{in}}$ ($T_1 > T_2$; in=initial).

Dans tout le problème, on néglige les variations de volume de l'eau liquide, on appelle c sa chaleur spécifique massique.

I. Dans une première expérience, on met ces deux masses d'eau **en contact** dans une enceinte adiabatique.

1) Quelle est la température finale T_0 du système ?

2) Quelle est la variation d'entropie globale des 2 masses d'eau entre l'état initial et l'état final ? Déterminez-en le signe et commentez-le.

II. Dans une deuxième expérience, on utilise ces deux masses d'eau comme réservoirs de chaleur pour une machine idéale (fonctionnant de manière réversible). (Les deux masses d'eau sont toujours isolées thermiquement du reste de l'univers et leurs températures initiales sont $T_{1,\text{in}}$ et $T_{2,\text{in}}$).

La machine effectue des cycles. Durant le $\text{n}^{\text{ième}}$ cycle, elle reçoit du réservoir numéro 1, alors à la tempéature T_1, la quantité de chaleur q_1 et du réservoir numéro 2, alors à la température T_2, la quantité de chaleur q_2 ; durant ce même cycle, elle reçoit le travail w (q_1, q_2, w sont des quantités algébriques).

3) Montrez que pour obtenir un cycle moteur, il est nécessaire que q_1 soit positif et q_2 négatif. (On pourra utiliser un diagramme de Raveau pour faire la démonstration ; si vous ne savez pas faire cette démonstration, utilisez les résultats pour continuer le problème).

4) Indiquez le sens d'évolution des températures de chaque source. La machine thermique ainsi construite ne peut fonctionner éternellement. Quand s'arrêtera-t-elle ?

5) Appliquez le premier principe au fonctionnement de la machine entre l'état initial et l'état final, où la température de l'ensemble des sources est T_f. (On appellera W le travail total reçu par la machine pendant la durée de son fonctionnement, et on supposera qu'elle a effectué un nombre entier de cycles).

En déduire la température finale T_f en fonction de $W, M, c, T_{1,\text{in}}$ et $T_{2,\text{in}}$ et la comparer à la température T_0 obtenue en I.

6) La machine fonctionne de manière réversible. Que pouvez-vous en conclure en ce qui concerne la variation globale d'entropie du système ?

7) En déduire la températue finale alors atteinte et le travail **extrait** du système en fonction de $M, c, T_{1,\text{in}}$ et $T_{2,\text{in}}$.

Corrigé

Problème 1

1) Quantité de chaleur dégagée

$$\begin{aligned} Q &= mc\Delta T \quad \text{avec } c \simeq 4\ \text{J}\cdot\text{g}^{-1}\cdot\text{K}^{-1} \\ &= 10^{24} \times 4 \times 10^{-3} = \underline{4\ 10^{21}\ \text{J}} \end{aligned}$$

2) On ne peut faire fonctionner un moteur en utilisant une seule source de chaleur, ceci serait en contradiction avec le $2^{\text{ième}}$ principe de la Thermodynamique. (voir cours p. 150)

3) Le rendement théorique maximal d'une machine thermique, utilisant une source à 26°C et une source à 4°C est donné par

$$\eta = 1 - \frac{T_2}{T_1}$$
$$= 1 - \frac{277}{299} = \underline{7\ \%}$$

4) Le rendement global du système réel est beaucoup plus faible, car il faut monter l'eau froide de 1000 m de profondeur jusqu'à la surface.

Problème 2

1) Les deux masses d'eau M étant en contact dans une enceinte adiabatique, l'énergie interne du système qu'elles constituent ne varie pas soit $\Delta U = 0$. D'où
$Mc(T_0 - T_1) + Mc(T_0 - T_2) = 0$ qui entraîne une température finale $\underline{T_0 = \frac{T_1 + T_2}{2}}$.

2) Variation d'entropie globale des 2 masses d'eau

$$\mathrm{d}S = Mc\frac{\mathrm{d}T}{T} \Longrightarrow \Delta S = Mc\ln\frac{T_0}{T_1} + Mc\ln\frac{T_2}{T_0}$$

$$\Delta S = Mc\ln\left(\frac{T_0}{T_1}\frac{T_2}{T_0}\right) = \underline{Mc\ln\frac{T_0^2}{T_1T_2}}$$

$$\frac{T_0^2}{T_1T_2} = \frac{(T_1+T_2)^2}{4T_1T_2} \quad \text{avec } (T_1+T_2)^2 > 4T_1T_2$$

d'où $\Delta S > 0$: en effet, un système isolé, qui subit une transformation spontanée, voit augmenter son entropie.

3) Diagramme de Raveau

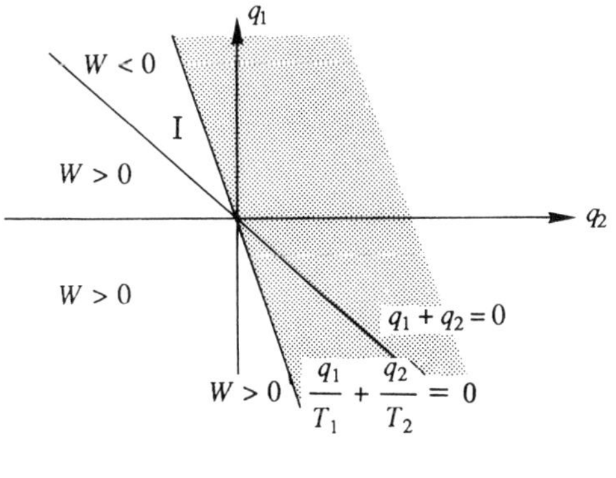

Soit q_1 la chaleur cédée par 1
q_2 la chaleur cédée par 2
W le travail reçu (< 0)

"Le deuxième principe implique que $\frac{q_1}{T_1} + \frac{q_2}{T_2} \leq 0$ (éq. 9,7). La région grisée est donc interdite."

Le système isolé (eau+machine) décrit un cycle moteur. La conservation de l'énergie interne pour un cycle entraîne que $W + q_1 + q_2 = 0$; comme on a $W < 0$, cela implique que $q_1 + q_2 > 0$

La seule région qui convient pour un moteur ($W < 0$) est la région I où $q_1 > 0$ et $q_2 < 0$.

4) La masse d'eau utilisée comme source chaude voit sa température T_1 diminuer ($q_1 > 0$), la source froide ($q_2 < 0$) voit sa température T_2 augmenter. La machine s'arrêtera lorsque les 2 températures T_1 et T_2 seront égales.

5) Le premier principe de la thermodynamique permet d'écrire le bilan énergétique après un certain nombre de cycles (dans ce qui suit on pose $T_1 = T_{1,\text{in}}$ et $T_2 = T_{2,\text{in}}$)

$$W - Mc(T_f - T_1) - Mc(T_f - T_2) = 0$$

d'où $T_f = \dfrac{W}{2Mc} + \dfrac{T_1 + T_2}{2}$ comme $\dfrac{W}{2Mc} < 0$ et $\dfrac{T_1 + T_2}{2} = T_0$

$$\Longrightarrow T_f < T_0$$

6) La machine fonctionnant de manière réversible, il n'y a pas de perte de chaleur ni de création d'entropie d'où $\Delta S = 0$ (ceci suppose que le système est à la température de chaque source au moment où on établit le contact).

7) $\Delta S = 0$ donne $Mc \ln \dfrac{T_f^2}{T_1 T_2} = 0$, ce qui entraîne $T_f = \sqrt{T_1 T_2}$.

Le travail extrait du système est alors :

$$\mathcal{T} = +Mc\left[T_1 + T_2 - 2\sqrt{T_1 T_2}\right] = Mc\left(\sqrt{T_1} - \sqrt{T_2}\right)^2$$

Thermodynamique (Septembre 1990)

Un ballon indéformable, relié à un manomètre à eau contient, dans l'état initial, un volume $V_0 = 250$ cm^3 de gaz parfait sous la pression P_0 de 1 atm et la température T_0 de 300 K.

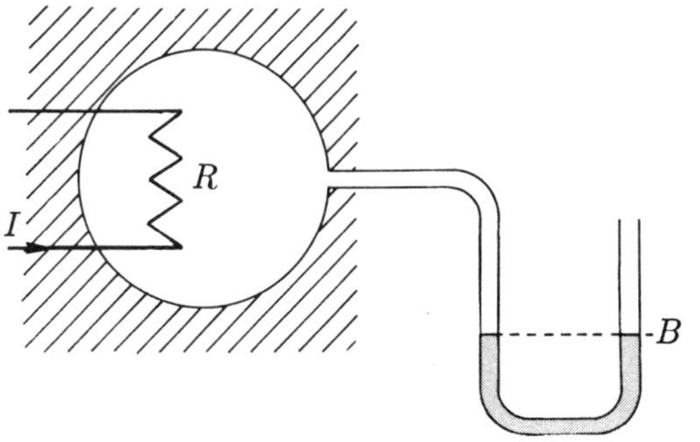

Le ballon est thermiquement isolé et on admettra que le gaz n'échange pas de chaleur avec le liquide du manomètre.

On notera ρ la masse volumique de l'eau et S la section du tube manométrique ($S = 1$ mm^2).

1) On fait circuler dans la résistance, un courant continu I pendant un temps $\Delta t = 100$ s. Quelle est l'énergie électrique dissipée dans la résistance ?

Quelles en sont les conséquences pour l'ensemble du dispositif ?

A.N. : $R = 1000\ \Omega \qquad I = 4$ mA.

2) Au bout d'un certain temps, on constate que les niveaux du liquide dans les deux branches du manomètre sont stables et présentent une dénivellation $h = 20$ cm.

a) Expliquez le phénomène et indiquez clairement sur un schéma dans quel sens a lieu la dénivellation (A plus haut que B ou A plus bas que B ?).

b) En déduire la valeur numérique de la pression du gaz, pour cette dénivellation h du manomètre.

c) Dans la suite, nous négligerons les variations du volume du gaz contenu dans le ballon. Quelle erreur relative sur le volume commet-on alors ?

d) Calculez la température finale du gaz.

e) La résistance possédant une capacité calorifique de 0,042 $\text{J}\cdot\text{K}^{-1}$, en déduire la valeur expérimentale de la capacité calorifique à volume constant, puis la chaleur spécifique du gaz.

La comparer aux résultats théoriques que vous connaissez (on rappelle que la constante des gaz parfaits $R = 8,31\ \text{J}\cdot\text{mol.}^{-1}\cdot\text{K}^{-1}$). Le gaz est-il mono ou diatomique ?

f) L'écart trouvé entre le résultat théorique et le résultat expérimental peut-il être dû à l'approximation faite en c) ?

3) Le système est à nouveau dans l'état initial P_0, V_0, T_0, aucun courant ne passe dans la résistance.

Soit $z = 0$ l'altitude de l'interface A à l'équilibre. On déplace brutalement mécaniquement le piston liquide jusqu'à ce que l'interface A atteigne l'altitude z_0 et on abandonne le système à lui-même. On observe que l'interface A (et l'ensemble du piston liquide) effectue(nt) un mouvement oscillatoire d'amortissement négligeable.

a) Quelle est la nature des transformations subies par le gaz ? Quelle est l'information expérimentale, donnée dans le texte, qui vous conduirait à dire que ces transformations sont réversibles ?

En déduire la relation entre pression et volume du gaz enfermé dans le ballon.

b) Les transformations considérées font intervenir des petits écarts du volume et de la pression par rapport à leur valeur d'équilibre P_0, V_0. En déduire pour une hauteur z de l'interface A la valeur de l'écart à l'équilibre de la pression $\mathrm{d}P = P - P_0$ en fonction des paramètres du système (P_0, V_0, γ, S et z) (on utilisera pour cela le résultat du 3a).

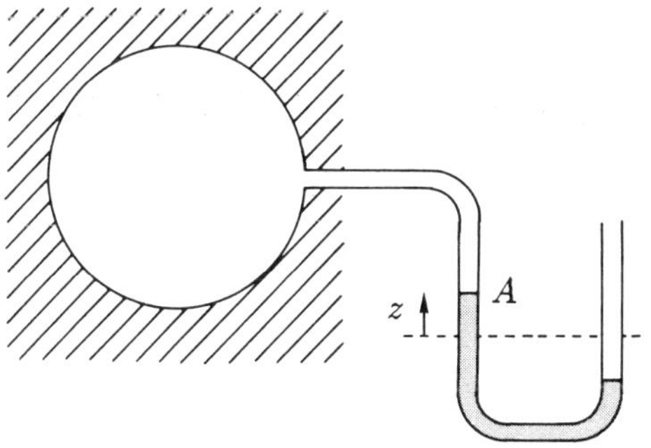

c) En appelant M la masse de la colonne liquide, établir l'équation différentielle du mouvement du centre de gravité de cette colonne.

Le liquide étant incompressible, l'accélération du centre de gravité est la même que celle de l'interface A. En déduire l'équation du mouvement de cette interface, puis la pulsation du mouvement en fonction de γ (rapport des chaleurs spécifiques) P_0, V_0, M et S.

Corrigé

1) La puissance $\mathcal{P}$ dissipée est égale à l'énergie Q fournie par unité de temps $\mathcal{P} = \dfrac{Q}{\Delta t}$. Ici la puissance dissipée par effet Joule est égale à $\mathcal{P} = RI^2$.

L'énergie électrique dépensée dans la résistance R est

$$Q = \mathcal{P} \cdot \Delta t = RI^2 \Delta t = 10^3 \times (4\,10^{-3})^2 \times 10^2 = \underline{1,6}\ \text{J}$$

Conséquence : le gaz chauffé se dilate, sa pression croît et le niveau de l'eau monte dans la branche de droite du manomètre. L'apport d'énergie est intégralement transféré à la résistance et au gaz, car il n'y a pas d'échanges avec l'extérieur.

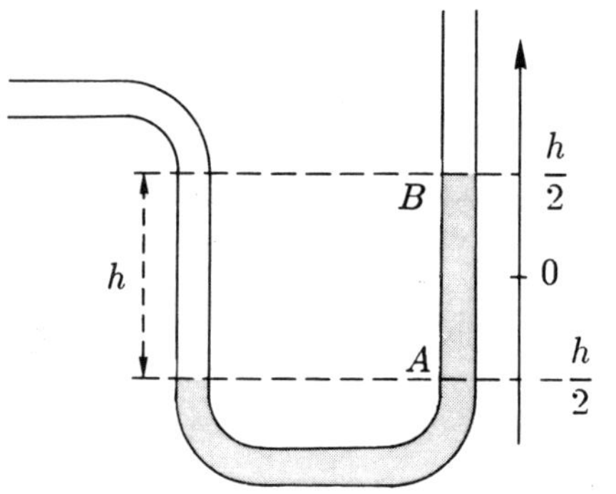

2)a) L'équilibre mécanique est atteint lorsque l'équilibre des pressions est réalisé, c'est-à-dire lorsque la pression P_2 du gaz en A équilibre la pression atmosphérique en B augmentée de la pression de la colonne d'eau de hauteur h (remarque : la cote du niveau A est $-\dfrac{h}{2}$).

b) L'équipression à l'altitude A s'écrit :

$$\begin{aligned} P_2 &= P_{\text{atm}} + \rho_{\text{eau}} g h \quad \text{avec } \rho_{\text{eau}} = 10^3\ \text{kg/m}^3 \\ &= 10^5 + (10^3 \times 10 \times 0,2) = 10^5 + (2\,10^3) \\ &= \underline{1,02\,10^5\ \text{Pa}} \end{aligned}$$

c) La variation de volume du gaz est directement mesurée sur le manomètre (de section S =1 mm^2)

$$\Delta V = S\frac{h}{2} = 10^{-2} \times 10 = 10^{-1}\ \text{cm}^3$$

d'où une erreur relative $\dfrac{\Delta V}{V} = \dfrac{10^{-1}}{250} = \underline{4\,10^{-4}}$

d) Le volume étant supposé constant, seules la pression et la température du gaz parfait varient :

$$\frac{P_2}{T_2} = \frac{P_0}{T_0} \Longrightarrow T_2 = \frac{P_2}{P_0} T_0 = \frac{1,02\,10^5}{10^5} \times 300 = \underline{306\ \text{K}}$$

e) Toute l'énergie électrique, dissipée dans la résistance a servi à élever la température de la résistance et celle du gaz. Le bilan énergétique du gaz s'écrit :

$$\Delta U_{\text{gaz}} = Q_{\text{effet Joule}} - C \cdot \Delta T$$

avec C capacité calorifique de la résistance et $\Delta T = T_2 - T_0 = 306 - 300 = 6$ K

$$\Longrightarrow \Delta U_{\text{gaz}} = 1,6 - 0,042 \times 6 \simeq 1,35 \text{ J}$$

D'où la capacité calorifique à volume constant du gaz

$$\frac{\Delta U}{\Delta T} = \frac{1,35}{6} = \underline{0,22 \text{ J} \cdot \text{K}^{-1}}$$

Nous en déduisons la valeur de la chaleur spécifique à volume constant du gaz $C_V = \dfrac{\Delta U}{n\Delta T} \simeq \dfrac{1,35}{0,01 \times 6}$;

car le nombre de moles $n = \dfrac{PV}{RT} = \dfrac{1,013\ 10^5 \times 250\ 10^{-6}}{8,31 \times 300} = 1,016\ 10^{-2}$

d'où $C_V \simeq \underline{22,5 \text{ J} \cdot \text{mol}^{-1} \cdot \text{K}^{-1}}$.

$C_V = \tilde{l}R$ entraîne $\tilde{l} = \dfrac{22,5}{8,31} = 2,7$ qui est très proche de la valeur $\tilde{l} = \dfrac{5}{2}$, le gaz est donc diatomique.

f) L'écart trouvé entre ce résultat expérimental et le résultat théorique est de l'ordre de 10^{-1}, très différent de l'approximation faite en c) où $\dfrac{\Delta V}{V} = 10^{-4}$. Cet écart ne peut donc pas être dû à cette approximation.

3)a) le gaz subit des transformations adiabatiques. L'amortissement négligeable conduit à dire que ces transformations sont également réversibles et qu'il n'y a pas de dissipation d'énergie : les transformations du gaz sont donc isentropiques.

Pression et volume du gaz vérifient alors la relation $PV^\gamma = \text{Cte}$.

b) Soit $\text{d}P = P - P_0$ la valeur de l'écart à l'équilibre de la pression lorsque l'interface A est à la hauteur z.

Différentions l'équation $PV^\gamma = \text{Cte} \Longrightarrow \gamma P_0 V_0^{\gamma-1}\text{d}V + V_0^\gamma \text{d}P = 0$, équation dans laquelle $\text{d}V = -Sz$ d'où $\underline{\text{d}P = \gamma \dfrac{P_0}{V_0} Sz}$.

c) M étant la masse de la colonne liquide, l'équation différentielle du mouvement de son centre de gravité sera

$$M\frac{\text{d}^2 z}{\text{d}t^2} = -F \qquad \text{avec} \quad F = \text{d}PS$$

soit $M\dfrac{\text{d}^2 z}{\text{d}t^2} = -\gamma \dfrac{P_0}{V_0} S^2 z$, d'où la pulsation $\underline{\omega = \sqrt{\dfrac{P_0}{V_0}\dfrac{\gamma S^2}{M}}}$

Problème, Partiel (Juin 1991)

Un cylindre vertical contient un litre d'air à la température T_0 en équilibre avec l'atmosphère extérieure, à la pression $P_0 = 10^5$ Pa, dont il est séparé par un piston de section $S = 20$ cm^2 et de masse négligeable.

L'air est assimilé à un gaz parfait de masse molaire $M = 29$ g·mole^{-1} tel que $\gamma = 1,4$. On rappelle que $R = 8,31$ J·mol^{-1}·K^{-1}.

I. On place sur le piston un poids F de 40 newtons : le piston descend brutalement et se stabilise en quelques secondes.

1) Quelle est alors la pression P_1 du gaz. (Donner son expression littérale et sa valeur numérique) ?

2) Pourquoi peut-on considérer que cette transformation est adiabatique ? Est-elle réversible ?

3) Déterminer le travail fourni par le milieu extérieur au système constitué par l'air : l'exprimer en fonction de P_1, V_0 et V_1 (V_0 est le volume initial, V_1 le volume lorsque l'équilibre mécanique est établi).

4) En déduire l'échauffement du gaz $(T_1 - T_0)$ en fonction de n (nombre de moles), C_V chaleur spécifique molaire, P_1, V_0 et V_1.

5) Montrez que le rapport V_1/V_0 des volumes vaut

$$\frac{V_1}{V_0} = 1 - \frac{1}{\gamma}(1 - \frac{P_0}{P_0 + F/S})$$

Application numérique : calculer V_1.

Remarque : la résolution de la question I.5 n'est pas indispensable pour la suite du problème.

II. L'air enfermé dans le cylindre revient ensuite lentement à la température atmosphérique T_0.

1) Déterminer le volume V_2 du système lorsque l'équilibre thermique avec l'atmosphère extérieure est rétabli.
Application numérique : caculer V_2.

2) Déterminez le travail reçu du milieu extérieur dans cette 2ème phase.

3) Calculez la chaleur reçue du milieu extérieur dans cette deuxième phase. L'exprimer ensuite à l'aide des seules variables P_1, V_0 et V_2 (on peut utiliser les résultats du I.4).

III. Déterminez entre les états P_0, T_0 et P_1, T_0 la variation d'entropie totale du gaz. Calculez ensuite celle de l'atmosphère extérieure considérée comme un thermostat. En déduire la variation d'entropie totale de l'univers entre les 2 mêmes états (ces quantités s'expriment simplement, en fonction de P_0, P_1, n et R). Commentez le résultat.

Corrigé

I. 1) A l'équilibre mécanique la pression P_1 du gaz est donnée par

$$P_1 = \underline{P_0 + \frac{F}{S}} = 10^5 + \frac{40}{20\ 10^{-4}} = \underline{1,2\ 10^5\ \text{Pa}}$$

2) La descente brutale c'est-à-dire rapide du piston nous permet de considérer que la transformation est adiabatique. En revanche elle n'est pas réversible : le piston est brutalement accéléré par l'action du poids puis freiné par divers phénomènes dissipatifs : la transformation n'est donc pas isentropique.

3) Le travail fourni par le milieu extérieur au système constitué par l'air est

$$W = -\int P_1 \mathrm{d}V = -\Big(P_0 + \frac{F}{S}\Big)\Big(V_1 - V_0\Big) = -P_1(V_1 - V_0)$$

4) La transformation étant adiabatique $Q = 0$, le premier principe entraîne $\varDelta U = W$ qui pour un gaz parfait s'écrit $nC_V(T_1 - T_0) = W$.

D'où l'échauffement du gaz :

$$T_1 - T_0 = \frac{\Big(P_0 + \dfrac{F}{S}\Big)}{nC_V}(V_0 - V_1) = \underline{\frac{P_1(V_0 - V_1)}{nC_V}}$$

5) Calculons le rapport des volumes $\dfrac{V_1}{V_0} = x$.

L'équation des gaz parfaits $PV = nRT$ nous donne

$$T_1 - T_0 = \frac{P_1V_1 - P_0V_0}{nR} \qquad \text{d'où} \quad \frac{P_1V_1 - P_0V_0}{nR} = \frac{P_1(V_0 - V_1)}{nC_V}$$

En divisant par $\dfrac{P_1V_0}{nR}$ il vient $\qquad \Big(x - \dfrac{P_0}{P_1}\Big) = \dfrac{R}{C_V}(1 - x)$

d'où, puisque $\dfrac{R}{C_V} = \dfrac{C_P - C_V}{C_V} = \gamma - 1$, $\qquad x(1 + \gamma - 1) = \gamma - 1 + \dfrac{P_0}{P_1}$

$x = 1 - \dfrac{1}{\gamma} + \dfrac{P_0}{\gamma P_1}$, c'est-à-dire $V_1 = V_0\Big[1 - \dfrac{1}{\gamma} + \dfrac{P_0}{\gamma P_1}\Big] = 0,88\ \text{l}$

II. 1) L'air revient à la température T_0 d'où

$$P_1V_2 = P_0V_0 \Longrightarrow \underline{V_2 = \frac{P_0}{P_1}V_0} = \frac{10^5}{1,2\ 10^5} \simeq 0,83\ \text{l}$$

2) Dans cette 2ème phase le travail reçu du milieu extérieur est

$$W_2 = -\int P\mathrm{d}V = -P_1(V_2 - V_1)$$

3) Le premier principe permet d'écrire

$$\begin{aligned}\Delta U = W_2 + Q \Longrightarrow Q &= \Delta U - W_2\\ &= nC_V(T_0 - T_1) + P_1(V_2 - V_1)\\ &= nC_V\frac{P_1(V_1 - V_0)}{nC_V} + P_1(V_2 - V_1)\end{aligned}$$

d'après le résultat du I.4), d'où $\underline{Q = P_1(V_2 - V_0)}$, $W_2 > 0$ et $Q < 0$

III. L'identité fondamentale de la thermodynamique

$$\begin{aligned}\mathrm{d}U = T\mathrm{d}S - P\mathrm{d}V \Longrightarrow \mathrm{d}S &= \frac{\mathrm{d}U}{T} + \frac{P}{T}\mathrm{d}V\\ &= nC_V\frac{\mathrm{d}T}{T} + \frac{P}{T}\mathrm{d}V \text{ (pour le gaz parfait)}\end{aligned}$$

par ailleurs $V = \dfrac{nRT}{P} \Longrightarrow \dfrac{\mathrm{d}V}{V} = \dfrac{\mathrm{d}T}{T} - \dfrac{\mathrm{d}P}{P}$ et en multipliant les 2 membres par $\dfrac{PV}{T} = nR$

$$\frac{P\mathrm{d}V}{T} = nR\Big(\frac{\mathrm{d}T}{T} - \frac{\mathrm{d}P}{P}\Big)$$

d'où $\mathrm{d}S = n(C_V + R)\dfrac{\mathrm{d}T}{T} - nR\dfrac{\mathrm{d}P}{P}$.

Le thermostat impose $T = \text{Cte}$, il reste donc pour le gaz

$$S(P_1, T_0) - S(P_0, T_0) = \underline{-nR\ln\frac{P_1}{P_0}}$$

La variation d'entropie de l'atmosphère considérée comme thermostat

$$\Delta S_{\text{atm}} = \frac{Q_{\text{therm}}}{T_0} = -\frac{Q}{T_0} = -\frac{P_1(V_2 - V_0)}{T_0}$$

Q étant la quantité de chaleur calculée en II.3).

$$\Delta S_{\text{atm}} = -\frac{P_1V_2(1 - \frac{V_0}{V_2})}{T_0} = \underline{-nR(1 - \frac{P_1}{P_0})}$$

Nous en déduisons la variation d'entropie totale de l'univers entre les 2 mêmes états

$$\begin{aligned}\Delta S_{\text{univers}} &= \Delta S_{\text{gaz}} + \Delta S_{\text{atm}}\\ &= nR\Big[\Big(\ln\frac{P_0}{P_1}\Big) - \Big(1 - \frac{P_1}{P_0}\Big)\Big]\end{aligned}$$

On pose $\dfrac{P_1}{P_0} - 1 = y$ d'où $\dfrac{P_1}{P_0} = 1 + y$ avec $y > 0$

$$\frac{P_0}{P_1} = \frac{1}{1+y} \Longrightarrow \Big[\ldots\Big] = \Big[\ln\frac{1}{1+y} + y\Big]$$

$$\Delta S_{\text{univers}} = \Big[y - \ln(1+y)\Big]nR$$

La dérivée par rapport à y de cette fonction est positive, par suite ΔS est une fonction croissante de y et pour $y > 0$, $\Delta S_{\text{univers}} > 0$, il y a bien création d'entropie.

Problème, Examen (Juin 1991)

Une centrale nucléaire fournissant une puissance $\mathcal{P} = 1000$ MW est installée au bord d'un fleuve dont la température T_2 est 300 K et le débit 400 $m^3 \cdot s^{-1}$. La température de la source chaude T_1 est 700 K. Le but du problème est le calcul numérique de l'élévation de température de l'eau du fleuve, eau qui sert au refroidissement avant d'être rejetée dans le fleuve.

Le rendement de la centrale est égal à 60% du rendement théorique maximal prévu par le théorème de Carnot.

On notera $\mathcal{P}$ la puissance de la centrale, $\dot{Q}_1$ la quantité de chaleur reçue par seconde de la source chaude, $\dot{Q}_2$ la quantité de chaleur reçue par seconde de la source froide.

1) Définir le rendement de cette centrale considérée comme une machine ditherme et l'exprimer en fonction de $\mathcal{P}$ et $\dot{Q}_1$, puis en fonction de $\mathcal{P}$ et $\dot{Q}_2$. (Respecter les signes correspondant aux définitions du texte).

2) Énoncer le théorème de Carnot. Donner l'expression de la quantité de chaleur $\dot{Q}_2$ reçue par seconde de la source froide en fonction de $\mathcal{P}, T_1$ et T_2.

3) En déduire l'élévation de température de l'eau du fleuve, sachant que la chaleur spécifique de l'eau est de 4,18 $kJ \cdot kg^{-1} \cdot K^{-1}$. Application numérique.

Corrigé

1) Le rendement η de la centrale peut être défini comme le rapport de la puissance $\mathcal{P}$, fournie au milieu extérieur, à la chaleur $\dot{Q}_1$ reçue par seconde de la source chaude

$$\eta = +\frac{\mathcal{P}}{\dot{Q}_1}$$

Le premier principe s'exprime ici $-\mathcal{P} + \dot{Q}_1 + \dot{Q}_2 = 0$ d'où

$$\eta = \frac{\dot{Q}_1 + \dot{Q}_2}{\dot{Q}_1} = \underline{\frac{\mathcal{P}}{\mathcal{P} - \dot{Q}_2}}$$

2) Théorème de Carnot

Le rendement d'une machine thermique ne peut atteindre l'unité, il est limité par les valeurs respectives des températures des sources chaude et froide utilisées.

Le rendement théorique maximal est $\eta_M = 1 - \dfrac{T_2}{T_1}$ et le rendement réel est

$$\eta = 0,6\Big(1 - \frac{T_2}{T_1}\Big) = 0,343$$

$$\frac{\mathcal{P} - \dot{Q}_2}{\mathcal{P}} = \frac{T_1}{0,6(T_1 - T_2)}$$

$$\dot{Q}_2 = \mathcal{P}\Big(1 - \frac{T_1}{0,6(T_1 - T_2)}\Big)$$

d'où $$\dot{Q}_2 \simeq \underline{-1,9\mathcal{P}} = -1900 \text{ MW}.$$

3) La quantité de chaleur $\dot{Q}_1$ reçue par seconde de la source chaude est

$$\dot{Q}_1 = +\frac{\mathcal{P}}{\eta} = +\frac{\mathcal{P}}{0,6(1 - \frac{T_2}{T_1})} = +2900\,\text{MW}$$

La source froide, c'est-à-dire le fleuve reçoit $-\dot{Q}_2 = 1900$ MW.

Le débit de l'eau est 400 $\text{m}^3{\cdot}\text{s}^{-1}$ soit 400 10^3 kg$\cdot$ s^{-1} d'où $-\dot{Q}_2 = mc\Delta T$ donne une élévation de température ΔT

$$\Delta T = \frac{-\dot{Q}_2}{mc} = \frac{1,9\ 10^9}{400\ 10^3 \times 4,18\ 10^3} = \underline{1,14\ \text{K}}$$

Examen de Physique (Septembre 1991)

Un compresseur admet l'air sous une pression $P_1 = 10^5$ Pa à la température $T_1 = 7°\text{C}$ et fournit 50 kg d'air comprimé par heure. La pression de sortie est $P_2 = 6,3\ 10^5$ Pa. L'air sera assimilé à un gaz parfait de masse molaire 29 g pour lequel $C_V = 5/2R$ et $\gamma = 1,4$.

1) Considérons en première approximation que cette compression est réalisée de manière adiabatique et réversible.

a) Quelle serait alors la température T_1^F de l'air à la sortie du compresseur ?
Application numérique.

b) En déduire la puissance reçue par le fluide dans une telle transformation.
Application numérique.

2) En réalité, on constate que la température de sortie de l'air comprimé T_2^F est plus petite que T_1^F ($T_2^F = 187°\text{C}$). On supposera dans ce qui suit que le phénomène réel qui a lieu dans le compresseur peut être modélisé comme la succession d'une compression adiabatique réversible et d'un refroidissement à pression constante au terme duquel la température finale est T_2^F.

a) Dessiner cette succession de transformations dans un diagramme (P,T) en portant sur ce diagramme toutes les informations quantitatives utiles, (c'est-à-dire les valeurs de P et T à chaque extrémité de chaque transformation).

b) Quelle quantité de chaleur l'air cède-t-il par seconde au milieu extérieur ? En comparant ce résultat à des ordres de grandeur qui vous sont familiers, dites si un tel débit de chaleur est susceptible de grandement modifier l'équilibre thermique de la pièce de 100 m^3 dans laquelle se trouve ce compresseur.

Corrigé

1) Compression adiabatique réversible $\Longrightarrow$ isentropique.

a) L'air rentre dans le compresseur sous une pression $P_1 = 10^5$ Pa à la température $T_1 = 7°\text{C}$ et ressort sous la pression $P_2 = 6,3\ 10^5$ A.

La compression étant adiabatique réversible, cette transformation isentropique vérifie l'équation $TP^{\frac{1-\gamma}{\gamma}} = \text{Cte}$. On en déduit la température à la sortie du compresseur :

$$T_1^F = T_1\left(\frac{P_1}{P_2}\right)^{\frac{1-\gamma}{\gamma}} = 280\left(\frac{1}{6,3}\right)^{-\frac{0,4}{1,4}} = \underline{473\,\text{K}}$$

b) Dans une transformation adiabatique $Q = 0$, le premier principe donne alors $\Delta U = W$, de plus pour un gaz parfait $\Delta U = nC_V\Delta T$.

50 kg/heure d'air comprimé (masse molaire 29 g) correspondent à un nombre de moles $n = \dfrac{50\ 10^3}{29 \times 3600} = 0,48$ mol.$\cdot$ s^{-1}, d'où la puissance reçue par le fluide dans cette transformation :

$$\mathcal{P} = \underline{nC_V\Delta T} \qquad \text{où} \quad \Delta T = 473 - 280$$
$$= 0,48 \times \frac{5}{2} \times 8,31 \times 193 = \underline{1925\,\text{W}}$$

2)a) diagramme P,T des transformations successives :

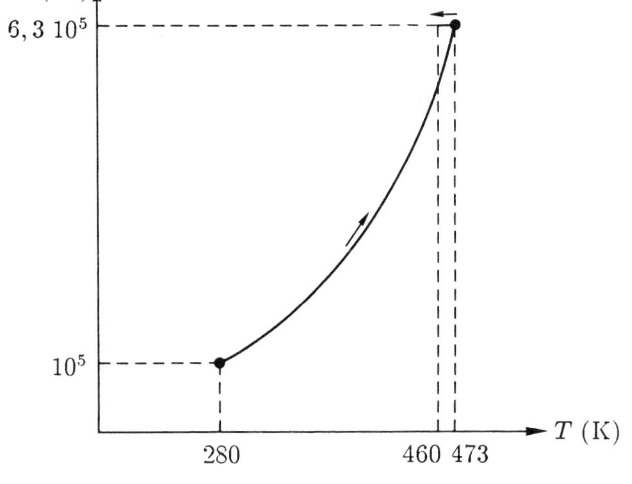

b) L'air se refroidit à pression constante de 473 à 460 K ce qui entraîne une dissipation par seconde

$$Q = nC_P\Delta T \qquad \text{avec} \quad C_P = \gamma C_V$$
$$= 0,48 \times 1,4 \times \frac{5}{2} \times 8,31 \times 13 \simeq \underline{180\,\text{W}}$$

Comparable à la puissance d'une ampoule d'éclairage, cette puissance ne peut pas modifier de manière sensible l'équilibre thermique d'une pièce de 100 m^3

Problème, Partiel (Juin 1992)

A. Deux moles d'argon (gaz monoatomique) à la température $T_1 = 288$ K sous une pression P_1 de 10^5 Pa occupent un volume V_1^A. Une mole d'oxygène à la température $T_2 = 300\ K$, sous une pression $P_2 = 3\ 10^5$ Pa occupe le volume V_2^A. Ces deux gaz occupent deux compartiments d'une enceinte adiabatique de volume total V.

Ils sont initialement séparés par une cloison adiabatique fixe (de volume négligeable) ; ceci définit l'état d'équilibre A_1 (respectivement A_2) de l'argon (respectivement de l'oxygène).

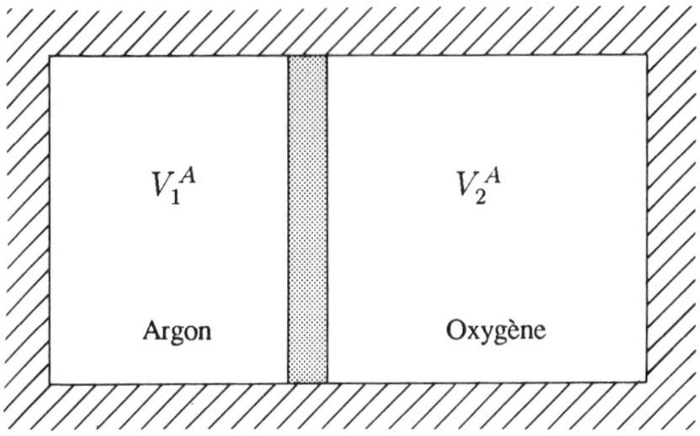

1) Calculez les volumes respectifs V_1^A et V_2^A occupés par les deux gaz, supposés parfaits : donnez les résultats numériques en litres.

2) Déterminez la vitesse quadratique moyenne de chacun des types de molécules (la masse molaire de l'argon est $M = 40$ g).

3) Quelle est la chaleur spécifique molaire (à volume constant) de chacun de ces gaz ?

4) Calculez l'énergie interne U_1^A et U_2^A de chacun des gaz.

B. On remplace la cloison adiabatique fixe par une cloison diatherme fixe

1) Quel principe vous permet d'affirmer que la température finale doit être la même dans les deux compartiments ?

2) (**Question de cours**) Explicitez le raisonnement conduisant à cette conclusion.

3) Déterminez cette température finale T_f.

4) Calculez la quantité de chaleur qui traverse la paroi diatherme? Indiquez le sens du flux de chaleur.

5) Déterminez la pression P_1^B, P_2^B dans chaque compartiment.

6) Déterminez la variation d'entropie de chaque gaz $\Delta S_1 = S_1^B - S_1^A$ et $\Delta S_2 = S_2^B - S_2^A$ entre l'état B et l'état A. Calculez la variation d'entropie du système total. Commentez ce résultat.

C. La paroi diatherme fixe est rendue mobile

1) Décrivez ce qui se passe.

2) La température finale du système est nécessairement égale à T_F, expliquez pourquoi. Cela serait-il le cas pour un gaz réel ?

3) Calculez les nouveaux volumes V_1^C et V_2^C occupés par les deux gaz.

4) Calculez la pression finale dans les deux compartiments.

5) Montrez que de la chaleur traverse la paroi lors de son mouvement, dans quel sens ? (On demande ici simplement un raisonnement **qualitatif**, ni formule ni estimation numérique).

6) Représentez dans deux diagrammes de Clapeyron séparés les points $A_1B_1C_1$, A_2B_2 C_2 représentant les états d'équilibre successifs des deux systèmes.

7) Calculez les variations d'entropie $S_1^C - S_1^B, S_2^C - S_2^B$ et la variation d'entropie totale entre les états B et C. Commentez.

Corrigé

A. 1) L'équation d'état des gaz parfaits nous donne

$$V_1^A = \frac{n_1RT_1}{P_1} = 0,048\,\text{m}^3 = \underline{48\,\text{litres}}$$
$$V_2^A = \frac{n_2RT_2}{P_2} = 0,0083\,\text{m}^3 = \underline{8,3\,\text{litres}}$$

2) L'énergie cinétique de translation à la température T est $\frac{3}{2}kT = \frac{1}{2}m\overline{v^2}$, d'où $\overline{v^2} = \frac{3kT}{m} = \frac{3k\mathcal{N}_0T}{\mathcal{N}_0m} = \frac{3RT}{M}$.

Les vitesses quadratiques moyennes seront

pour l'argon ($M = 40$ g) $\quad v_{\text{quadr}} = \sqrt{\frac{3RT_1}{M}} = \underline{424\,\text{m s}^{-1}}$

pour l'oxygène ($M = 32$ g) $\quad v_{\text{quadr}} = \sqrt{\frac{3RT_2}{M}} = \underline{483\,\text{m s}^{-1}}$

3) La chaleur spécifique molaire à volume constant pour l'argon (gaz monoatomique) est $C_{V_1} = \underline{\frac{3}{2}}R$, et pour l'oxygène (gaz diatomique) $C_{V_2} = \underline{\frac{5}{2}}R$.

4) L'énergie interne des 2 moles d'argon est

$$U_1 = \frac{3}{2}nRT_1 = \underline{7,18\,\text{kJ}}$$

celle d'une mole d'oxygène $U_2 = \frac{5}{2}nRT_2 = \underline{6,23\,\text{kJ}}$

B. 1) Lorsque la cloison, qui sépare les 2 gaz, devient diatherme le système qu'ils constituent tend vers l'équilibre thermodynamique. La température d'un système à l'équilibre thermodynamique est uniforme, donc la même dans les 2 compartiments.

2) L'identité fondamentale de la thermodynamique s'écrit

$$\mathrm{d}U = T\mathrm{d}S - P\mathrm{d}V$$

Ici le volume est constant, il reste donc $\mathrm{d}U = T\mathrm{d}S$ d'où

$$\mathrm{d}S_{\text{total}} = \mathrm{d}S_1 + \mathrm{d}S_2 = \frac{\mathrm{d}U_1}{T_1} + \frac{\mathrm{d}U_2}{T_2}$$

La cloison étant diatherme, les 2 gaz ne peuvent échanger que de la chaleur. Soit $\mathrm{d}U_1$ la grandeur mesurant algébriquement le flux de chaleur qui va de (2) vers (1)

$$\mathrm{d}S_{\text{total}} = \frac{\mathrm{d}U_1}{T_1} - \frac{\mathrm{d}U_1}{T_2} = \mathrm{d}U_1\Big(\frac{1}{T_1} - \frac{1}{T_2}\Big)$$

Le deuxième principe implique que, compte tenu des contraintes, l'entropie S soit maximale $\iff \frac{\partial S}{\partial U_1} = 0$ qui entraîne $\frac{1}{T_1} = \frac{1}{T_2}$, ce qui correspond à l'équilibre thermique $\underline{T_1 = T_2}$.

3) L'énergie interne d'un gaz parfait est $U = nC_VT$.

Nous avons donc

$$n_1C_{V_1}T_1 + n_2C_{V_2}T_2 = (n_1C_{V_1} + n_2C_{V_2})T_f$$

qui entraîne

$$T_f = \frac{n_1C_{V_1}T_1 + n_2C_{V_2}T_2}{n_1C_{V_1} + n_2C_{V_2}} \simeq \underline{293,5\ \text{K}}$$

4) La paroi diatherme est traversée par

$$Q_{2\to 1} = n_1C_{V_1}(T_f - T_1) = \underline{137\,\text{J}}$$

Le flux de chaleur a pour sens de 2 vers 1, c'est-à-dire de la droite vers la gauche.

5) A la températue finale T_f la pression finale du premier gaz est P_1^B avec $\frac{P_1^BV_1}{T_F} = \frac{P_1^AV_1}{T_1^A}$ d'où $P_1^B = \frac{P_1^A}{T_1^A}T_f = \underline{1,02\ 10^5P_A}$; de même $P_2^B = P_2^A\frac{T_f}{T_1^B} = \underline{2,93\ 10^5P_A}$

6) L'identité fondamentale de la thermodynamique va nous permettre de calculer la variation d'entropie.

$$T\mathrm{d}S = \mathrm{d}U + P\mathrm{d}V$$

à $V = $ Cte on a $\quad \mathrm{d}S = \frac{\mathrm{d}U}{T} = nC_V\frac{\mathrm{d}T}{T} \Longrightarrow \Delta S = nC_V \ln\frac{T_B}{T_A}$ pour chaque gaz.

Pour l'argon $S_1^B - S_1^A = 2 \times \frac{3}{2} \times 8,31 \ln\frac{293,5}{288} \simeq \underline{0,47\,\mathrm{J\cdot K^{-1}}}$

Pour l'oxygène $S_2^B - S_2^A = \frac{5}{2} \times 8,31 \ln\frac{293,5}{300} \simeq \underline{-0,46\,\mathrm{J\cdot K^{-1}}}$

et $\Delta S_{\text{total}} = \underline{0,01\,\mathrm{J\cdot K^{-1}}} > 0$ ce qui est conforme au 2e principe.

C. 1) La paroi diatherme devient mobile ; la pression à droite de la paroi étant supérieure à la pression à gauche, la paroi se déplace vers la gauche et s'arrête dès qu'il y a équipression.

2) Puisque le système total constitué par les 2 gaz est isolé son énergie interne se conserve.

Celle-ci, pour un gaz parfait, ne dépend que de sa température ; comme l'énergie interne se conserve, la température finale est la même qu'en B.3), c'est-à-dire T_f.

Pour un **gaz réel** l'énergie interne dépend du volume et de la température ; le déplacement de la paroi entraîne des variations de volume donc des variations de l'énergie interne du gaz contenu dans chaque compartiment, et la température finale ne peut plus être la même.

3) L'égalité des pressions donne $\frac{2RT_f}{V_1^C} = \frac{RT_f}{V_2^C}$ d'où $V_1^C = 2V_2^C$

or $\quad V_{\text{total}} = V_1^A + V_2^A \simeq 56\,\text{litres}$ (d'après A.1)

d'où $V_1^C = \frac{2}{3}56 = \underline{37,3\,\mathrm{l}}$ et $V_2^C = \frac{56}{3} = \underline{18,7\,\mathrm{l}}$.

4) La pression finale est $P_F = \frac{2RT_f}{V_1^C} = \underline{1,3\;10^5\,\mathrm{Pa}}$.

5) L'oxygène se détend : il effectue un travail en poussant la paroi mobile vers la gauche. Comme sa température à l'état final C est égale à sa température à l'état initial B, son énergie interne ne varie pas $U_2^C = U_2^B$.

D'après le 1er principe si l'oxygène fournit du travail il reçoit de la chaleur $\Longrightarrow$ le flux de chaleur va de l'argon vers l'oxygène, c'est-à-dire en sens inverse du déplacement de la paroi.

6) Diagrammes de Clapeyron

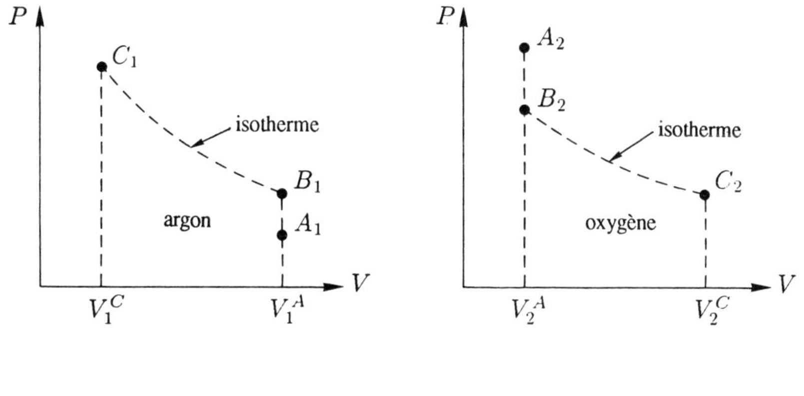

7) L'identité fondamentale

$T\mathrm{d}S = \mathrm{d}U + P\mathrm{d}V = nC_V\mathrm{d}T + nRT\dfrac{\mathrm{d}V}{V}$ se réduit ici à $T\mathrm{d}S = nRT\dfrac{\mathrm{d}V}{V}$, puisque $T =$ Cte entre les états B et C.

$$\mathrm{d}S = nR\frac{\mathrm{d}V}{V} \Longrightarrow \Delta S = nR\ln\frac{V_{\text{final}}}{V_{\text{initial}}}$$

Pour l'argon $\Delta S_1 = 2 \times 8,31 \ln\dfrac{37,3}{47,9} = \underline{-4,16\,\mathrm{J}\cdot\mathrm{K}^{-1}}$

et l'oxygène $\Delta S_2 = 8,31 \ln\dfrac{18,7}{8,3} = \underline{6,75\,\mathrm{J}\cdot\mathrm{K}^{-1}}$.

La variation totale d'entropie entre les états B et C est donc

$$\Delta S_{\text{total}} = \Delta S_1 + \Delta S_2 \simeq \underline{2,6\,\mathrm{J}\cdot\mathrm{K}^{-1}}$$

$\Delta S_{\text{total}} > 0$, conformément au deuxième principe.

Thermodynamique (Septembre 1992)

I. 1) Tracer dans le diagramme (P, V) le cycle d'une machine thermique idéalisée composé d'une compression adiabatique AB, d'un chauffage isobare BC, d'une détente adiabatique CD et d'un refroidissement isobare DA.

2) Ce cycle est un cycle moteur. Justifier cette affirmation.

3) Déterminer le travail W **fourni** par ce moteur pendant 1 cycle. (On supposera que la machine fonctionne avec une mole de gaz parfait ; on notera C_V et C_P respectivement les chaleurs spécifiques molaires à volume constant et à pression constante), et on exprimera ce travail en fonction des températures des points caractéristiques de ce cycle (T_A, T_B, T_C, T_D).

4) Calculer le rendement de ce moteur.

On montrera successivement que ce rendement vaut

$$\eta = 1 - (T_D - T_A)/(T_C - T_B)$$

puis on le réexprimera à l'aide du rapport P_B/P_A et du coefficient γ du gaz.

II. Exercice : la chaleur molaire du chrome sous pression atmosphérique est donnée en $\mathrm{J{\cdot}mol^{-1}{\cdot}K^{-1}}$ par la formule empirique :

$$C_P = 22,4 + 9,86\ 10^{-3}T - 18,4\ 10^4/T^2$$

Sachant que l'entropie molaire du chrome sous pression atmosphérique, à 298 K, est de 23,7 $\mathrm{J{\cdot}mol^{-1}{\cdot}K^{-1}}$, calculer l'entropie du chrome sous 1 atm à 900 K.

Corrigé

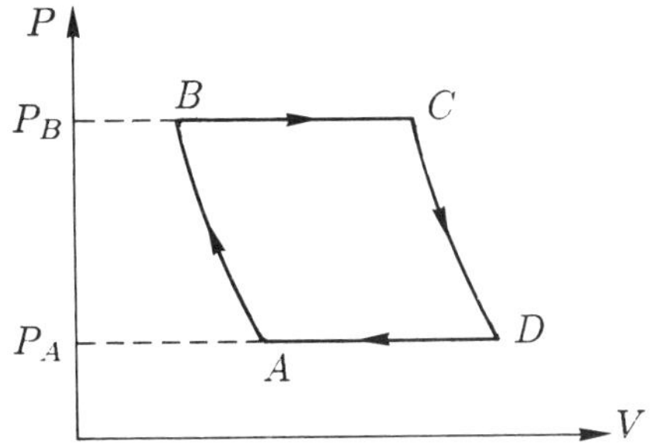

I. 1) Dans le diagramme (P, V) le cycle comprend :

compression adiabatique AB,
chauffage isobare BC,
détente adiabatique CD,
refroidissement isobare DA.

2) Le sens de parcours du cycle est le sens rétrograde, c'est donc un cycle moteur.

3) Le premier principe permet d'écrire :

$$-W + Q_{BC} + Q_{DA} = 0 \Longrightarrow W = C_p(T_C - T_B + T_A - T_D)$$

4) Le rendement η du moteur est le rapport du travail fourni à la quantité de chaleur reçue de la source chaude pendant un cycle

$$\eta = \frac{W}{Q_{BC}} = 1 - \frac{T_D - T_A}{T_C - T_B}$$

L'équation d'une isentropique est $T^\gamma P^{1-\gamma} = \text{Cte}$ ou $T = \text{Cte}P^{\frac{\gamma - 1}{\gamma}}$ d'où

$$\frac{T_C}{T_D} = \frac{T_B}{T_A} = \left(\frac{P_B}{P_A}\right)^{\frac{\gamma-1}{\gamma}} = \alpha^{\frac{\gamma-1}{\gamma}}$$

On peut écrire $\eta = 1 - \dfrac{T_A}{T_B}\dfrac{\dfrac{T_D}{T_A} - 1}{\dfrac{T_C}{T_B} - 1} = 1 - \dfrac{T_A}{T_B}$ d'où

$$\boxed{\eta = 1 - \left(\frac{P_A}{P_B}\right)^{\frac{\gamma-1}{\gamma}}}$$

II. Exercice :

La variation d'entropie à pression constante est reliée à la chaleur molaire sous pression constante par

$$S(P_0, T) - S(P_0, T_0) = \int_{T_0}^{T} \frac{C_P \mathrm{d}T}{T}$$

(cf. cours page 121 à redémontrer)

D'où en tenant compte de la formule empirique qui donne C_p en fonction de la température

$$\int_{T_0}^{T} \frac{C_P \mathrm{d}T}{T} = 22,4 \ln\left(\frac{T}{T_0}\right) + 9,86\ 10^{-3}(T - T_0) + \frac{18,4\ 10^4}{2}\left(\frac{1}{T^2} - \frac{1}{T_0^2}\right)$$
$$= 29,78\,\mathrm{J}\cdot\mathrm{K}^{-1}\cdot\mathrm{mol}^{-1}$$

On en tire l'entropie molaire du chrome à 900 K sous pression atmosphérique P_0 par

$$S(P_0, 900) = S(P_0, 298) + \int_{T_0}^{T} \frac{C_p \mathrm{d}T}{T}$$
$$\simeq \underline{53,5\,\mathrm{J}\cdot\mathrm{K}^{-1}\cdot\mathrm{mol}^{-1}}$$

Problème (Juin 1993)

Le fluide utilisé est l'air considéré comme un gaz parfait, pour lequel la chaleur spécifique molaire à pression constante est $C_p = 7/2\ R$ et la masse molaire $M = 29$ g. Toutes les transformations sont quasi statiques. On néglige les variations d'énergie potentielle du gaz.

I. Étude préliminaire d'un compresseur à piston

Le compresseur à piston est un cylindre, muni de deux soupapes S_1 et S_2, dans lequel coulisse un piston (figure 1). Il fonctionne de la façon suivante :

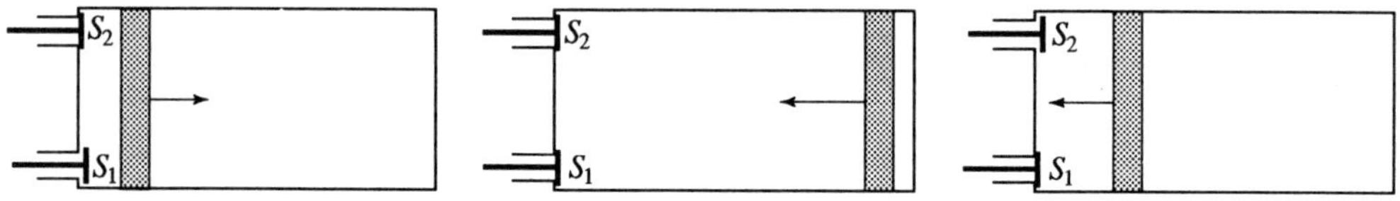

a b c

a) S_1 ouverte, S_2 fermée : l'air est admis à **la pression P_1 et à la température T_1 constantes.** Le volume du cylindre passe de 0 à V_1. Soit n le nombre total de moles admises dans cette phase.

b) S_1 et S_2 sont fermées : les n moles de gaz sont comprimées de manière adiabatique et réversible jusqu'à la pression P_2 (volume V_2, température T_2).

c) S_1 fermée, S_2 ouverte : l'air est refoulé à pression et température constantes, le volume revient à 0.

1) Donner la formule littérale permettant d'exprimer T_2 en fonction de T_1, P_1, P_2 et γ.

2) Calculer les travaux W_a, W_b, W_c fournis aux n moles de gaz dans les trois phases ; on veillera dans les phases a et c, à bien expliquer l'action mécanique sur les n moles de gaz.

3) Application numérique : on prendra $P_1 = 1$ bar $= 10^5$ Pa, $T_1 = 300$ K, $V_1 = 1$ litre et $P_2 = 5$ bar. Calculer T_2, $W_1 = W_A + W_b + W_c$, et le nombre N d'allers et retours effectués par le piston en 1 seconde si la puissance consommée par le compresseur est $\mathcal{P}_1 = 10$ kW (on suppose, dans cette question, que le compresseur fonctionne de manière idéale et que toute la puissance consommée est fournie au gaz).

4) La somme W_1 des travaux précédents mesure la variation d'une fonction d'état du système entre l'état initial (P_1, T_1) et l'état final (P_2, T_2). De quelle fonction s'agit-il ? Sous quelle forme générale ce résultat a-t-il été présenté en cours ?

II. Étude d'un turboréacteur

Il est constitué par la succession des parties actives suivantes (figure 2) :

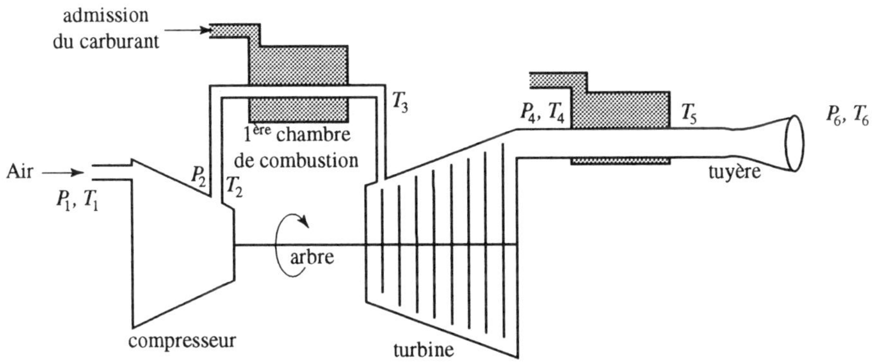

- un compresseur où l'air passe de $P_1 = 1$ bar et $T_1 = 300$ K à $P_2 = 5$ bar, T_2 en subissant une compression adiabatique réversible.
- une chambre de combustion isobare où l'air reçoit un travail nul, et une quantité de chaleur Q_1 par mole ; l'air sort de cette chambre de combustion à $T_3 = 1\,100$ K.
- une turbine, où l'air subit une détente adiabatique réversible jusqu'à P_4, T_4.
- une deuxième chambre de combustion isobare où l'air reçoit $w = 0$, Q_2. L'air en sort à la température $T_5 = 1\,500$ K.
- enfin unc tuyère où l'air ne reçoit ni travail ni chaleur mais où il subit une détente adiabatique réversible jusqu'à $P_6 = 1$ bar, T_6, accompagnée d'une variation d'énergie cinétique. C'est le seul endroit où cette énergie cinétique varie. Le régime dans l'ensemble du dispositif est stationnaire et le débit massique d'air vaut $D_m = 40$ kg.s^{-1}.

1) Calculer le débit molaire de l'air.

2) En utilisant les résultats du *I.* exprimer le travail W_1 reçu par l'air dans le compresseur en fonction des caractéristiques du système et des températures T_1 et T_2, et le travail W_2 reçu par l'air dans la turbine en fonction de T_3 et T_4.

La turbine et le compresseur sont montés sur le même axe : 81% du travail fourni par la détente de l'air dans la turbine est récupéré pour comprimer le gaz dans le compresseur, calculer T_4 puis P_4.

3) Après avoir exprimé l'équation du bilan d'énergie pour 1 mole d'air évoluant dans un système ouvert, calculer la vitesse v' de l'air à la sortie de la tuyère sachant que sa vitesse à l'entrée est $v = 200$ m.s^{-1}.

4) Calculer le rapport entre l'accroissement d'énergie cinétique molaire du gaz et la quantité de chaleur dépensée, en fonction des températures des divers points du dispositif.

Que représente ce rapport ?

Corrigé

I. 1) La phase "b" est une compression adiabatique réversible d'un gaz parfait ; on a donc $PV^\gamma = \text{Cte}$, avec $PV = nRT$.

La combinaison des deux équations précédentes donne $T^\gamma P^{1-\gamma} = \text{Cte}$, ce qui donne ici $T_1 P_1^{\frac{1-\gamma}{\gamma}} = T_2 P_2^{\frac{1-\gamma}{\gamma}}$ d'où :

$$\boxed{T_2 = T_1 \left(\frac{P_1}{P_2}\right)^{\frac{1-\gamma}{\gamma}}}$$

2) Dans la phase "a" l'air, admis dans un cylindre à la pression $P_1 = P_{\text{ext}} = \text{Cte}$, pousse le piston vers la droite : il fournit du travail au milieu extérieur, donc le travail reçu par l'air est négatif :

$$\underline{W_a} = \int_0^{V_1} -P_1 \mathrm{d}V_1 = \underline{-P_1 V_1}$$

Dans la phase "b", le piston revient en sens inverse en comprimant l'air de manière adiabatique ; le premier principe implique $W_b = \Delta U_b$ puisque $Q_b = 0$, d'où, puisque l'air est considéré comme un gaz parfait,

$$\underline{W_b = nC_V(T_2 - T_1)}$$

Dans la phase "c", le piston refoule l'air vers l'extérieur : c'est donc la phase contraire de la phase "a", le travail reçu est supérieur à 0 :

$$\underline{W_c} = -\int_{V_2}^{0} P_{\text{ext}} \mathrm{d}V = -P_2(0 - V_2) = \underline{+P_2 V_2}$$

3) Applications numériques

$$\underline{T_2} = 300 \left(\frac{1}{5}\right)^{-\frac{2}{7}} = \underline{475,15\ \text{K}}$$

$$\begin{aligned}\text{W}_1 &= \text{W}_a + \text{W}_b + \text{W}_c = -P_1V_1 + nC_V(T_2 - T_1) + P_2V_2 \\ &= nC_V(T_2 - T_1) + P_2V_2 - P_1V_1 = nC_V(T_2 - T_1) + nR(T_2 - T_1)\end{aligned}$$

$$\boxed{\text{W}_1 = nC_p(T_2 - T_1)} = \frac{P_1V_1}{RT_1}\frac{7}{2}R(475,15 - 300) = \underline{204\ \text{J}}$$

Le compresseur absorbe 10 kW c'est-à-dire 10 kJ/s pour fournir, à l'air qu'il comprime, 204 J par aller et retour : le nombre N d'allers et retours effectués par le piston en une seconde sera donc :

$$\underline{N} = \frac{10^4}{204} = \underline{49/\text{s}}$$

4) La somme W_1 des travaux précédents est de la forme $\Delta(U + PV)$, elle mesure la variation de la fonction d'état "enthalpie" entre l'état initial (P_1, V_1) et l'état final (P_2, V_2) soit :

$$\Delta H = \Delta U + (P_2V_2 - P_1V_1)$$

Les phases a et c sont isothermes, ce qui entraîne $\Delta U_a = \Delta U_c = 0$; il reste $\Delta U = \Delta U_b = nC_V(T_2 - T_1)$.

On retrouve bien $\Delta H = nC_V(T_2 - T_1) + (P_2V_2 - P_1V_1) = \text{W}_1$.

Ce résultat a été présenté dans les compléments (fin du chapitre 6) sous la forme générale :

$$\Delta E_{\substack{\text{mécanique} \\ \text{macroscopique}}} + \Delta H = W + Q$$

Ici $\Delta E = 0$, et le gaz ne reçoit aucune chaleur au cours des trois phases "a,", "b" et "c"$\Longrightarrow$ on retrouve bien :

$$\Delta H = \text{W}$$

II. 1) La masse d'une mole d'air étant $M = 29$ g et le débit massique de l'air $D_m = 40$ kg.s^{-1}, le débit molaire d'air sera :

$$D = \frac{D_m}{M} = \frac{40}{29 \times 10^{-3}} = \underline{1\ 380\ \text{mol.s}^{-1}}$$

2) Les résultats du *I.* nous permettent d'écrire que le travail reçu par l'air dans le compresseur $\text{W}_1 = H_2 - H_1 = nC_p(T_2 - T_1)$. De même, la turbine étant un système ouvert, le travail reçu par l'air dans cette turbine est :

$$\text{W}_2 = H_4 - H_3 = nC_p(T_4 - T_3)$$

Si 81 % du travail fourni par la détente de l'air dans la turbine (c'est-à-dire 81 % de W_2) est fourni à l'air du compresseur :

$$0,81\text{W}_2 = -\text{W}_1$$

$$\Longrightarrow 0,81nC_p(T_4 - T_3) = nC_p(T_1 - T_2)$$

d'où $T_4 = T_3 + \dfrac{T_1 - T_2}{0,81} = \underline{884\text{ K}}$ car $T_3 = 1\ 100$ K.

On a bien $T_4 < T_3$ après une détente ; cette détente est adiabatique réversible, on peut utiliser la même relation qu'en $I.1$) sous la forme :

$$P_4 = P_3 \left(\frac{T_4}{T_3}\right)^{\frac{\gamma-1}{\gamma}} = \underline{2,33\text{ bar}}$$

puisque $P_3 = P_2 = 5$ bar (chambre de combustion isobare).

3) A la traversée du système ouvert, que constitue la tuyère, la vitesse de l'air passe de v à v' avec :

$$\frac{1}{2}mv^2 + h(P_5, T_5) = \frac{1}{2}mv'^{\,2} + h(P_6, T_6)$$

par application de la formule générale $(C, 15)$ à ce cas où l'air ne reçoit ni travail ni chaleur.

Par ailleurs l'air étant un gaz parfait, $h(P, T) = C_pT$, ce qui entraîne $\frac{1}{2}mv'^{\,2} = \frac{1}{2}mv^2 + C_p(T_5 - T_6)$ avec

$$P_5 = P_4 \quad \text{d'où } T_6 = T_5 \left(\frac{P_6}{P_5}\right)^{\frac{\gamma-1}{\gamma}} = \underline{1\ 178\text{ K}}$$

Cette valeur numérique [reportée (pour $m = M$) dans l'équation qui relie v', v, T_5 et T_6] nous donne, à la sortie de la tuyère, une vitesse de l'air :

$$\boxed{v' = 828\text{ m/s}}$$

4) Le rapport entre l'accroissement de l'énergie cinétique molaire de l'air et la quantité de chaleur dépensée est donné par :

$$\frac{\frac{1}{2}mv'^{\,2} - \frac{1}{2}mv^2}{Q_1 + Q_2} = \frac{C_p(T_5 - T_6)}{C_p(T_3 - T_2) + C_p(T_5 - T_4)}$$
$$= \frac{T_5 - T_6}{(T_3 - T_2) + (T_5 - T_4)} = \frac{1500 - 1178}{(1100 - 475) + (1500 - 884)} = \underline{26\ \%}$$

Ce rapport représente un rendement.

Examen (Janvier 1994)

Le but de ce problème est d'étudier un cycle dont le fluide est **1 kg d'eau**. Le problème est divisé en quatre parties dans lesquelles sont étudiés successivement :

I l'eau, liquide incompressible
II la vapeur d'eau, assimilée à un gaz parfait
III le mélange liquide-vapeur
IV le rendement du cycle.

Les parties II et III peuvent être traitées **indépendamment** de la partie I.

L'ensemble des informations sur le cycle sont résumées sur un diagramme (T, S) et un tableau en page 255.

I. Étude du liquide pur incompressible

Pour l'eau liquide dans tous les états d'équilibre rencontrés on prendra comme volume massique : $v_l = 10^{-3}\text{m}^3.\text{kg}^{-1}$. et comme chaleur spécifique massique :
$c_l = 4,18\ \text{kJ.kg}^{-1}.\text{K}^{-1}$.

On supposera de plus que le liquide est **incompressible**, ce qui signifie que dans le domaine de températures et de pressions considérées le volume massique du liquide ne varie pas et que **toutes les grandeurs thermodynamiques du liquide ne dépendent que de la température**.

1) Calculer la variation d'entropie du **liquide pur** entre un état initial (T_i, P_i) et un état final (T_f, P_f).

2) En déduire la raison pour laquelle la température reste constante dans une opération de compression adiabatique réversible du liquide pur incompressible.

3) En déduire qu'au cours de cette opération l'enthalpie massique ne varie pas.

4) Déterminer l'expression algébrique de la courbe qui représente l'échauffement isobare du liquide dans un diagramme (T, S).

Les opérations précédentes correspondent au début d'un cycle (voir diagramme joint). La transformation (1-2) est une compression adiabatique réversible du liquide pur. La transformation (2-3) est un échauffement isobare. Les coordonnées thermodynamiques des points (1), (2) et (3) sont dans le tableau associé au diagramme.

II. Étude de la vapeur d'eau

Le liquide, à la pression P_3 et à la température T_3, est intégralement vaporisé dans un générateur de vapeur : à la sortie la vapeur est à la pression $P_4 = P_3$ et à la température $T_4 = T_3$; la vapeur d'eau est assimilée à un gaz parfait.

1) Déterminer le nombre de moles du système et son volume V_4 (la pression est $P_4 =$ 100 atm, la température $T_4 = 583$ K, on prendra 1 atm=10^5 Pa).

2) La vapeur est ensuite surchauffée de manière isobare (portion 4-5 du cycle) jusqu'à $T_5 = 973$ K. Déterminer la quantité de chaleur reçue par le système dans cette opération, la chaleur spécifique massique de la vapeur d'eau est : $c_p = 2,17$ kJ.kg^{-1}.K^{-1}.

III. Étude du mélange liquide-vapeur

On effectue ensuite une détente adiabatique réversible ; à la fin de cette détente (point 6 de la figure) le système est constitué par un mélange liquide-vapeur à la température $T_6 = T_1 = 320$ K et à la pression $P_6 = P_1 = 0,1$ atm. La fraction massique de vapeur est $x = 0,875$. On appelle N (voir figure) le point correspondant à la disparition de la dernière goutte de liquide à la température T_1 ; le volume massique de la vapeur est $V_N = 14,8$ m^3.kg^{-1}.

1) Déterminer le volume V_6 du système.

2) L'enthalpie massique du liquide en (1) est $h(1) = 105$ kJ.kg^{-1}. Au point N l'enthalpie massique de la vapeur est $h(N) = 2580$ kJ.kg^{-1}. Déterminer la chaleur latente de vaporisation de l'eau à 320 K et la différence d'entropie massique entre la phase liquide et la phase vapeur.

3) Calculer l'enthalpie massique du système liquide-vapeur au point 6 : $h(6)$.

IV. Étude du rendement du cycle

On se propose de calculer le travail **fourni** au cours de ce cycle en déterminant la quantité de chaleur totale que le système a reçue.

1) Pourquoi cette démarche est-elle justifiée ?

2) La quantité de chaleur totale, reçue au cours de ce cycle, s'exprime sous forme d'une somme algébrique d'enthalpies massiques mesurées en divers points du cycle. Pourquoi ?

3) Montrer que la quantité totale de chaleur reçue par le système s'écrit :

$$Q_{\text{tot}} = h(5) - h(6)$$

4) Donner la différentielle de l'enthalpie du gaz parfait.

5) En déduire $h(5)$ en fonction de $h(N)$ et des températures T_5 et T_N. Faire l'application numérique.

6) Montrer que la chaleur totale reçue dans les phases de chauffage s'écrit :

$$Q_1 = h(5) - h(2)$$

7) En déduire le rendement du cycle et sa valeur numérique.

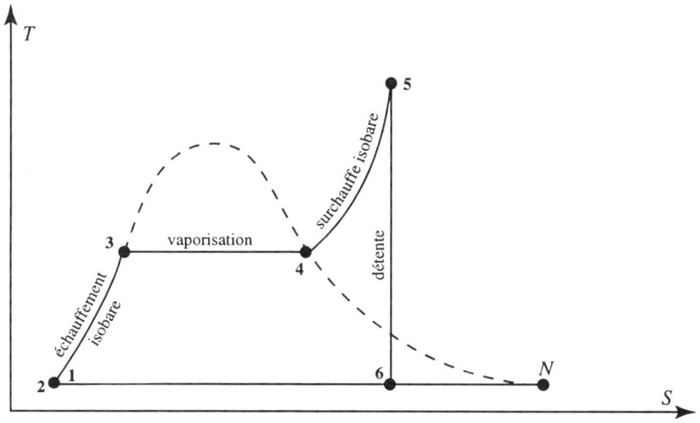

en trait interrompu ------- la courbe de coexistence gaz-liquide
en trait plein ____________ le cycle

	P (atm)	T(K)	x_{vap}	h (kJ.kg^{-1})
1	$0,1$	320	0	105
2	100	320	0	105
3	100	583	0	
4	100	583	1	
5	100	973	1	
6	$0,1$	320	$0,875$	
N	$0,1$	320	1	2 580

Corrigé

I.1) La relation fondamentale $\mathrm{d}S = \frac{1}{T}(\mathrm{d}U + P\mathrm{d}V)$ s'écrit aussi $\mathrm{d}S = \frac{C_v}{T}\mathrm{d}T + \frac{l}{T}\mathrm{d}V$. Dans la mesure où les grandeurs thermodynamiques du liquide incompressible ne dépendent que de la température cette équation se réduit à $\mathrm{d}S = \frac{c_l}{T}\mathrm{d}T$ avec c_l ne dépendant que de T d'où $\Delta S = c_l \ln \frac{T_f}{T_i}$.

2) Une compression adiabatique réversible est une isentropique $\Longrightarrow \Delta S = 0$ $\Longrightarrow T_f = T_i$, c'est-à-dire la température reste constante.

3) L'enthalpie massique h ne dépend que de la température, donc ne varie pas si $T = \text{Cte}$.

4) Puisque $S - S_i = c_l \ln \frac{T}{T_i}$, l'équation de la courbe qui représente l'échauffement du liquide dans un diagramme T, S sera :

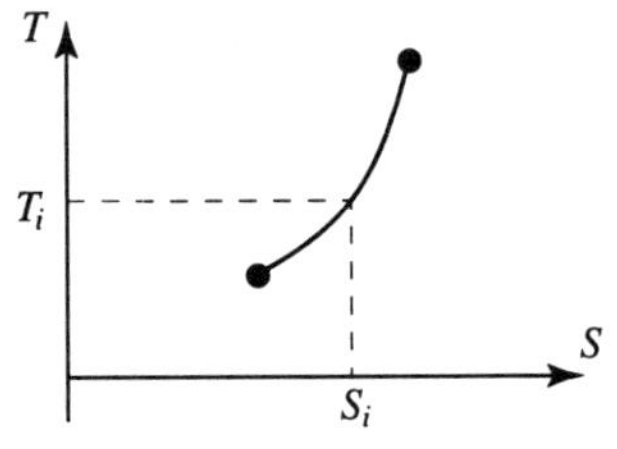

$$T = T_i \exp\left[\frac{S(T) - S(T_i)}{c_l}\right]$$

II.1) Les n moles de vapeur sont données par

$$n = \frac{m}{M} = \frac{1}{18 \times 10^{-3}} \simeq 55,6 \text{ moles}$$

d'où $P_4V_4 = nRT_4$ ce qui entraîne :

$$V_4 = \frac{nRT_4}{P_4} = \frac{10^3 \times 8,31 \times 583}{18 \times 10^7}$$
$$\simeq 27 \times 10^{-3} \text{ m}^3 = 27 \text{ litres}$$

2) La surchauffe isobare de T_4 à T_5 fournit au système la quantité de chaleur :

$$Q_p = c_p(T_5 - T_4) = 2,17(973 - 583) = \underline{846,3 \text{ kJ}}$$

III.1) Le volume du liquide étant négligeable devant celui de la vapeur on peut écrire :

$$V_6 = xV_N = 0,875 \times 14,8 = 12,95 \text{ m}^3$$

2) La chaleur latente de changement de phase est reliée à la variation d'enthalpie H par :

$$L_{1\to 2} = \frac{H_2 - H_1}{m} \quad \text{en J/kg}$$

La chaleur latente de vaporisation de l'eau sera donc calculée à partir des enthalpies massiques h par :

$$L_{\text{vapeur}} = h(N) - h(1) = 2580 - 105 = 2\,475 \text{ kJ/kg}$$

La différence d'entropie massique entre les phases liquide et vapeur est :

$$s_g - s_l = \frac{2\,475}{320} = 7,734 \text{ kJ.kg}^{-1}.K^{-1}$$

3) L'enthalpie massique du système liquide-vapeur au point (6) est la somme des enthalpies massiques de chaque constituant soit :

$$h(6) = x.h(N) + (1 - x).h(1) = (0,875 \times 2\,580) + (0,125 \times 105)$$
$$= 2\,257,5 + 13,12 = 2\,271 \text{ kJ/kg}$$

IV.1) Le calcul du travail $\mathcal{T}$ fourni lors d'un cycle passe par la détermination de la quantité de chaleur reçue à cause du 1er principe : $\Delta U = -\mathcal{T} + Q = 0$.

2) Les différentes transformations du cycle sont soit isobariques ($Q_p = \Delta H$) soit adiabatiques ($Q_p = 0$) d'où l'affirmation du texte.

3)

$$\begin{aligned} Q_{\text{total}} &= h(3) - h(1) + h(4) - h(3) + h(5) - h(4) + h(1) - h(6) \\ &= h(5) - h(6) \end{aligned}$$

4) La définition de l'enthalpie $H = U + PV$ donne $\mathrm{d}H = \mathrm{d}U + \mathrm{d}(PV)$.

Pour un gaz parfait $\mathrm{d}U = nC_v\mathrm{d}T$ et $\mathrm{d}(PV) = nR\mathrm{d}T$

$$\text{d'où} \qquad \mathrm{d}H = nC_v\mathrm{d}T + nR\mathrm{d}T$$

et pour 1 kg $\mathrm{d}H = c_p\mathrm{d}T$ avec c_p "massique".

5) De la question précédente on déduit :

$$h(5) - h(N) = c_p(T_5 - T_n)$$

d'où $h(5) = 2580 + 2,17(973 - 320) = 3997$ kJ/kg.

6) Le diagramme montre que la chaleur totale reçue dans les phases de chauffage est :

$$\begin{aligned} Q_1 &= h(3) - h(1) + h(4) - h(3) + h(5) - h(4) \\ &= h(5) - h(1) = h(5) - h(2) \end{aligned}$$

7) Rendement ?

$$Q_1 = h(5) - h(2) = 3997 - 105 = 3892 \text{ kJ/kg}$$

et $Q_{\text{total}} = h(5) - h(6) = 3997 - 2271 = 1726$ kJ/kg

D'où le rendement :

$$\eta = \frac{\mathcal{T}}{Q_{\text{dépensé}}} = \frac{h(5) - h(6)}{h(5) - h(2)} = \frac{1726}{3892} = \underline{0,44}$$

Examen (Septembre 1994)

Thermodynamique

I. Un thermomètre à gaz est constitué de deux récipients indéformables identiques contenant un gaz parfait. Ils sont reliés par un tube $ABCD$ de section intérieure constante s

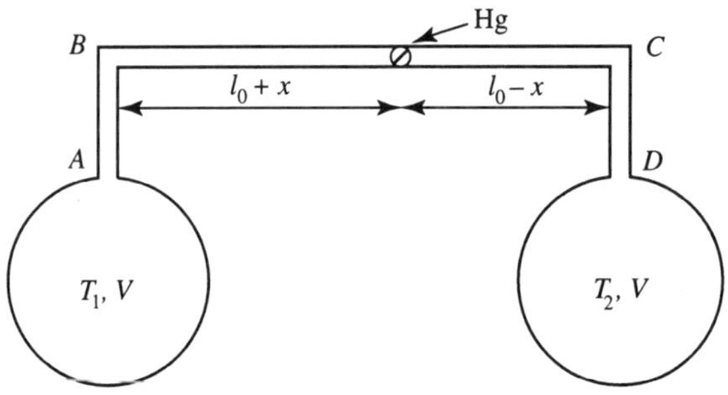

et de volume non négligeable. Un index, constitué par une goutte de mercure placée dans la branche BC, isole les deux compartiments.

Le remplissage a été fait de telle sorte que lorsque $T_1 = T_2$, l'index est au milieu de la branche BC ($x = 0$). Lorsque les deux récipients sont en contact avec des thermostats de température $T_1 \neq T_2$ l'index se déplace dans la branche BC ($x \neq 0$).

Nous appellerons V le volume isolé par l'index de mercure : c'est, par exemple, la somme du volume d'un récipient et du volume $l_0 s$ du demi tube $ABCD$, lorsque l'index de mercure est au centre ($x = 0$).

1) Calculez, pour $T_1 = T_2$, les pressions P_1 et P_2 ainsi que le nombre de moles n_1 et n_2 du gaz.

2) Calculez, pour $T_1 \neq T_2$, les pressions P_1 et P_2 ; puis exprimez l'écart de température $T_1 - T_2$ en fonction du déplacement x de l'index, de la section s du tube, du volume V et de la température moyenne $\dfrac{T_1 + T_2}{2}$. On admettra que la température est uniforme dans chacune des zones 1 et 2.

Facultatif : connaissez-vous un jouet ou un "gadget" utilisant ce principe ?

II. On considère un récipient d'un volume $V_0 = 10$ litres dans lequel on place une masse d'eau $m_0 = 1$ kg (n_0 moles) ; la température initiale T_0 est de 100 °C.

1) Pour déterminer le nombre n_v de moles vaporisées dans ces conditions on écrira :

a) l'équation d'état de la vapeur (en fonction des variables n_v, V_v, P_0, T_0)

b) l'équation d'état du liquide (supposé incompressible, de masse volumique $\rho = 10^3$ kg m^{-3}).

On notera n_l, V_l respectivement le nombre de moles à l'état liquide et le volume qu'elles occupent, et M la masse molaire de l'eau.

c) Utilisez les deux résultats précédents pour déterminer le nombre de moles vaporisées n_v en fonction de V_0, m_0, RT_0, P_0, M et ρ, puis la masse correspondante de vapeur.

Application numérique : $M = 18$ g.

2) Si au lieu d'un kg d'eau on place dans le récipient 5,5 g d'eau seulement, quels sont l'état final et la pression du système ?

On rappelle que la pression de vapeur saturante de l'eau à 100 °C est 10^5 Pa.

3) Dessinez sur le diagramme de phases P, T la position de 2 points (A) et (B) représentatifs des systèmes décrits en 1 et 2 et les positionner qualitativement par rapport à la courbe d'équilibre liquide-vapeur.

Corrigé

I.1) Pour $T_1 = T_2$ les 2 volumes, gauche et droite, sont égaux. Comme à l'équilibre $P_1 = P_2 = P_0$ et $T_1 = T_2 = T_0$, il y a le même nombre de moles à gauche et à droite.

Le remplissage a été fait pour que $\boxed{n_1 = n_2} = n_0$

2) Pour $T_1 \neq T_2$, supposons (cas de la figure) $T_1 > T_2$

$$T_1 > T_2 \Longrightarrow P_1 = \frac{n_0 R T_1}{V + sx} \quad \text{et} \quad P_2 = \frac{n_0 R T_2}{V - sx}$$

Quand l'index de mercure est fixe $\Longrightarrow$ $\boxed{P_1 = P_2}$ d'où

$$T_1 = \frac{P_1}{n_0 R}(V + sx) = k(V + sx) \quad \text{et} \quad T_2 = \frac{P_1}{n_0 R}(V - sx) = k(V - sx)$$

$$\Longrightarrow T_1 - T_2 = 2ksx \quad \text{et} \quad T_1 + T_2 = 2kV \quad \text{d'où} \quad 2k = \frac{T_1 + T_2}{V}$$

$$\text{et} \quad \boxed{T_1 - T_2 = \frac{sx}{V}(T_1 + T_2)}$$

Les fontaines à liquides colorés utilisent ce principe.

II.1) Équation d'état de la vapeur : $V_v = \dfrac{n_v R T_0}{P_0}$

Équation d'état du liquide :

$$\text{masse volumique } \rho = \frac{M}{V_{\text{molaire}}} \Longrightarrow V_{\text{molaire}} = \frac{M}{\rho}$$

soit V_l le volume liquide total $\Longrightarrow$

$$V_l = \frac{n_l M}{\rho} = (n_0 - n_v)\frac{M}{\rho}$$

Le volume du récipient V_0 est constant :

$$V_0 = V_v + V_l = n_v \left(\frac{RT_0}{P_0} - \frac{M}{\rho} \right) + n_0 \frac{M}{\rho}$$

d'où le nombre de moles vaporisées :

$$n_v = \frac{V_0 - \frac{n_0 M}{\rho}}{\frac{RT_0}{P_0} - \frac{M}{\rho}}$$

Application numérique : $n_0 \frac{M}{\rho} = \frac{1000}{18} \times \frac{18 \times 10^{-3}}{10^3} = 10^{-3}$ d'où :

$$n_v = \frac{10^{-2} - 10^{-3}}{\frac{8,31 \times 373}{10^5} - 18.10^{-6}} = 0,29 \text{ moles}$$

La masse correspondante de vapeur est :

$$m_v = n_v M \simeq 5,23 \text{ g}$$

2) Si la masse initiale d'eau est seulement 5,5 g, supposons que toute cette masse se vaporise.

Dans cette hypothèse calculons la pression de la vapeur :

$$P_V = \frac{5,5}{18} = \frac{8,31 \times 373}{10^{-2}} = 9,47 \times 10^4 \text{ Pa}$$

A 100 °C la pression de vapeur saturante de l'eau est 10^5 Pa, puisque $P_V < 10^5$Pa on a bien vaporisation totale.

3)

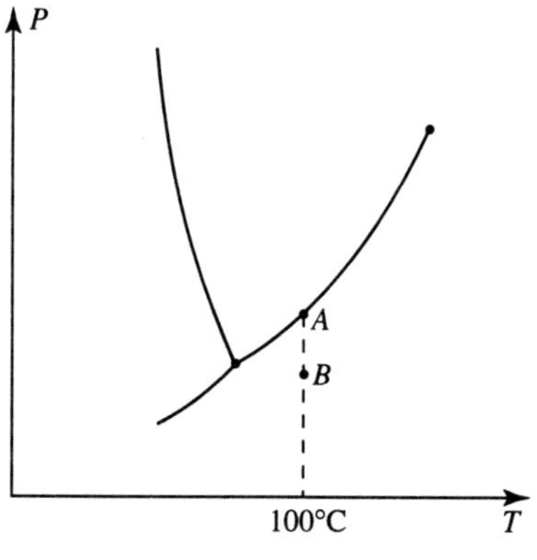

INDEX

A

Action et réaction
(principe de l') 17
Absolue (température) 29,30,31
Adiabatique quasi-statique
(équation d'une) 99,100,123
Adiabatique (paroi) 36,92
Adiabatique (transformation) 80,98
Adiabatique, réversible
(transformation) 123,138
Air, air atmosphérique 8,14,22,40
Amagat (représentation d') 194
Anticyclone 23
Artérielle (tension ou pression) 22
Atmosphère isotherme
(équilibre thermique de l') 39
Atmosphérique (pression)
voir "Pression atmosphérique"
Avogadro (nombre d') 34,40,43,266
Azote 38,48

B

Baromètre 21
Barre métallique 67,75
Bilan énergétique 68,107,138
Bilan entropique 124,125,138
Bilan (équation de) 95
Boltzmann
(constante de) 30,31,33,34,65,93,96,266

C

Calorie 90
Calorimétrie 90→93
Capacité calorifique à
pression constante 95, 187→189
Capacité calorifique à volume
constant 93,116,117,185→189
Capacités calorifiques
(rapport des) 99,122
Capsule manométrique 8→10,14,15
Carnot (cycle de) 162,173
Carnot (rendement de) 162
Carnot (théorème de) 162
Centrale géothermique 223
Centrale thermique 206→208
Chaleur (flux de) 35,68,98
Chaleur (pompe à) 159,162,165
Chaleur (échange, 90→93,98,101
transfert de) 118,124,132→142,
159,160,164,181→184,197
Chaleur latente de changement
d'état (ou de phase) 96,197,198,201
Chaleur spécifique massique à
pression constante 96
Chaleur spécifique massique à
volume constant 93
Chaleur spécifique moléculaire à
pression constante 95,96
Chaleur spécifique moléculaire à
volume constant 93
Chaleur spécifique molaire à
pression constante 95→97,184,187
Chaleur spécifique molaire à
volume constant 93,99,183,185,186
Changement d'état (ou de phase)
d'un corps pur 43,193→204
Clapeyron (diagramme de)
45,100,158,163,184
Clapeyron (isotherme de) 45,46
Clapeyron (relation de) 199→203
Clausius (énoncé de
pour le deuxième principe) 165
Clausius (inégalité de) 160

Coefficient calorimétrique l 116,117,119,184,185,187,188
Coefficient calorimétrique h 119,184,188,189
Coefficients thermoélastiques 48
Coefficient de compressibilité isotherme 49,50
Coefficient de dilatation isobare 48
Coefficient de performance (réfrigérateur) 164
Coefficient de variation de pression isochore 48,49
Coexistence de phases 45→47,194,198→204
Coexistence de phases (condition de) 197
Collisions (fréquence moyenne de) 17,20
Compresseur 205,240,248
Compression (taux de) 169,170
Concentration 141,143
Condensation 199
Conditions normales de température et de pression (T.P.N.) 14,266
Conduction 35,91,92,118,144
Conductivité thermique 36,144
Conservation de l'énergie mécanique totale 61,62
Constante de Boltzmann 30,31,33,34,65,93,96,266
Constante molaire des gaz parfaits 34,97,266
Convection 35,91,92,118,144
Courbe de coexistence de phases 47,194,198,202,214
Courbe de rosée 194,195
Courbe de saturation 194→196
Critique (point) 47,195,198,199,214
Cycle à resurchauffe 206→208
Cycle de Carnot 162,173
Cycle de Beau de Rochas 166
Cycle ditherme 162
Cycle monotherme 160
Cyclique (transformation) 157

D

Dalton (loi de) 20,34
Degré Celsius 33
Degré hygrométrique 211
Densité moléculaire ou particulaire 18,20,31,34
Dépression 23
Désordre 147,198
Détente dans le vide (Joule) 77,94,117,123,129
Détente de Joule-Thomson 108
Deuxième principe 129,138,160
Dewar (vase) 37
Diagramme de Clapeyron 45,100,158,163,184
Diagramme de phases 47,198
Diagramme des phases de l'eau 209,214
Diagramme de Raveau 161,165,230
Diagramme entropique 159,163,196,200,205,206
Diatherme (paroi) 36,131
Diesel (moteur) 169
Différentiel (manomètre) 15
Diffusion de deux gaz l'un dans l'autre 125
Diffusion de la chaleur 35

E

Eau (diagramme des phases de l') 209,214
Ébullition 209,212,213
Ébullition (points d') 38,47
Égalités thermodynamiques 120
Électron 266
Énergie cinétique moyenne 30
" " de rotation 33,66
" " de translation 30,34,65
Énergie interne 61,63→71,91,93→97, 115→120,122,131→141,157, 181→187
Énergie interne d'un corps solide 66
" " d'un gaz réel 67
Énergie interne du gaz parfait 64→67
Énergie interne d'un système 66
Énergie libre de Gibbs 140,187
Énergie libre(de Helmholtz) 137,185,186
Énergie mécanique totale (conservation de l') 61,62
Énergie potentielle 62,65,67
Enthalpie 95,186
Enthalpie libre 140,187,202→204
" " spécifique 202
Enthalpie massique 106→109,253
Entropie 117→126,132→143,157→160, 163,181→189,196→198,200→205
Entropique (bilan) 124,125,138
Entropique (diagramme) 159,163, 196,200,205,206
Équation d'état 43,50

Équation phénoménologique 44,51
Équation de Van der Waals 44
Équilibre chimique 142
Équilibre de pression 142
Équilibre mécanique 11,13,43,125
Équilibre d'un corps pur liquide avec un mélange de gaz 211
Équilibre thermique 35,43,120,141
Équilibre thermique de l'atmosphère isotherme 39
Équilibre thermodynamique 11,94, 103,129→133,137,139,143,200
Équipartition de l'énergie interne 34
État (équation d') 43,50
État dynamique 45
État (fonction d') 64,67,95,117 118,137,140,182
État métastable 194,195,214→216
État d'équilibre 45
États (surface des) 44,45
Évaporation 194,209→212
Évolution (principe d') 126,129
Évolution de l'univers 137
Explosion (moteur à) 167
Extensive (grandeur) 93,118,125,144

F

Fermé (système) 70
Fick (loi de) 125,145
Flux de chaleur 35,68,98
Flux d'énergie 36,144
Fonction d'état 64,67,95,117 118,137,140,182
Fonctions implicites 49
Fondamentale (identité) de la thermodynamique 118,122
Forces électrostatiques (travail des) 81
Force pressante 7→11,16,20, 76→79,91,105
Fourier (loi de) 36,144
Fréquence moyenne de collisions 17,20
Fusion 38,47,198,199
Fusion (points de) 38,47

G

Gaz parfait 16,30→34,64→66, 78,79,93,94,96,97,99,101, 117,123→126,129,130,167,193
Gaz réel 31,33,44,45,67,94,130,193
Gibbs (énergie libre de) 140,187
Gibbs-Duhem (relation de) 204
Grandeur extensive 93,118,125,144
Grandeur intensive 93,144

H

Hautes pressions 23
Hélium 37,47,48
Helmholtz (énergie libre de) 137,185,186
Hygrométrique (degré) 211

I

Identité fondamentale de la thermodynamique 118,122
Impesanteur 16
Implicites (fonctions) 49
Incompressible (liquide) 14
Incompressible (solide) 67
Inégalité de Clausius 160
Intensive (grandeur) 93,144
Interne (énergie) voir "Énergie interne"
Irréversible (transformation) 124→126,134,194
Isentropique (transformation) 119, 123,159,162,167,170,204,205,207
Isobare (transformation) 94,95,197
Isobare réversible (transformation) 182
Isochore (transformation) 91
Isolé (système) 61,131→133
Isotherme réversible (transformation) 123,182,197

J

Joule (détente de) 77,94 117,123,129
Joule (première loi de) 67
Joule-Thomson (détente de) 108

K

Kelvin (énoncé de pour le deuxième principe) 160
Kelvin (unité) 30,33

L

Liquéfaction 46,102,193,194
Loi de Dalton 20,34
Loi fondamentale de la statique des fluides 13

M

Machine thermique 159,164,166
Manomètre 8
Manomètre différentiel 15
Manométrique (capsule) 8→10,14,15
Massique (enthalpie) 106,109
Mayer (relation de) 97
Mécanique (équilibre) 11,13,43,125
Métastable (état) 194,195,214→216

Mole 34,266
Mole d'air 14
Moléculaire (densité) 18,20,31,34
Monotherme (cycle) 160
Moteur Diesel 169
Moteur à explosion 167
Moteur (temps) 166,170
Moteur thermique 159→166
Moteur (travail) 68,105,160

N

Nombre d'Avogadro 34,40,43,266

0

Ouvert (système) 103

P

Parfait (gaz) voir "gaz parfait"
Paroi adiabatique 36,92
Paroi diatherme 36,131
Particulaire (densité) 18,20,31, 34
Partielle (pression) 19,34,211,212
Performance (coefficient de) 164
Phases (diagramme des) 47,198,209,214
Phénoménologique (équation) 44,51
Point critique 47,195,198,199,214
Points d'ébullition 38,47
Points fixes de température et pression 199
Points de fusion 38,47
Point triple 47,199
Pompe à chaleur 159,162,165
Potentiel chimique 143
Potentiel thermodynamique 130, 135→145
Premier principe (énoncé du) 68,69
Première loi de Joule 67
Pressante (force) voir "force pressante"
Pression 7,10→20,29→34,119,132
Pression artérielle 22
Pression atmosphérique 7,8,21,22,212,213
Pressions (hautes) 23
Pression partielle 19,34,211,212
Pressions (ordres de grandeur des) 21→23
Pression de vapeur saturante 194
Principe de l'action et de la réaction 17
Puissances (ordres de grandeur des) 172

Q

Quadratique moyenne (vitesse) 20
Quantité de chaleur voir "chaleur (échange de)"
Quasi-statique (transformation) 78,98,122
Quatre temps (moteur à explosion à) 167

R

Rapport γ des capacités calorifiques 99,122
Raveau (diagramme de) 161,165,230
Rayonnement 35,91,92,118,144,147
Récepteur 161
Réel (gaz) voir "gaz réel"
Réfrigérateur 162,164,204→206
Régime stationnaire 106→209
Relation de Gibbs-Duhem 204
Relation de Mayer 97
Rendement 160,162,163, 167,170,201,207
Rendement théorique de Carnot 162
Repères de température 38,47,199
Représentation d'Amagat 194
Resurchauffe (cycle à) 206→208
Réversible (transformation) 122→124,159,194

S

Saturante (vapeur) 194
Saturation (courbe de) 194,196
Second principe (énoncé de Clausius) 165
Second principe (énoncé de Kelvin) 160
Sèche (vapeur) 210
Solidification 199
Son (vitesse du) 266
Stationnaire (régime) 106
Statique des fluides (loi fondamentale de la) 13
Sublimation 198,199
Supraconductivité 48
Surface des états 44,45
Système fermé 70,103
Système isolé 61,130→133
Système ouvert 103→109
Système thermodynamique 48,61,63,103

T

Taux de compression 169,170
Température 29→33,65→67,78

Température absolue 29,30,31
Températures (ordres de grandeur de) 38
Températures (repères de) 38,47,199
Temps moteur 167,170
Tension artérielle 22
Théorème de Carnot 162
Thermique (machine) 159,164,166
Thermique (moteur) 159→166
Thermomètre 29,36,37
Thermostat 36,132→140
Transfert de chaleur
voir "chaleur (transfert)"
Transformation adiabatique 80,98
adiabatique quasi-statique 99,100,123
adiabatique réversible 123
cyclique 157
irréversible 124→126,134,194
isentropique 119,123,159, 162,167,170,204,205,207
isobare 94,95,197
isobare réversible 182
isochore 91
isotherme réversible 123,182,197
quasi-statique 78,98,122
quasi-statique isotherme d'un gaz parfait 78,97
quasi-statique isotherme d'un gaz réel 79
quasi-statique réversible 122
réversible 122→124,159,194
Travail 68→70,75→81,94, 97,98,105→109,116,158→165
Travail maximal récupérable 136
Travail moteur 68,105
Triple (point) 47,199
Turbine à gaz 171
Turbocompresseur 170
Turboréacteur 171,249

U

Unités de pression 11,21,22,266
Univers (évolution de l') 147

V

Van der Waals (équation de) 44
Vapeur saturante 194,210
Vapeur saturante (pression de) 194,211
Vapeur sèche 210
Vase Dewar 37
Vide (techniques du) 22,23
Vitesse de la lumière 266
Vitesse du son 266
Vitesse quadratique moyenne 20

Tableau des constantes

Nombre d'Avogadro	$\mathcal{N}_0 = 6,022\ 10^{23}\ \text{mol}^{-1}$
Constante des gaz parfaits	$R = 8,31\ \text{J}\cdot\text{K}^{-1}\cdot\text{mol}^{-1}$
Constante de Boltzmann	$k = \dfrac{R}{\mathcal{N}_0} = 1,38\ 10^{-23}\ \text{JK}^{-1}$

L'unité légale de pression est le Pascal ou Newton/m^2 ; sont également employés l'atmosphère, le millimètre de mercure et le bar :

$$1\ \text{atm} = 1013\ \text{hPa} = 760\ \text{mm Hg} = 1,013\ \text{bar}$$

Conditions NORMALES de température et de pression (T.P.N) :

0°C et 1 atm

Dans les conditions normales de température et de pression, une mole (c'est-à-dire $6,022\ 10^{23}$ molécules) d'un gaz parfait occupe un volume de 22,4 l (ou $22,4\ 10^{-3}$ m^3).

Vitesse du son dans l'air (à 20°C) : 343 m/s

Vitesse de la lumière dans le vide : $c = 3\ 10^8$ m/s

électron
- masse au repos $m = 9,1\ 10^{-31}$ kg
- charge $e = 1,6\ 10^{-19}$ C

Masses molaires (en g) : H=1,00794 C=12,011

O=15,994 N=14,006674

Aubin Imprimeur
LIGUGÉ, POITIERS

Achevé d'imprimer en juin 1996
N° d'impression L 51405
Dépôt légal juin 1996
Dépôt légal 1re édition : 2e trimestre 1994
Imprimé en France